SANSKRIT PRIMER

AN INTRODUCTORY LEVEL -1 BOOK

A SYSTEMATIC TEACHING AND SELF-LEARNING TOOL

Prof. Ratnakar Narale

Ratnakar
PUSTAK BHARATI
BOOKS-INDIA

Author : **Dr. Ratnakar Narale,** Ph.D (IIT), Ph.D. (Kalidas Sanskrit Univ.)
Prof. Hindi, Ryerson University, Toronto
web : www.books-india.com

Title : **Sanskrit Primer,Level -1 Book**
Teach or Learn to Read, Write, Understand, Speak and Think Sanskrit; with main emphasis on empowering the readers to make their own sentences understand and enjoy the precious beauty of speaking in Sanskrit.

This systematically laid out **Five Star** book with the best reviews, is *fully transliterated* for the bebefit of the new learners of Sanskrit language. This level I book of twenty novel Lessons and five large Reference Appendices has everything a new learner would ever need to learn the Sanskrit from a basic to the intermediate level, without any external help. The step-by-step approach and review of every step, gives the reader a high degree of success and confidence. It is a treasure of new ideas, techniques, information and reference material. It is rich with examples, exercises and an important chapter of "**Answers** to all the Exercises."

Published by :
Books-India (Pustak Bharati),
Division of PC PLUS Ltd.
Web. : ***www.books-india.com***

Published for :
Sanskrit Hindi Research Institute

ISBN 978-1-897416-55-6

ISBN 978-1-897416-55-6

Sanskrit Primer

INDEX

anukramaṇikā

अनुक्रमणिका।

INTRODUCTION		प्रतिष्ठापनम्	
Lesson 1	The **Sanskrit Alphabet**	संस्कृतवर्णमाला	1
Lesson 2	Reading Sanskrit (Pronunciation)	उच्चारा:	2
Lesson 3	Writing Sanskrit words	शब्दा:	4
Lesson 4	Writing the Vowels	स्वरा:	10
Lesson 5	The Sanskrit Characters	संस्कृतवर्णा:	12
	Vowels	स्वरा:	12
	Consonants	व्यञ्जनानि	13
Lesson 6	Writing the Vowel-Signs	स्वरचिह्नानि	15
	Application of Vowel-signs		16
	Rules for Sanskrit to English Transliteration with diacritical marks		17
Lesson 7	Writing Compound Consonants		20
Lesson 8	Writing Compound Characters	संयुक्तशब्दा:	24
	Word Endings	शब्दान्ता:	26
Lesson 9	Introduction to ***Sandhi***	सन्धि:	27
	Compounding Vowels	स्वरसन्धि:	28
	Compounding Consonants	व्यञ्जनसन्धि:	28
	Flowchart of Visarga-Sandhi	विसर्गसन्धि:	31
Lesson 10	Introduction to **Numerals**	संख्या:	33
Lesson 11	BASICS OF MAKING YOUR OWN SENTENCES		37
	Vocabulary of Noun	शब्दकोश:	36
Lesson 12	Pronouns	सर्वनामानि	67
	Charts of Common Sanskrit Action Words	क्रियापदानि	69
Lesson 13	MAKING YOUR OWN SENTENCES	वाक्यरचना	73
Lesson 14	Modes of speaking sentences		89
	Parasmaipadi and Atmanepadi	परस्मैपदी आत्मनेपदी	89

Transitive and Intransitive Verbs	सकर्मकम् अकर्मकम् च	91
The **Causative** Verbs	णिजन्तप्रक्रिया	92
The **Desiderative** Verbs	सन्नन्तप्रक्रिया	93
The **Frequentive** Verbs	यङन्त–यङ्लुगन्तप्रक्रिये	94
Lesson 15 **The Cases**	कारकाणि च विभक्तय: च	95
15.1 The Nominative (1st) Case	प्रथमा	95
15.2 (to) The Accusative (2nd) Case	द्वितीया	96
15.3 (with, by) Instrumental (3rd) Case	तृतीया	96
15.4 (for) The Dative (4th) Case	चतुर्थी	98
15.5 (from) The Ablative (5th) Case	पञ्चमी	99
15.6 (of) The Possessive (6th) Case	षष्ठी	101
15.7 (in, on, at) The Locative (7th) Case	सप्तमी	103
15.8 The Vocative Case	सम्बोधनम्	103
Lesson 16 **The Adjectives**	विशेषणानि	104
Past Passive Participle, ppp॰	क्त	108
Past Active Participle	क्तवतु	109
Present Active Participle	शतृ–शानच्	110
Potential Participle	तव्यत्, अनीयर्	114
Indeclinable Past Participle	क्त्वा, ल्यप्	116
The Infinitive	तुमुन्	118
Lesson 17 The **Adverbs and Conjunctions**		124
Adverbs	क्रियाविशेषणानि	124
Conjunctions	यौगिकशब्दा:	127
Lesson 18 The **Prepositions**	औपसर्गिकशब्दा:	130
Lesson 19 **Conversations**	वार्तालापा:	138
Lesson 20 **General Knowledge**	सामान्यज्ञानम्	143
The Days of the Week	वासरा:	143
The Names of the Months	मासा:	143
The Names of the Directions	दिश:	144
Time	समय:	144

APPENDIX :

(i) The Ten Classes of Verbs गणाः 145

1. The First Class भ्वादिः 147
2. The Second Class अदादिः 149
3. The Third Class जुहोत्यादिः 150
4. The Fourth Class दिवादिः 152
5. The Fifth Class स्वादिः 154
6. The Sixth Class तुदादिः 156
7. The Seventh Class रुधादिः 158
8. The Eighth Class तनादिः 159
9. The Nineth Class क्र्यादिः 163
10. The Tenth Class चुरादिः 165

(ii) Charts of **Declensions of the Cases** 167

राम (अ), वन (अ), माला (आ), कवि (इ) 167; वारि (इ), मति (इ), नदी (ई) 168; गुरु (उ), धेनु (उ), वधू (ऊ), पितृ (ऋ) 169; मातृ (ऋ), वाच् (च्), मरुत् (त्) 170; भवत् (त्), जगत् (त्), सुहृद् (द्), शशिन् (न्) 171; आत्मन् (न्), कर्मन् (न्), चन्द्रमस् (स्) 172; पयस् (स्), गरीयस् (स्) 173

(iii) **Declensions of Pronouns** 173

अस्मद्, युष्मद्, तद् *(asmad, yuṣmad, tad)* 173; यद् *(yad)*, एतद्, इदम् (*etad, idam*) 174; सर्व *(adas, sarva)*, किम् *(kim)* 175.

(iv) **Declensions of Numerical Adjectives** 176

(v) Chart of **Participles** कृदन्तानि 178

(v) Chart of **Tenses and Moods** क्रियापदानि 179

Books by Ratnakar Narale 194

Dedicated to

My Caring Wife
Sunita Ratnakar Narale
and my Loving Grandchildren
Samay Narale
Sahas Narale
Saanjh Narale
Saaya Narale

INTRODUCTION

Hari Om. I believe, we do not have to reject English just because we want to learn Sanskrit, rather we should make use of this world class language to advance it to the celestial Sanskrit language. It is often said that "Sanskrit must be taught through Sanskrit medium only (संस्कृत-माध्यमेन एव)." The words are very inspirational and patronizing, but practically it is unsuitable.

The fact is that a teacher can not teach Sanskrit by speaking in Sanskrit only - without any use of the mediums of signs, cue cards, gestures, objects and some use of a language the reader understands. For teaching a language thorugh a book, the pictures and words written in a common language are used in place of signs and gestures.

A significant factor in the approach of this book is the input from our students regarding their needs and difficulties over number of years. Thus, while putting this book together, first consideration is given to the fact that learners may not know how to read or speak the Devanāgarī alphabet, if they came from the countries outside India or from the provinces of India where Hindi not the first language. For such learners, this book covers every aspect a new reader may need to learn the Devanagari script fully well. Also, Sanskrit words are ***transliterated*** with proper *diacritical* marks and English meaning of Sanskrit words is provided.

The book progresses step by step, without jumping ahead on what is not yet taught, and covers all basic aspects of grammar in a very delicate manner. In addition, after every step, the material is reviewed cumulatively under an entry called, '**what we have learned so far**.' This **cumulative learning** is one of the beautiful aspects of this book.

A care is taken to make sure that, the material being discussed on any page deals only with the information covered in previous pages, a very simple principle but most uncommon. For this substantial purpose, you will notice that the three 'tenses' are introduced cumulatively without mixing with the 'cases' prematurely. After this, the seven cases are demonstrated, now together with the use of the tenses we learned. The key aspect of this book is that it shows you '**how to make your own Sanskrit sentences**,' rather than teaching through premade sentences.

I have tried to make this book easy as and useful as possible. Nevertheless, I beg the readers to forgive me for any errors or omissions. I hope you will find this book interesting and useful. ॐ तत् सत्।

LESSON 1

THE SANSKRIT ALPHABET

Vowels (*svarāḥ*)

अ	आ	इ	ई	उ	ऊ	ऋ	ॠ	ऌ	ॡ	ए	ऐ	ओ	औ	अं	अः
a	ā	i	ī	u	ū	ṛ	ṛ́	ḷ	ḷ́	e	ai	o	au	ṁ	ḥ:

Consonants (*vyañjanāni* व्यञ्जनानि)

क	ख	ग	घ	ङ	the Gutterals (see Lesson 5.3↓)		
ka	kha	ga	gha	ṅa			
च	छ	ज	झ	ञ	the Palatals		
ća	ćha	ja	jha	ña			
ट	ठ	ड	ढ	ण	the Cerebrals		
ṭa	ṭha	ḍa	ḍha	ṇa			
त	थ	द	ध	न	the Dentals		
ta	tha	da	dha	na			
प	फ	ब	भ	म	the Labials		
pa	pha, f	ba	bha	ma			
य	र	ल	व	श	ष	स	ह
ya	ra	la	va	śa	ṣa	sa	ha

LESSON 2

LEARN TO PRONUNCE SANSKRIT CHARACTERS

See section 5.3 for details on : (1) Guttural कण्ठ्य *(kaṇṭhya,* with throat), (2) Palatal तालव्य *(tālavya,* with palate), (3) Cerebral मूर्धन्य *(mūrdhanya* with cerebrum), (4) Dental दन्त्य *(dantya,* with teeth, (5) Labial ओष्ठ्य *(oṣṭhya,* with lips), (6) Nasal अनुनासिक *(anunāsik*, with nose)

(1) THE VOWELS :

Vowel	Stands for	Sounds like	As in	Pronunciation
a	(अ)	A	Abide	Guttural
ā	(आ)	a	car	Guttural
i	(इ)	I	pin	Palatal
ī	(ई)	ee	peel	Palatal
u	(उ)	u	pull	Labial
ū	(ऊ)	oo	pool	Labial
ṛ	(ऋ)	ri, ru	ring, crucial	Cerebral
ṛ́	(ॠ)	ree, rū	reed, crude	Cerebral
lṛ	(ऌ)	lri, lru	-	Dental
e	(ए)	a	bake	Guttural+Palatal
ai	(ऐ)	ai	Saigaon	Guttural+Palatal
o	(ओ)	o	go	Guttural+Labial
au	(औ)	au	sauna	Guttural+Labial

(2) THE SEMIVOWELS :

m̃	(अं)	ã		nasal
ḥ:	(अः)	half-h		breath

(3) THE CONSONANTS :

Vowel	Stands for	Sounds like	As in	Pronunciation
k	(क्)	k	pink	Guttural
kh	(ख्)	kh	khyber	Guttural
g	(ग्)	g	bug	Guttural

gh	(घ्)	gh	ghost	Guttural
ṅ	(ङ्)	n	bring	Guttural
ć, c	(च्)	ch	chum	Palatal
ćh	(छ्)	chh	witch-hunt	Palatal
j	(ज्)	j	jug	Palatal
jh	(झ्)	dgeh	hedgehop	Palatal
ñ	(ञ्)	n	punch	Palatal
ṭ	(ट्)	t	cuṭ	Cerebral
ṭh	(ठ्)	th	hot-house	Cerebral
ḍ	(ड्)	d	red	Cerebral
ḍh	(ढ्)	dh	adhere	Cerebral
ṇ	(ण्)	n	hunt	Cerebral
t	(त्)	t	Istanbul	Dental
th	(थ्)	th	thunder	Dental
d	(द्)	th	other	Dental
dh	(ध्)	dh	Buddha	Dental
n	(न्)	n	men	Dental
p	(प्)	p	cup	Labial
ph	(फ्)	ph, f	photo	Labial
b	(ब्)	b	rub	Labial
bh	(भ्)	bh	abhore	Labial
m	(म्)	m	mug	Labial
y	(य्)	y	yes	Palatal
r	(र्)	r	rub	Cerebral
l	(ल्, ऌ)	l	love	Dental
v	(व्)	v, w	Volkswagon	Dental + Labial
ś	(श्)	sh	shoot	Palatal
ṣ	(ष्)	sh	wish	Cerebral
s	(स्)	s	sun	Cerebral
h	(ह्)	h	hug	Guttural

LESSON 3

WRITING SANSKRIT WORDS

PRACTICING SIMPLE CONSONANTS

Study the order of the Sanskrit consonants given in Lesson 1, and then do the following exercises.

PLEASE NOTE : Uniquely in this book, the characters are grouped according to their shapes, and not according to their usual aplhabetical order. For, we have observed that with this novel method, it is easy for a new learner to co-relate and remember the *Sanskrit* characters.

All Sanskrit letters and words have a line on top to indicate the grouping of characters into a word. Follow this rule for each letter carefully and consistently.

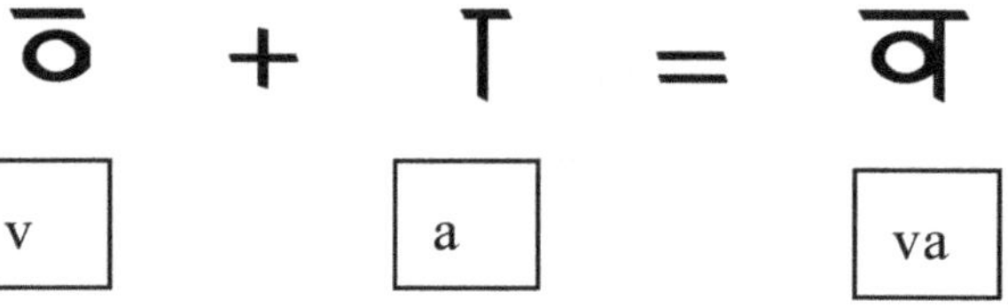

3.1 Letters : व *va (wa),* ब *ba,* क *ka* (Shown with Yellow Colour on the Back Cover)

व

v → va

vana (forest)

ब

b → ba

baka बक (stork)

व क

v → va → ka

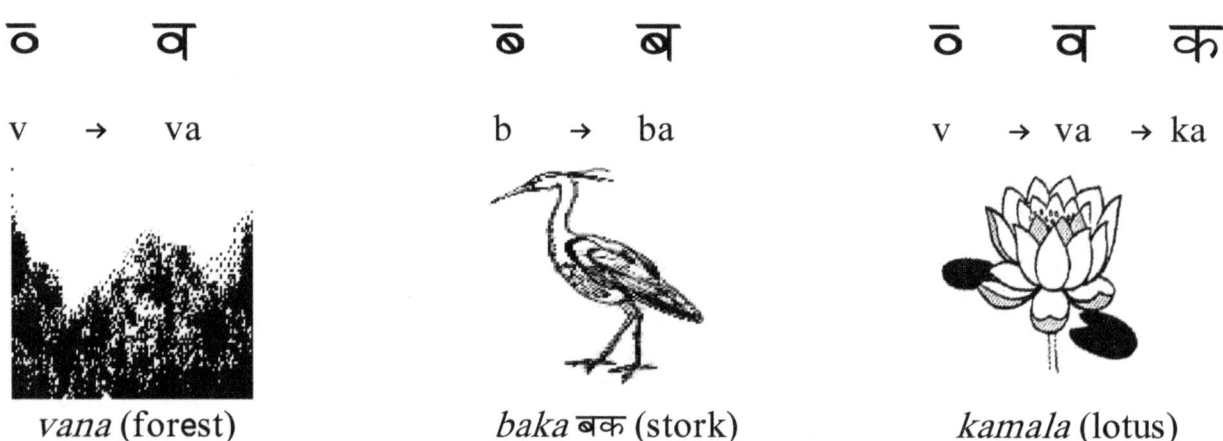

kamala (lotus)

EXERCISE 2 : Only on what we have learned so far. Write the following in Sanskrit :

1. ka, ba, ka	2. ba, va, ba	3. va, ka, ba
4. ba, va, ka	5. ka, va, ba	6. va, ba, ka
7. क, ब, व	8. कक, कब, कव	9. बब, बक, बव
10. वव, वक, वब	11. ककक, कबव, कवब	12. वबक, बकव

ANSWERS : (1) क, ब, क (2) ब, व, ब (3) व, क, ब (4) ब, व, क (5) क, व, ब (6) व, ब, क

3.2 Letters : प pa, ष ṣa, फ pha (fa), ण ṇa (Shown with Light Green Colour on the Back Cover)

ट प   ठ ष   ट प फ   ए ण

p → pa   ṣ → ṣa   p → pa → pha, fa   ṇ → ṇa

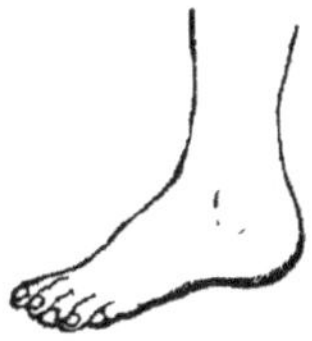

pada (foot)

viṣa (poison)

fala, phala (fruit)

bāṇa (arrow)

EXERCISE 3 : Only on what we have learned so far. Write the following in Sanskrit :

1. pa, pha   2. pha, ba   3. va, pa, ka   4. pa, ṣa, ṇa
5. pha, ṣa, pa   6. ba, pa, pha   7. ष, प, फ   8. क, ण, फ, व
9. ब, ण   10. कण, बब, कप   11. फण, बव, कब   12. णण, षण, षप, बफ
13. कफ, पष, बक, वक   14. पक, बफ, वफ   15. पब, वण, बष, णष   16. पव, कव

ANSWERS : 1. प, फ   2. फ, ब   3. व, प, क   4. प, ष, ण   5. फ, ष, प   6. ष, प, फ

VOCABULARY : बक (stork), कण (particle), पण (vow)

3.3 Letters : त ta, न na, ग ga, म ma, भ bha (Shown with White Colour on the Back Cover)

ट त   न न   ग ग   म म   भ भ

t → ta   n → na   g → ga   m → ma   bh → bha

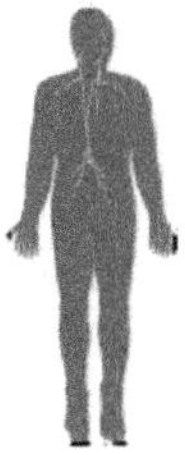

tanu (body)

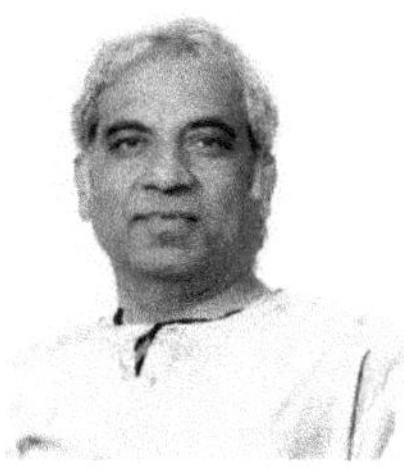

nara (man)

gaja (elephant)

mīna (fish)

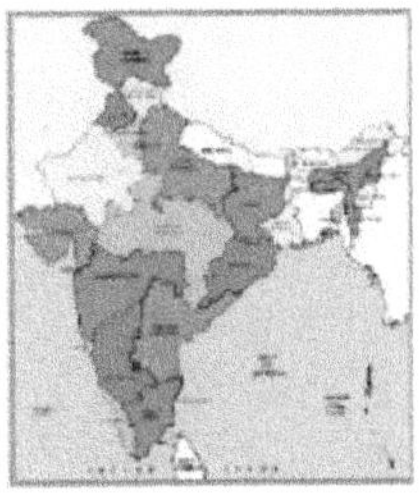

bhārata (India)

EXERCISE 4 : Only on what we have learned so far. Write the following in Sanskrit :

(A) 1. ma, bha   2. bha, ga   3. ma, na   4. ka, ta, ga   5. va, ṣa   6. pa, na

(B) 1. त, न, भ 2. म, भ, न, त 3. ग, त, क, ब 4. तम (darkness), नत (bowed), नग (mountain), कण (particle), वन (forest), गत (gone), तम (darkness), बक (stork), मत (opinion), गगन (sky), पतन (downfall)

ANSWERS : 1. म, भ 2. भ, ग 3. म, न 4. क, त, ग 5. व, ष 6. प न

3.4 Letters : च ća, ज ja, ञ ña, ल or ल la (Shown with Light Orange Colour on the Back Cover)

च् च ज् ज ञ् ञ ल् ल (ल)

ć (ch)→ća (cha) j → ja ñ → ña l → la (la)

chaṭikā (sparrow)

jagat जगत् (world)

lūtā (spider)

EXERCISE 5 : Only on what we have learned so far. Write the following in Sanskrit

1. ka, ća, ṇa, pa 2. la, ma, ja, ta 3. bha, pha, ṣa 4. mana, manana
5. kaṇa, vana 6. labha, ćala 7 ज, च, ञ 8. ल, ज, च
9. ल, ल 10. जलज, चपल 11. जल, चल 12. लवण, गत

VOCABULARY : मन *mind,* मनन *meditation,* कण *particle,* वन *forest,* लभ *get,* चल *moving,* जलज *water-born,* चपल *quick,* जल *water,* लवण salt, गत gone.

ANSWERS : 1. क, च, ण, प 2. ल, म, ज, त 3. भ, फ, ष 4. मन, मनन 5. कण, वन 6. लभ, चल

3.5 Letters : र ra, स sa, ख kha, श śa (Shown with Grey Colour on the Back Cover)

र स् स ख् ख श् श

ra s → sa kh → kha ś → śa

kara कर (hand)

sumana (flower)

khaga खग (bird)

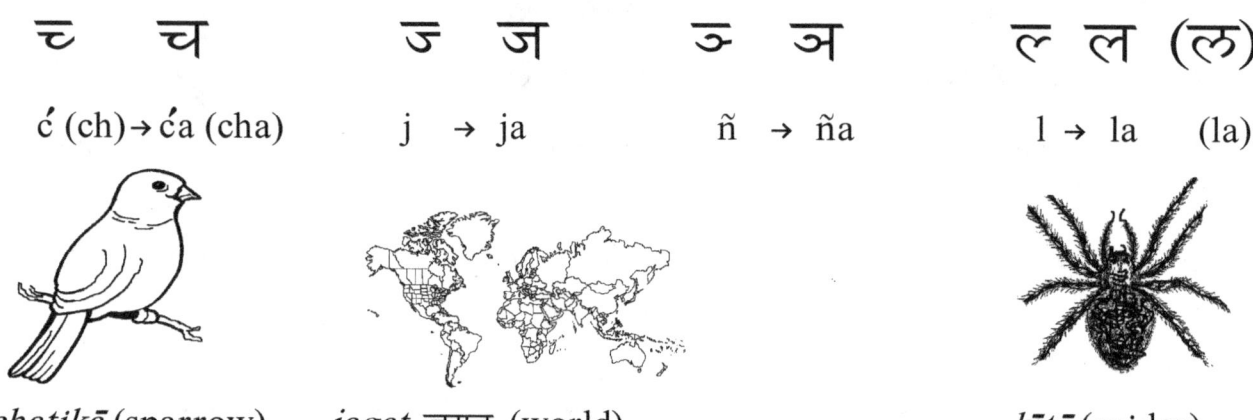

śaśak शशक (Rabbit)

EXERCISE 6: Only on what we have learned so far. Read and write in Sanskrit :

1. ća, ja, la 2 ña, ja, ća 3. la, ća, ja 4. sa, kha, ra 5. sa, śa, kha 6. ra, sa, śa
7. च, ज, ञ, ल 8. र, स, ख, श9. चल, जल, जन 10. कलश, चरण, रस, शर, रस, सम, फल, कमल, सरल, भरत 11. चणक, चरम, समर, कण, परम, चपल, पत, नर 12. नभ, नरक, जल, खल, शर, पर, सम, चल, शरण, सबल।

ANSWERS and VOCABULARY : 1 च, ज, ल 2 ञ, ज, च 3 ल, च, ज 4 स, ख, र 5. स, श, ख 6. र, स, श 7. ća, ja, ña, la 8. ra, sa, kha, śa. 9. *ćala* (moving), *jala* (water), *jana* (person) 10. *kalaśa* (pot), *ćaraṇa* (foot), *rasa* (juice), *śara* (summary), *sama* (equal), *phala* (fruit), *kamala* (lotus), *sarala* (straight), *bharata* (Bharat) 11. *ćaṇaka* (chikc pea), *ćarama* (extreme), *samara* (battle), *kaṇa* (particle), *parama* (supreme), *ćapala* (quick), *pata* (fall), *nara* (man) 12. *nabha* (sky), *naraka* (hell), *jala* (water), *khala* (enemy), *śara* (arrow), *para* (other), *sama* (equal), *ćala* (moving), *śaraṇa* (surrender), *sabala* (powerful).

3.6 Letters : घ gha, ध dha, छ ćha (Shown with Light Blue Colour on the Back Cover)

घ

gh → gha

ghaṭa (pot)

ध

dh → dha

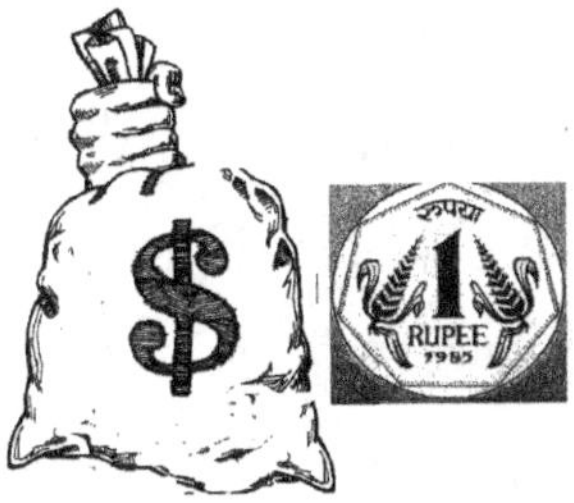

dhana धन (wealth)

छ

ćha

ćhurikā (knife)

EXERCISE 7 : Only on what we have learned so far. Read and witer in Sanskrit :

1. ća, ga, ćha 2. na, ća, ma, ćha 3. bha, ća, gha 4. घ, ध, न, ग 5. छ, च, भ, त
6. म, छ, भ, च 7. नग, घन, धन 8. मनन, गत 9. मम, वचन, कनक
10. छल, वध, धवल, मरण, वमन, खर, बल, पल, फल, मल।

ANSWERS and VOCABULARY : 1. च, ग, छ 2. न, च, म, छ 3. भ, च, घ 4. gha, dha, na, ga 5. ćha, ća, bha, ta 6. ma, ćha, bha, ća 7. *naga* (mountain), *ghana* (dense), *dhana* (wealth) 8. *manana* (contemplation), *gata* (gone) 9. *mama* (my), *vaćana* (speech), *kanaka* (gold) 10. *ćhala* (cunning), *vadha* (murder), *dhavala* (white), *maraṇa* (death), *vamana* (vomit), *khara* (donkey), *bala* (strength), *pala* (moment), *phala* (fruit), *mala* (dirt)

3.7 Letters : य ya, थ tha; क्ष kṣa, ज्ञ jña (Shown with Light Green Colour on the Back Cover)

य् य

y → y a

yajña (sacrifice)

थ् थ

th → tha

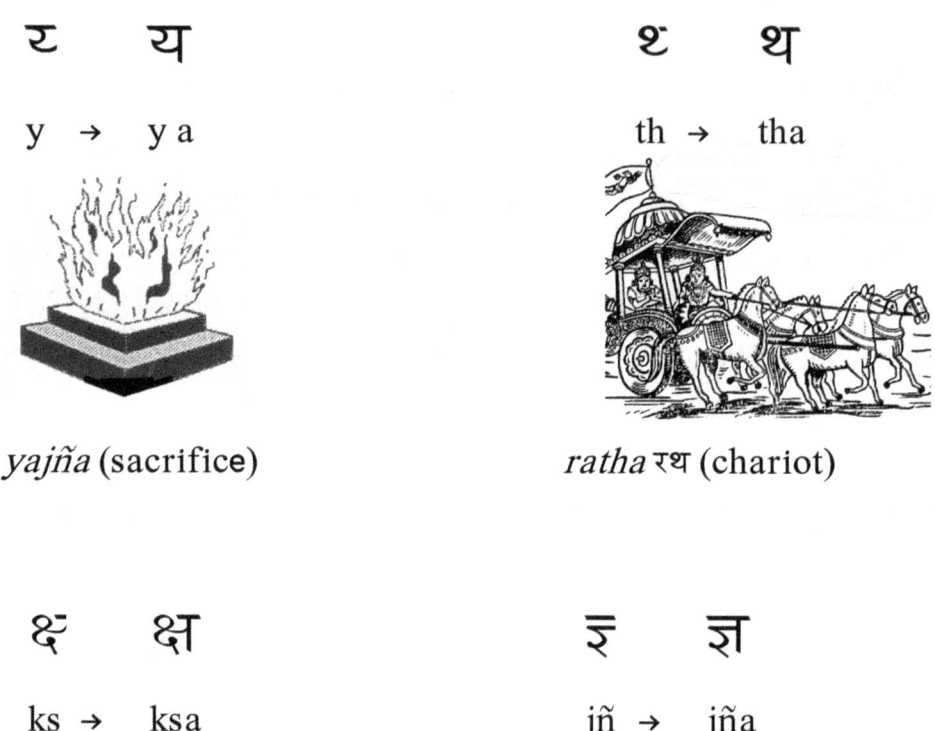

ratha रथ (chariot)

क्ष् क्ष

kṣ → kṣa

ज्ञ् ज्ञ

jñ → jña

EXERCISE 8 : Only on what we have learned so far. Write the following in Sanskrit :

(A) 1. ćha, gha, dha 2. dha, gha 3. ya, tha 4. kṣa, jña 5. gha, jña, ya, tha 6. jña, dha, tha, gha.

(B) 1. घ, ध, छ 2. य, थ 3. क्ष, ज्ञ 4. क्षय, शर, यक्ष 5. यज्ञ, रथ, धन 6. घन, यम, क्षर 7. मय धन, वध, जय, लय, यजन, छल, सधन, घन, सम, शरण; 8. भय, शयन, रण, रक्षण, कक्ष, क्षण, पक्ष, लभ, तरल, सरल, गरल; 9. चल, मत, यज्ञ, भक्षण, कर, वर, धर, भर, खर, चर, नर, हर, शर; 10. भक्ष, यक्ष, रक्ष, तक्षक, तज्ञ, कक्ष, यम, शम, क्षण, रक्षण, सज्ञ, यज्ञ, कक्ष, पक्ष, भक्ष, लक्ष, वक्ष, रक्षक, भक्षक, सयज्ञ।

ANSWERS and VOCABULARY : (A) 1. छ, घ, ध 2. ध, घ 4. क्ष, ज्ञ 5. घ, ज्ञ, य, थ 6. ज्ञ, ध, थ, घ

(B) 4. क्षय (decline), शर (arrow), यक्ष (a demon) 5. यज्ञ (a sacrifice), रथ (chariot), धन (wealth)6. घन (dense), यम (control), क्षर (perishable) 7. मय (full of) धन (wealth), वध (slaughter), जय (victory), लय (decline), यजन (performing yajña), छल (cheating), सधन (wealthy), घन (thick), सम (equal), शरण (surrender); 8. भय (fear), शयन (sleep), रण (war), रक्षण (protection), कक्ष (room), क्षण (moment), पक्ष (wing), लभ (obtaining), तरल (liquid), सरल (simple), गरल (poison) 9. चल (movable), मत (opinion), यज्ञ (a sacrifice), भक्षण (eating), कर (hand), वर (better), धर (holding), भर (filling), खर (donkey), चर (moving), नर (man), हर (Shiva), शर (arrow) 10. भक्ष (food), यक्ष (a demon), रक्ष (protect), तक्षक (snake), तज्ञ (expert), कक्ष (room), यम (lord of death), शम (control), क्षण (moment), रक्षण (protection), सज्ञ (educated), यज्ञ (sacrifice), कक्ष (room), पक्ष (wing), भक्ष (food), लक्ष (aim), वक्ष (bosom), रक्षक (protector), भक्षक (eater), सयज्ञ (yajña performer)

3.8 Letters : ṭa, ṭha, ḍa, ṅa, ḍha, da, Jha, ha ट, ठ, ड, ङ, ढ, द, झ, ह

(Shown with Red Colour on the Back Cover)

ट

ṭa

vaṭa वट (Banyan)

ठ

ṭha

maṭha मठ (Ashram)

ढ

ḍha

ḍhola (drum)

द

da

dīpa (lamp)

ड

ḍa

ḍolī (ḍolī)

ङ

ṅa

aṅg (body)

झ

jha

jhaṣa झष (fish)

ह

ha

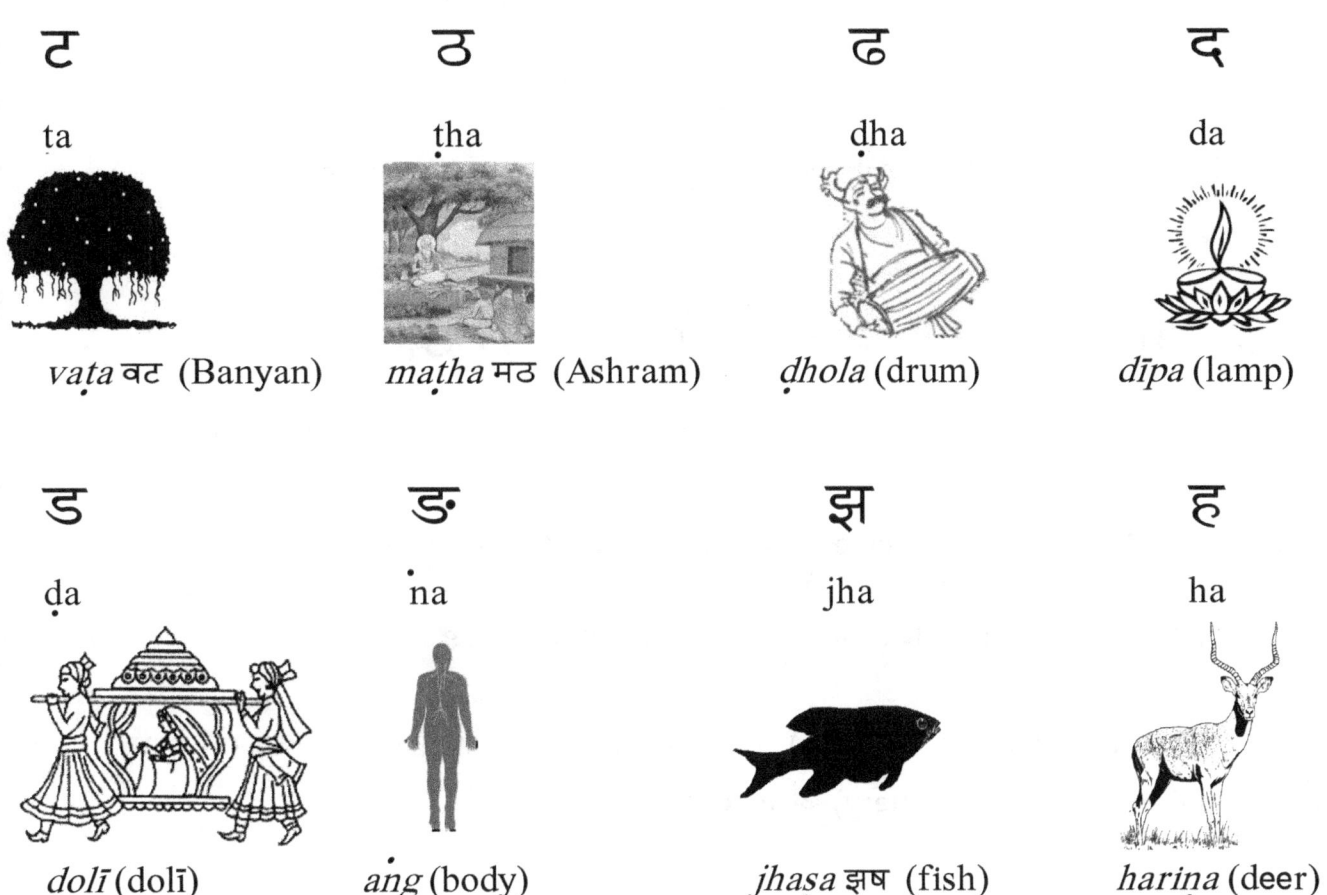

hariṇa (deer)

EXERCISE 9 : Only on what we have learned. Write the following characters in Sanskrit

1. ṭha, ṭa, ḍa, ha 2. ḍa, ṭa, ṭha 3. ṅa, ḍa, ṭha 4. ḍha, da, jha 5. da, ḍha, jha6. ṭa, ṭha, ḍa, ḍha 7. ट, ठ, ढ, द, ड, ङ, झ, ह, झ, दल, दम, लभ, जनन 8. डयन, रम, बक, झष, हत, कर, तमस, तल, दम, शम, पवन, हर 9. झष, वर, नर, मद, पट, पटल, पद, बल, वन, सतत, खग, चल 10. भव, मन, बक, भज, वश, लक्ष, लक्षण, घन, धन, वरण, हय।

ANSWERS and VOCABULARY : 1. ठ, ट, ड, ह 2. ड, ट, ठ 3. ङ, ड, ठ 4. ढ, ड, झ 5. द, ढ, झ 6. ट, ठ, ड, ढ 7. दल (army), दम (conrol), लभ (attainment), जनन (reproduction) 8. डयन (flying), रम (entertain), बक (stork), झष (fish), हत (defeated), कर (hand), तमस (darkness), तल (bottom), दम (control), शम (quietning), पवन (wind), हर (Shiva) 9. झष (fish), वर (better), नर (man), मद (intoxication), पट (cloth), पटल (layer), पद (foot), बल (power), वन (jungle), सतत (always), खग (bird), चल (moving) 10. भव (earthy), मन (mind), बक (stork), भज (worship), वश (win), लक्ष (aim), लक्षण (sign), घन (thick), धन (wealth), वरण (choosing), हय (horse)

LESSON 4

STUDY OF SANSKRIT VOWELS

saṁskṛta-svarāṇām abhyāsaḥ संस्कृतस्वराभ्यासः।

4.1 Letters : अ *a*, आ *ā*, ओ *o*, औ *au* (Shown with Red Colour on the Back Cover)

अ	ा	आ	अ	ो	ओ	अ	ौ	औ
a	→	ā	a	→	o	a	→	au

EXERCISE 10 : Only on what we have learned so far. Write the Sanskrit characters :

1. अ, आ, ओ, औ 2. आ, अ, औ 3. ओ, औ, ॐ
4. अक्ष, आगम, आगार 5. ओघ, ओज 6. औदक, औक्ष

ANSWERS and VOCABULARY : (4) अक्ष (eye) आगम (scripture) आगार (storehouse) (5) ओघ (flow) ओज (power) (6) औदक (watery) औक्ष (ox)

4.2 Letters : इ *i*, ई *ī* (Shown with White Colour on the Back Cover)

इ	ई
i	ī

EXERCISE 11 : Only on what we have learned so far. Write the following in Sanskrit :

1. a, ā 2. i, ī 3. ā, ā 4. a, ī 5. ā, ī, i 6. ā, ī
7. इ, ई, ईरण, इह, ईड, ईशः, ईक्षक, इतर, इक्षव, ईक्षण, इव।

ANSWERA and VOCABULARY : 1. अ, आ 2. इ, ई 3. आ, आ. 4. अ, ई 5. आ, ई 7. i, ī, *īraṇa* (going), *iha* (here), *īḍa* (praise), *īśaḥ* (god), *īkṣaka* (exhibitor), *itara* (other), *ikṣava* (sugarcane), *īkṣaṇa* (eye), *iva* (as if, like).

4.3 Letters : उ *u*, ऊ *ū*, ऋ *ṛ*, ॠ *ṝ*, ऌ *ḷr*, ॡ *ḷṝ*

(Shown with Grey and Green Colours on the Back Cover)

उ	ऊ	ऋ	ॠ	ऌ	ॡ
u	ū	ṛ	ṝ	lṛ	lṝ

EXERCISE 12 : Only on what we have learned so far

Write the following Sanskrit characters and words :

1. उ, ऊ, उ, ऋ, ॠ 2. उक्षण, उदर 3. उप, उपग, कृपा
4. उपपद, अवकर 5. उपमान, उपल 6. ऊत, ऊषक

ANSWERS and VOCABULARY :

(2). उक्षण (spraying), उदर (stomach) 3. उप (subordinate), उपग (follower) कृपा (mercy) 4. उपपद (subordinate term), अवकर (garbage, dirt) 5. उपमान (similar), उपल (stone) 6. ऊत (stiched), ऊषक (morning)

4.4 Letters : ए *e*, ऐ *ai*

(Shown with Pink Colour on the Back Cover)

ए	ऐ
e	ai

EXERCISE 13 : Only on what we have learned so far

(A) Write the following Sanskrit words :

1. ए, ऐ 2. एक, एकतर 3. एषण, ऐक्षव
4. ऐरावत, ऐल 5. एतद्, एकादश 6. ऐरावण, ऐश

(B) A lphabetically arrange the words given in items 1-6 above.

ANSWERS and VOCABULARY :

1. एक (one), एकतर (one in two), एषण (desire), ऐक्षव (sugar), ऐरावत (Indra's elephant), ऐल (Iḍā's son), एतद् (this), एकादश (elevan), ऐरावण (Indra's elephent), ऐश (godly).

LESSON 5

THE SANSKRIT CHARACTERS

See the chart of Sanskrit characters on the back cover of the book

A character (*varṇaḥ:*) that can be pronunced independently is called a VOWEL (*svarah*).

egͦ अ, इ, उ a, i, u ...etc.

A character that can NOT be pronunced independently (without the help of a vowel), is called a CONSONANT *(vyañjanānam)*.

egͦ क् + अ = क; ख्, + अ = ख k + a = ka; kh + a = kha ...etc.

5.1 THE VOWELS

Shown with red colour background in the chart on the back cover

Sanskrit vowels are of three types.

(A) The **SHORT** vowels (*hrasvāḥ svarāḥ*) are those which take one unit of time to pronunce them. अ, इ, उ, ऋ, ऌ (*a, i, u, ṛ, lṛ*) are the five basic short vowels.

(B) The **LONG** vowels (*dīrghāḥ svarāḥ*) are those which take two units of time to pronunce them. आ, ई, ऊ, ॠ, ए, ऐ, ओ, औ, ॡ (*ā, ī, q̄, ṛ́, e, ai, o, au, lṛ́*) are the nine long vowels. Each long vowel is made up of two or more short vowels.

The Short vowels अ, इ, उ, ऋ, ऌ (*a, i, u, ṛ* and *lṛ*) and the Long vowels आ, ई, ऊ, ॠ and ॡ (*ā, ī, ū, ṛ* and *lṛ́*) are together called **SIMPLE** vowels.

The four Long vowels ए, ऐ, ओ औ (*e, ai, o, au*) composed of two dis-similar vowels, are called **DIPTHONGS** (मिश्रस्वरा:)

EXAMPLES of Long Vowels :

(1) Long vowel	आ	=	**short vowel**	अ	+ **short vowel**	अ
(2) Long vowel	ई	=	**short vowel**	इ	+ **short vowel**	इ
(3) Long vowel	ऊ	=	**short vowel**	उ	+ **short vowel**	उ
(4) Long vowel	ए	=	**short vowel**	अ	+ **short vowel**	इ
(5) Long vowel	ओ	=	**short vowel**	अ	+ **short vowel**	उ

(C) The PLUTA vowels (*plutāḥ svarāḥ* प्लुता: स्वरा:) take at least three units of time to pronunce them. The long expressions such as vowel आ (ā) in the word राऽऽऽम, form the pluta vowels.

TABLE 1 : THE VOWELS (What we learned so far)

1.	**Short vowels**	अ, इ, उ, ऋ, लृ	***a, i, u, ṛ, lṛ***
2.	**Long vowels**	आ, ई, ऊ, ॠ, ए, ऐ, ओ, औ, ॡ	***ā, ī, ū, ṛ́, e, ai, o, au, lṛ́***
3.	**Simple vowels**	अ, आ, इ, ई, उ, ऊ, ऋ, ॠ, लृ, ॡ	***a, ā, i, ī, u, ū, ṛ, ṛ́, lṛ, lṛ́***
4.	**Dipthongs**	ए, ऐ, ओ औ	***e, ai, o, au***
5.	**Pluta vowels**	ऽ	

EXERCISE 1 :

A. Read the following characters:

(1) अ, उ, इ, ऋ (2) इ, ऋ, अ (3) उ, इ, अ

(4) ऊ, आ, ई (5) औ, ए, ओ (6) ए, ऐ, ऊ, आ

B. Fill in the blanks:

(1) अ + अ = ——— (2) अ + उ = ——— (3) अ + इ = ———

ANSWERS : (1) आ (2) ओ (3) ए

5.2 THE CONSONANTS

There are 25 **class consonants** (*varga-vyañjanāni*) and 9 **non-class consonants** (*avarga-vyañjanāni*)

(1) The 25 Class Consonants (Shown with a black outline the chart on the back cover) from *k* क to *m* म (क् to म्) are grouped phonetically into **five classes** (*vargāḥ*) consisting of five consonants each. These 25 consonants from *k* to *m* are also called '**contactuals**.'

1.	**Class k**	**(क)**	**क् ख् ग् घ् ङ्**	**k kh g gh ṅ**
2.	**Class ć**	**(च)**	**च् छ् ज् झ् ञ्**	**ć ćh j jh ñ**
3.	**Class ṭ**	**(ट)**	**ट् ठ् ड् ढ् ण्**	**ṭ ṭh ḍ ḍh ṇ**
4.	**Class t**	**(त)**	**त् थ् द् ध् न्**	**t th d dh n**
5.	**Class p**	**(प)**	**प् फ् ब् भ् म्**	**p ph b bh m**

(2). The next 4 characters य्, र्, ल्, व् are **semi-consonsnts** (*antasthāḥ*), Shown with dark blue colour background in the chart on the back cover

(3). The remaining four characters श्, ष्, स्, ह् are the '**warm breath characters**' (*uṣmāṇaḥ*) of which the first three श्, ष्, स् are called '**sibilants**' (Shown with green colour background in the bottom row in the chart on the back cover) and the last one ह् is the '**aspirate**' (shown with purple colour background in the chart on the back cover).

5.3 THE PRONUNCIATION

(1) **GUTTURALS** are अ, आ, : , क्, ख्, ग्, घ्, ङ्, ह् *a, ā, ḥ, k, kh, g, gh, ṅ, h.*

They are pronounced from the **throat**

(2) **PALATALS** are इ, ई, च्, छ्, ज्, झ्, ञ्, य्, श् *i, ī, ć, ćh, j, jh, ñ, y, ṣ́.*

They are pronounced from the **palate**

(3) **CEREBRALS** are ऋ, ॠ, ट्, ठ्, ड्, ढ्, ण्, र्, ष् *ṛ, ṛ́, ṭ, ṭh, ḍ, ḍh, ṇ, r, ṣ.*

They are pronounced from the **roof of the mouth**

(4) **DENTALS** are ऌ, ॡ, त्, थ्, द्, ध्, न्, ल्, स् *lṛ, lṛ́, t, th, d, dh, n, l, s.*

They are pronounced from the **teeth**

(5) **LABIALS** are उ, ऊ, प्, फ्, ब्, भ्, म्, व *u, ū, p, ph, b, bh, m, v.*

They are pronounced from the **lips.** Character व *v* is dental-labial; ए, ऐ *e, ai* are guttural-palatal, and ओ, औ *o, au* are guttural-labials.

(6) THE **HARD** CONSONANTS (Shown with green colour background in the chart on the back cover)

The first two consonants from each class (क्, ख्; च्, छ्; ट्, ठ्; त्, थ्; प्, फ् *k, kh, ć, ćh, ṭ, ṭh, t, th, p, ph*) and the three sibilants (श्, ष्, स् *ś, ṣ, s*) are Hard Consonants (*kaṭhora-vyañjanāni*)

(7) THE **SOFT** CONSONANTS (Shown with green, bule, black and purple colour backgrounds in the chart on the back cover)

The rest of the consonants, namely, the last three consonants from each class (ग्, घ्, ङ्; ज्, ज्, ञ्; ड्, ढ्, ण्; द्, ध्, न्; ब्, भ्, म् *g, gh, np, j, jh, ñ, ḍ, ḍh, ṇ, d, dh, n, b, bh, m*), the semi-vowels (य्, र्, ल्, व् *y, r, l, v*) and the aspirate (ह् *h*) are Soft Consonants (*mṛdu-vyañjanāni*)

(8) THE **NASAL** CONSONANTS (Shown with black colour background in the chart on the back cover)

The last character from each of the five classes ṅ, ñ, ṇ, n, m (ङ्, ञ्, ण्, न्, म्), are the Nasal Consonants (*anunāsikāni*)

(9) THE **ANUSVĀRA** AND THE **VISARGA**

Anusvāra (ं) and *visarga* (:) are two more sounds in Sanskrit.

The *anuswāra* is the modification of nasal consonants ङ्, ञ्, ण्, न्, म् and अं *(n, ñ, ṇ, n, m, m̃).* The the *visarga* is the modified form of consonant स् or र् (*s* or *r*).

Even though they are not counted as separate characters, the *anusvāra* and *visarga* are counted among the consonants, but sometimes they are also treated as semi-vowels.

Together they are called *Āyogavāhas* (*āyogavāhau*)

LESSON 6

THE SANSKRIT VOWEL-SIGNS

Vowels :	अ	आ	इ	ई	उ	ऊ	ऋ	ॠ	ए	ऐ	ओ	औ
signs :		ा	ि	ी	ु	ू	ृ	ॄ	े	ै	ो	ौ
sound:	a	ā	i	ī	u	ū	ṛ	ṛ́	e	ai	o	au
		aa		ee		oo	ri	rī				

ा	ि	ी	ु	ू	ृ	ॄ	े	ै	ो	ौ
ā	i	ī	u	ū	ṛ	ṛ́	e	ai	o	au

पा	पि	पी	पु	पू	पृ	पॄ	पे	पै	पो	पौ
pā	pi	pī	pu	pū	pṛ	pṛ́	pe	pai	po	pau

पु	पू	कु	कू	रु	रू	छ्रु	कृ	तृ	हृ	दृ	शृ	तॄ
pu	pū	ku	kū	ru	rū	ćhru	kṛ	tṛ	hṛ	dṛ	śṛ	tṛ́

EXERCISE 14 : Only on what we have learned. Read and write the following in Sanskrit :

1. जयी, जयति, जिगीषा 2. जिगीषु, कति 3. शृणु, कृपा 4. दीप, हृदय, पूत, पूति 5. पूजक, पूजन 6. दृति, दृढ 7. ज्ञानी, महा, सुख, दुःख, दृश्, दूषण, वृथा, पृथा, पृथिवी 8. ज्ञानयोग, महाभारतीय, संशय, नील, पौराणिक, भिक्षु, पितॄणाम, गुरु, रूप, तरु, तरुण, करुण।

ANSWERS nd VOCABULARY :

1. जयी (victor), जयति (he wins), जिगीषा (enquiry) 2. जिगीषु (desirous), कति (how many) 3. शृणु (please listen), कृपा (mercy) 4. दीप (lamp) हृदयं (heart), पूत (purified) पूति (rotten) 5. पूजक (worshipper), पूजन (worship) 6. दृति (rush), दृढ (firm) 7. ज्ञानी (wise), महा (great), अहङ्कार (ego) सुख (pleasure), दुःख (pain), दृश् (to see), दूषण (polution), वृथा (false), पृथा (Kuntī), पृथिवी (earth) 8. ज्ञानयोग (yoga of knowledge) महाभारतीय (of Mahabharata) संशय (doubt) नील (blue) पौराणिक (of Puranas), भिक्षु (begger) पितॄणाम (of forefathers), गुरु (teacher), रूप (form), तरु (tree), तरुण (youth), करुण (kind)

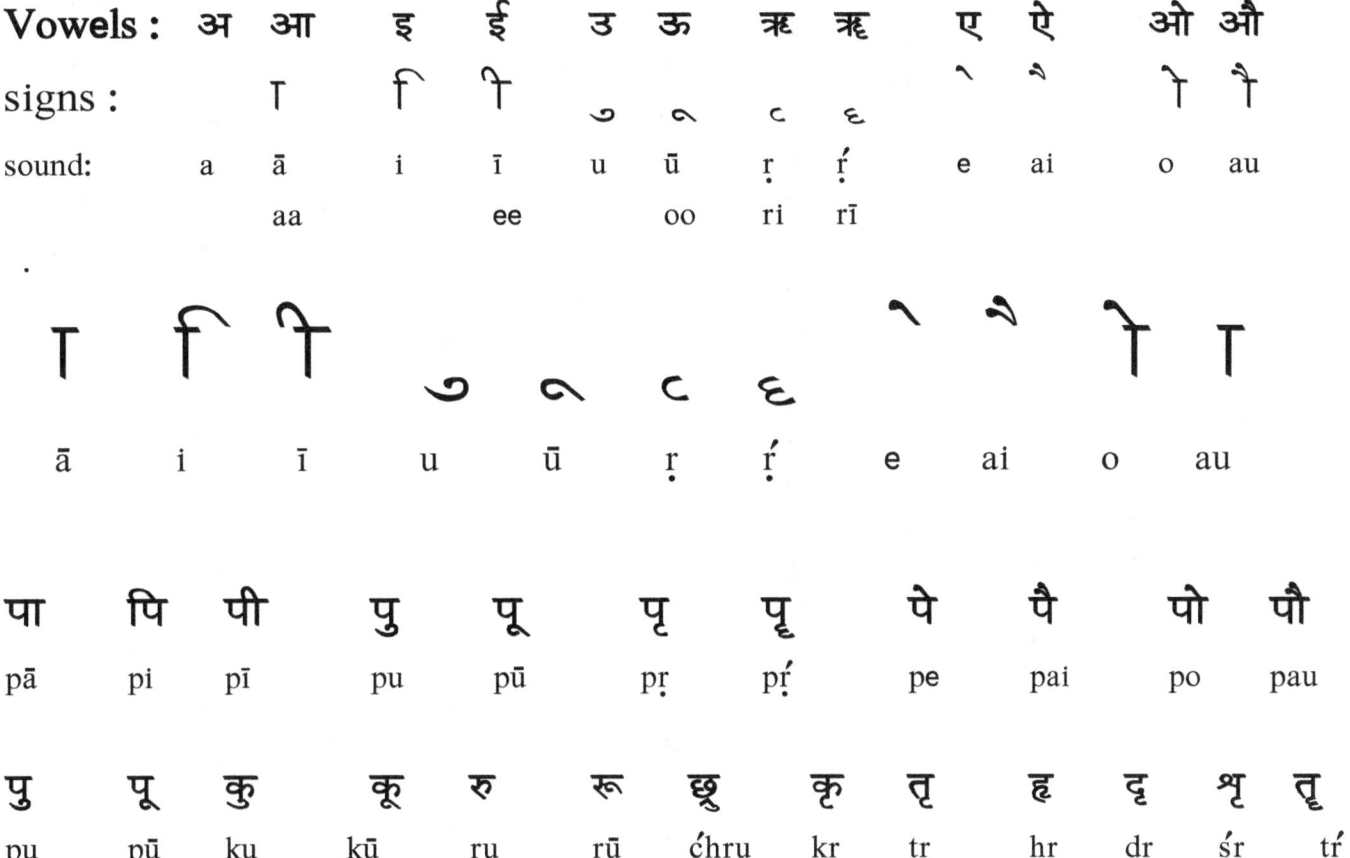

CHART OF VOWEL-SIGNS APPLICATION

अ	आ	इ	ई	उ	ऊ	ऋ	ॠ	ए	ऐ	ओ	औ
	ा	ि	ी	ु	ू	ृ	ॄ	े	ै	ो	ौ
	ā	i	ī	u	ū	ṛ	ṛ́	e	ai	o	au
क	का	कि	की	कु	कू	कृ	कॄ	के	कै	को	कौ
क्ष	क्षा	क्षि	क्षी	क्षु	क्षू	क्षृ	क्षॄ	क्षे	क्षै	क्षो	क्षौ
ख	खा	खि	खी	खु	खू	खृ	खॄ	खे	खै	खो	खौ
ग	गा	गि	गी	गु	गू	गृ	गॄ	गे	गै	गो	गौ
घ	घा	घि	घी	घु	घू	घृ	घॄ	घे	घै	घो	घौ
ङ	ङा	ङि	ङी	ङु	ङू	–	–	ङे	ङै	ङो	ङौ
च	चा	चि	ची	चु	चू	चृ	चॄ	चे	चै	चो	चौ
छ	छा	छि	छी	छु	छू	छृ	छॄ	छे	छै	छो	छौ
ज	जा	जि	जी	जु	जू	जृ	जॄ	जे	जै	जो	जौ
ज्ञ	ज्ञा	ज्ञि	ज्ञी	ज्ञु	ज्ञू	–	–	ज्ञे	ज्ञै	ज्ञो	ज्ञौ
झ	झा	झि	झी	झु	झू	झृ	झॄ	झे	झै	झो	झौ
ञ	ञा	ञि	ञी	ञु	ञू			ञे	ञै	ञो	ञौ
ट	टा	टि	टी	टु	टू	टृ	टॄ	टे	टै	टो	टौ
ठ	ठा	ठि	ठी	ठु	ठू	ठृ	ठॄ	ठे	ठै	ठो	ठौ
ड	डा	डि	डी	डु	डू	डृ	–	डे	डै	डो	डौ
ढ	ढा	ढि	ढी	ढु	ढू	ढृ	–	ढे	ढै	ढो	ढौ
ण	णा	णि	णी	णु	णू	णृ	–	णे	णै	णो	णौ
त	ता	ति	ती	तु	तू	तृ	तॄ	ते	तै	तो	तौ
थ	था	थि	थी	थु	थू	थृ	थॄ	थे	थै	थो	थौ
द	दा	दि	दी	दु	दू	दृ	दॄ	दे	दै	दो	दौ
ध	धा	धि	धी	धु	धू	धृ	धॄ	धे	धै	धो	धौ
न	ना	नि	नी	नु	नू	नृ	नॄ	ने	नै	नो	नौ
प	पा	पि	पी	पु	पू	पृ	पॄ	पे	पै	पो	पौ
फ	फा	फि	फी	फु	फू	फृ	–	फे	फै	फो	फौ
ब	बा	बि	बी	बु	बू	बृ	बॄ	बे	बै	बो	बौ
भ	भा	भि	भी	भु	भू	भृ	भॄ	भे	भै	भो	भौ
म	मा	मि	मी	मु	मू	मृ	मॄ	मे	मै	मो	मौ
य	या	यि	यी	यु	यू	यृ	–	ये	यै	यो	यौ
र	रा	रि	री	रु	रू	–	–	रे	रै	रो	रौ
ल	ला	लि	ली	लु	लू	लृ	लॄ	ले	लै	लो	लौ
व	वा	वि	वी	वु	वू	वृ	वॄ	वे	वै	वो	वौ
श	शा	शि	शी	शु	शू	शृ	शॄ	शे	शै	शो	शौ
ष	षा	षि	षी	षु	षू	षृ	–	षे	षै	षो	षौ
स	सा	सि	सी	सु	सू	सृ	सॄ	से	सै	सो	सौ
ह	हा	हि	ही	हु	हू	हृ	–	हे	है	हो	हौ

SIGNS FOR ANUSWARA AND AVAGRAHA

अं *ṁ*, अः *ḥ*

पं   पः

paṁ   paḥ

EXERCISE 15 : On what we have learned so far. Read and write the following words.

1. अम्, अः, अण्डजः (born from egg), वंशः (linage), पंकजं (lotus), रंगः (colour), दण्डः (punishment), भंगः (breaking), गंधः (smell), 2. संगः (attachment), संशयः (doubt), हंसः (swan), कंसः (a glass), स्वतः (oneself), कंपनं (shaking), खंजः (bald), भयंकरः (terrible), चंदनं (sandlewood), कंदरं (cave) 3. कंठः (throat), पतंगः (moth), भंजनं (breakage), गंधकः (sulphur), तरंगः (wave), वदनं (mouth), वंदनं (salute), शंखः (conch-shell), संकलनं (weaving), सञ्चयः (assembly), सम्पदा (wealth), मञ्चः (a stage) 4. षडंगं (of six organs), अंब (mother), मंजनं (rubbing compound), अंबरं (sky), शंकरः (Shiva), सचयः (gathering), रंजनं (entertainment), बलवंतः (powerful), भगवंतः (god), संजय (Sanjaya), संगरः (battle), संघः (group), सञ्चः (gathering), संतः (saint) , मंद (slow), अनंतरं (after) 5. छंदः (meter), दंभः (pretending), रंकः (poor), संगमः (meeting), संकरः (admixture). NOTE: The characters shown above with anusvāra are for example purpose only, in actual practice they are written as half nasal characters as shown on the Back Cover with black background colour.

RULES FOR PROPER TRANSLITERATION OF
SANSKRIT CHARACTERS INTO ENGLISH, WITH DIACRITICAL MARKS

m̐ (अं), ṁ, m (म्); ma (म), ṅ (ङ्), ñ (ञ्), ṇ (ण्), n (न्), na (न)

Character *m̐* (अं) or *ṁ* (म्) is the nasal dot (अनुस्वारः) placed over a chacter in a word :

(i) **ṁ** → Within a word, when the nasal dot is followed by any consonant from p-class (p ph b bh m प फ ब भ म), then and then only that nasal dot means half character म् (m).

eg॰ *saṁpadā* संपदा = सम्पदा = सम्पदा। *guṁphana* गुंफन = गुम्फन = गुम्फन, *aṁbara* अंबर = अम्बर = अम्बर। *daṁbha* दंभ = दम्भ = दम्भ। *saṁmati* संमति = सम्मति = सम्मति।

NOTE: संस्कृत is *sam̐skṛta* not saṁskṛta, because स् (of the स्कृतम्) is not a p-class character. Within a word *anusvāra* becomes *ṁ* character only if followed by a p-class character and nowhere else.

(ii) **m̐** → Within a word, when the nasal dot is followed by any non-class consonant (*y r l v ś ṣ s h* य र ल व श ष स ह), **that nasal dot means *m̐* अं** (just a nasal sound, even though it is generally inaccurately transliterated as *ṁ*). eg॰ संस्कृतं पठ = सअंस्कृतम् पठ = *sam̐skṛtaṁ paṭha;* NOT *saṁskṛtaṁ paṭha* सम्स्कृतं पठ *or sanskṛtam paṭha* सन्स्कृतं पठ (NOTE: the nasal dots in *sam̐s* संस् and in *kṛtaṁ* कृतं both have different pronunciations, and thus must be transliterated differently (as *m̐* and *ṁ*), but NOT both as *ṁ*.

Similarly, संयत = sam̐yata, not सम्यत saṁyata; संरक्षण = sam̐rakṣaṇa, not सम्रक्षण saṁrakṣaṇa; संलग्न =

saṁlagna, not सम्लग्न samlagna; संवाद = saṁvāda, not सम्वाद samvada; वंश = vaṁśa, not वम्श vaṁśa; कंस = kaṁsa, not कम्स kaṁsa; संहार = saṁhara, not सम्हार saṁhāra ...etc. There is no *m* or *ṁ* in these words.

(iii) **m** → The half character *m* म् may come (1) at the end of any word that is followed by any word that is starting with a vowel, eg॰ *bho Rāma māṁ tvam uddhara!* भो राम मां त्वम् उद्धर! or (2) it may come at the end of a sentence. eg॰ *bho Rāma māṁ uddhara tvam!* भो राम माम् उद्धर त्वम्! भो राम मामुद्धर त्वम्!

(iv) The full character *ma* म (म् + अ = म *m + a = ma*) may come anywhere in a sentence. eg॰ *bho Rāma māṁ tvam uddhara!* भो राम मां त्वम् उद्धर! भो राम मां त्वमुद्धर! भो राम माम् उद्धर त्वम्! भो राम मामुद्धर त्वम्! = भो रामोद्धर त्वं माम्। भो राम त्वमुद्धर माम्।

(v) **ṁ** → Within a sentence, when character *m* (म्) comes **at the end of any word** that is followed by a word that begins with any consonant, **only that nasal dot means *ṁ* (म्)**

eg॰ *aham kim karomi = ahaṁ kiṁ karomi* अहम् किम् करोमि = अहं किं करोमि।

(vi) **m** → Within a sentence, when *m* (म्) comes at the end of the sentence, it stays as म् (m).

eg॰ *kim karomi aham = kiṁ karomi aham* किम् करोमि अहम् = किं करोमि अहम्।

AGAIN REMEMBER

Anuswara = ṅ (ङ्), ñ (ञ्), ṇ (ण्), n (न्), ṁ (म्), m̐ (अं)

For transliterating the nasal dot (*anusvāraḥ* अनुस्वार:) within a word, into English,

the following six rules apply.

(1) When the nasal dot is followed by any character from k-class (क्, ख्, ग्, घ् k, kh, g, gh), that nasal dot is transliterated as → ṅ (ङ्) eg॰ *raṅka* रङ्क, *raṅga* रङ्ग etc.

(2) When the nasal dot is followed by any character from ć-class (च्, छ्, ज्, झ् ć, ćh, j, jh), that nasal dot is transliterated as → ñ (ञ्) eg॰ *pañća* पञ्च, *rañja* रञ्ज etc.

(3) When the nasal dot is followed by any character from ṭ-class (ट्, ठ्, ड्, ढ् ṭ, ṭh, ḍ, ḍh), that nasal dot is transliterated as → ṇ (ण्) eg॰ *kaṇṭaka* कण्टक, *kaṇṭha* कण्ठ etc.

(4) When the nasal dot is followed by any character from t-class (त्, थ्, द्, ध् t, th, d, dh), that nasal dot is transliterated as → n (न्) *anta* अन्त, *pantha* पन्थ etc.

(5) When the nasal dot is followed by any character from p-class (प्, फ्, ब्, भ् p, ph, b, bh), that nasal dot is transliterated as → ṁ (म्) *aṁba* अम्ब, *daṁbha* दम्भ etc.

(6) When the nasal dot is followed by any non-class character (य् र् ल् व श् ष् स ह् y, r, l, v, ś, ṣ, s), that nasal dot is transliterated as → m̐ (अं) *sam̐yama* संयम, सअंयम, *vam̐śa* वंश, वअंश।

EXERCISE 16 : Can you Read and Write the following Sanskrit words? (your future vocabulary)

Sanskrit (*transliteration*, Meaning)	अहम् (*aham* I)	आवाम् (*āvām* we two)
वयम् (*vayam* we)	माम् (*mām* to me)	मया (*mayā* by me)
मे (*me* for me)	मम (*mama* my)	न: (*naḥ* to us)
मयि (*mayi* in me)	भवान् (*bhavān* you)	भवती (*bhavatī* you)
त्वम् (*tvam* you)	तव (*tava* your)	स: (*saḥ* he)
तम् (*tam* to him)	तेन (*tena* by him)	ते (*te* they)
सा (*sā* she)	ताम् (*tām* to her)	य: (*yaḥ* who)
क: (*kaḥ* who?)	यौ (*yau* who two)	कौ (*kau* who two?),
ये (*ye* all who)	के (*ke* all who?)	यम् (*yān* to whom)
यान् (*yān* to whom all)	येन (*yena* by whom)	या (*yā* who f∘)
या: (*yāḥ* who all f∘)	याम् (*yām* to whom f∘)	यया (*yayā* by whom f∘)
एष: (*eṣā* this)	एते (*ete* these)	एतम् (*etam* to this)
एतान् (*etān* to these)	एतेन (*etena* by this)	एतै: (*etaiḥ* by these)
एतेषु (*eteṣu* in these)	एषा (*eṣā* this f∘)	एता: (*etāḥ* these f∘)
एताम् (*etām* to this f∘)	एतया (*etayā* by this f∘)	एतासु (*etāsu* in these f∘)
एतत् (*etat* this n∘)	एतद् (*etad* this n∘)	एतानि (*etāni* these n∘)
क: (*kaḥ* who? m∘),	कौ (*kau* who two? m∘)	के (*ke* who all? m∘)
कम् (*kam* whom? m∘)	केन (*kena* by whom?)	केषु (*keṣu* in whom?)
का (*kā* who? f∘),	का: (*akāḥ* who all? f∘)	कया (*kayā* by whom? f∘)
काभि: (*kābhiḥ* by whom all? f∘)	किम् (*kim* what? n∘)	कानि (*kāni* which all? n∘)
अयम् (*ayam* this m∘)	इमे (*ime* these m∘)	इमम् (*imam* to this)
अनेन (*anena* by this)	एषाम् (*eṣām* of these)	एषु (*eṣu* in these)
इदम् (*idam* this n∘)	इमानि (*imāni* these n∘)	असौ (*asau* this m∘)
राम (*rāma* Rām)	वन (*vana* forest)	माला (*mālā* garland)
कवि (*akvi* poet)	वारि (*vāri* water)	मति (*mati* thinking)
नदी (*nadī* river)	भानु (*bhānu* sun)	मधु (*madhu* honey)
धेनु (*dhenu* cow)	वधू (*vadhū* bride)	पितृ (*pitṛ* father)
धातृ (*dhātṛ* bearer)	मातृ (*mātṛ* mother)	गो (*go* cow)
नौ (*nau* boat)	वाच् (*vāć* speech)	राज् (*rāj* king)
राट् (*rāṭ* king)	जगत् (*jagat* world)	आत्मन् (*ātman* soul)
शशिन् (*śaśin* moon)	दिक् (*dik* direction)	पयस् (*payas* water)

LESSON 7

COMPOUND CONSONANTS

THE HALF CONSONANTS : (*halantāḥ* हलन्ताः) – The Chart shown in Lesson 1 contains the full consonants i.e. each base consonant with vowel *a* (अ) added to it. Let us now see the consonants without this vowel (अ) *a.* These consonants are called Half-consonants (*halantāḥ* हलन्ताः). They are written either by attaching a small slant at the bottom of the character or by writing their half-letter shapes.

क् क्‍	ख् ख्‍	ग् ग्‍	घ् घ्‍	ङ्
k	kh	g	gh	ṅ
च् च्‍	छ्	ज् ज्‍	झ् झ्‍	ञ् ञ्‍
ć	ćh	j	jh, z	ñ
ट्	ठ्	ड्	ढ्	ण् ण्‍
ṭ	ṭh	ḍ	ḍh	ṇ
त् त्‍	थ् थ्‍	द्	ध् ध्‍	न् न्‍
t	th	d	dh	n
प् प्‍	फ् फ्‍	ब् ब्‍	भ् भ्‍	म् म्‍
p	ph, f	b	bh	m
य् य्‍	र्	ल् ल्‍	व् व्‍	
y	r	l	v, w	
श् श्‍	ष् ष्‍	स् स्‍	ह् ह्‍	
ś	ṣ	s	h	

COMMON COMPOUND CHARACTERS

With the use of half characters

EXERCISE 17 : Read, study and write the following groups of Sanskrit Compound characters. Compare each of them with the corresponding full-character. See the chart on the back cover.

(1) Character k (क् क)

क् k

पक्व, पक्‌व *(pakva* ripened*)*, क्लीबम्, क्‌लीबम्, *(klībam* weakness*)* क्लेदः क्‌लेदः *(kledaḥ* wettness*)*, वाक्यम्, वाक्‌यम् *(vākyam* speech*)*, रक्तम्, रक्‌तम् *(raktam* blood*)*, रुक्मिणी, रुक्‌मिणी *(rukmiṇī* Rukmiṇī*)*, क्वचित्, क्‌वचित् *(kvaćit* sometimes*)*

(2) Character kh (ख् ख)

ख् kh

ख्यातिः ख्‌यातिः *(khyātiḥ* fame*)*, आख्या आख्‌या *(ākhyā* saying*)*, सख्यम् सख्‌यम् *(sakhyam* friendship*)*

(3) Characters g and gh (ग् ग ; घ् घ)

ग् g; घ् gh

ग्लानिः ग्‌लानिः *(glāniḥ* downfall*)*, अग्निः अग्‌निः *(agniḥ* fire*)*, भाग्यम् भाग्‌यम् *(bhāgyam* fortune*)*, भग्न भग्‌न *(bhagnam* broken*)*, विघ्नम् विघ्‌नम् *(vighnam* obstacle*)*

(4) Characters ṅ (ङ्)

ङ् ṅ ङ्क ṅka ङ्क्त ṅkta ङ्ख ṅkha ङ्ग ṅga ङ्घ ṅgha ङ्म ṅma ङ्ल ṅla ङ्क्ष ṅkṣa ङ्क्ष्व ṅkṣva

लङ्का लङ्‌का *(laṅkā* Sri Lanka*)*, पङ्क्तिः पङ्‌क्तिः पङ्‌क्‌तिः *(paṅktiḥ* line, row*)*, शङ्खः शङ्‌खः *(śaṅkhaḥ* conchshell*)*, रङ्गः रङ्‌गः *(raṅgaḥ* colour), सङ्घः सङ्‌घः *(saṅghaḥ* group*)*, वाङ्मयम् वाङ्‌मयम् *(vāṅmayam* literature), आङ्ल आङ्‌ल *(āṅla* English*)*, काङ्क्षा काङ्‌क्षा *(kāṅkṣā* desire), भुङ्क्ष्व *(bhuṅkṣva* please enjoy)

(5) Characters ć and ćh (च् च ; छ्)

च् ć ; छ् ćh

अच्युतः अच्‌युतः *(aćyutaḥ* Krishna*)*, अवाच्य अवाच्‌य *(avāćyaḥ* unspeakable*)*, सुवाच्य सुवाच्‌य *(suvāćya* well said*)*, उच्छ्वासः उच्‌छ्‌वासः *(uććhvāsaḥ* breath*)*

(6) Characters j and ñ (ज् ज ; ञ् ञ)

ज् j ; ञ् ñ

राज्यम् राज्‌यम् *(rājyam* kingdom*)*, सज्ज सज्‌ज *(sajja* ready*)*, उज्ज्वल उज्‌ज्‌वल *(ujjvala* bright*)*, ज्योतिः ज्‌योतिः *(jyotiḥ* light*)*, पञ्च पञ्‌च *(pañća* five*)*, भञ्जनम्

भञ्जनम् (*bhañjanam* destruction), वाञ्छा वाञ्छा (*vāñchā* desire)

(7) Characters ṭ, ṭh (ट्, ठ्)

ट् ṭ ; ठ् ṭh

पट्टक: पट्टक: (*paṭṭakaḥ* plate), पट्टनम् पट्टनम् (*paṭṭanam* town), कण्ठ्य कण्ठ्य (*kaṇṭhya* guttural)

(8) Character ḍ, ḍh (ड्, ढ्)

ड् ḍ ; ढ् ḍh

उड्डयनम्, उड्डयनम् (*uḍḍayanam* flight), उड्डित, उड्डित (*uḍḍita* flown), चकृढ्वे, चकृढ्वे (*cakṛḍhve* you all had done)

(9) Character ṇ (ण्, ण)

ण ṇ

पाण्डव: पाण्डव: (*pāṇḍvaḥ* Pāṇḍvaḥ), कण्ठ: कण्ठ: (*kaṇṭhaḥ* throat), कण्टक: कण्टक: (*kaṇṭakaḥ* thorn), षण्मास: षण्मास: (*ṣaṇmāsaḥ* six-months)

(10) Characters t, th and dh (त् त ; थ् थ ; ध् ध)

त t ; थ th ; ध dh

सत्कार: सत्कार: (*satkāraḥ* honour), दुग्धम् दुग्धम् (*dugdham* milk), रत्नाकर: रत्नाकर: (*ratnākaraḥ* ocean), उत्पात: उत्पात: (*utpātaḥ* rise), आत्मा आत्मा (*ātmā* soul), सत्यम् सत्यम् (*satyam* truth), त्याग: त्याग: (*tyāgaḥ* sacrifice), त्वरा त्वरा (*tvarā* rush); तथ्यम् तथ्यम् (*tathyam* reality); बाध्य बाध्य (*bādhya* binding)

(11) Character n (न्, न)

न n

आनन्द: आनन्द: (*ānandaḥ* joy), अन्नम् अन्नम् (*annam* food), जन्म जन्म (*janma* birth), अन्य अन्य (*anya* other), भिन्न भिन्न (*bhinna* different), वन्दनम् वन्दनम् (*vandanam* salute), बन्धनम् बन्धनम् (*bandhanam* bondage), पान्थ: पान्थ: (*pānthaḥ* traveller)

(12) Characters p, ph (प् प ; फ् फ)

प p ; फ ph

समाप्त समाप्त (*samāpta* ended), अप्सरा अप्सरा (*apsarā* celestial maid), स्वप्नम् स्वप्नम् (*svapnam* dream), रूप्यकम् रूप्यकम् (*rūpyakam* Rupee).

(13) Characters b, bh and m (ब् ब ; भ् भ ; म् म)

ब b ; भ bh ; म m

शब्द: शब्द: (*śabdaḥ* word), शैब्य: शैब्य: (*śaibyaḥ*), सभ्य सभ्य (*sabhya* gentle), सम्पदा सम्पदा (*sampadā* wealth), सम्यक् सम्यक् (*samyak* right), धृष्ट धृष्ट (*dhṛṣṭa* courageous), अम्ल अम्ल (*amla* sour)

(14) Characters y and l (य् ट ; ल् ल)

ट y ; ल l शय्या! शय्या! (*śayyā* bed), उल्का उल्का (*ulkā* meteor), उल्लेख: उल्लेख: (*ullekhaḥ* reference), अल्प अल्प (*alpaḥ*, short), कल्याणम् कल्याणम् (*kalyāṇam* benefit) वल्गना वल्गना (*valganā* chatter)

(15) Character v (व् ठ)

ठ v व्यय: व्यय: (*vyayaḥ* expense), व्यायाम: व्यायाम: (*vyāyāmaḥ* exercise), व्योम व्योम (*vyoma* sky), व्यूढ व्यूढ (*vyūḍha* arranged), व्यङ्गम् व्यङ्गम् (*vyaṅgam* deformity), व्यवसाय: व्यवसाय: (*vyavasāyaḥ* business)

(16) Chararacter ś (श् श श्र)

श श्र ś विश्वास: विश्वास: विश्वास: (*viśvāsaḥ* trust), निश्चय: निश्चय: निश्चय: (*niścayaḥ* firm resolution), पश्चात् पश्चात् पश्चात् (*paścāt* after), काश्मीर: काश्मीर: (*kāśmīraḥ*), अवश्यम् अवश्यम् (*avaśyam* certainly), विश्लेषणम् विश्लेषणम् (*viśleṣaṇam* analysis)

(17) Character ṣ (ष् ठ)

ठ ṣ अष्ट अष्ट (*aṣṭa* eight), इष्ट इष्ट (*iṣṭa* desired), कष्टम् कष्टम् (*kaṣṭam* trouble), आविष्कार: आविष्कार: (*āviṣkāraḥ* discovery), मनुष्य: मनुष्य: (*manuṣyaḥ* man), पुष्पम् पुष्पम् (*puṣpam* flower), उष्मा उष्मा (*uṣmā* heat), ओष्ठ: ओष्ठ: (*oṣṭhaḥ* lip), उष्ण: उष्ण: (*uṣṇaḥ* hot), कृष्ण: कृष्ण: (*kṛṣṇaḥ*), बाष्पम् बाष्पम् (*bāṣpam* vapour), भविष्यम् भविष्यम् (*bhaviṣyam* future)

(18) Character s (स् स)

स s तस्कर: (*taskaraḥ* thief), अस्तु अस्तु (*astu* let it be), स्थिति: स्थिति: (*sthitiḥ* state), स्फटिक: स्फटिक: (*sphaṭikaḥ* crystal), स्नायु: स्नायु: (*snāyuḥ*, muscle), स्पष्ट स्पष्ट (*spaṣṭa* clear), अस्य अस्य (*asya* of this), हास्यम्, हास्यम् (*hāsyam* laughter), स्मितम्, स्मितम् (*smitam* a smile), स्वत: स्वत: (*svataḥ* oneself), स्कन्द: स्कन्द: (*skandaḥ*), स्मृति: स्मृति: (*smṛtiḥ* memory, rememberance)

(19) Character h (ह् ह)

ह h हृ hṛ ह्ण hṇa ह्न hna ह्य hya ह्म hma ह्र hra ह्ल hla ह्व hva

हृदयम् हृदयम् (*hṛdayam* heart), बाह्य बाह्य (*bāhya* external), ब्रह्म ब्रह्म (*brahma* Brahma), आह्लाद: आह्लाद: (*āhlādaḥ* joy), गृह्णाति गृह्णाति (*gṛhṇāti* he takes), ह्रस्व ह्रस्व (*hrasvaḥ* short) चिह्नम् चिह्नम् (*ćihnam* sign), वह्नि: (*vahniḥ* fire), जिह्वा जिह्वा (*jihvā* toung)

LESSON 8

8.1 STUDY OF SPECIAL COMPOUND CHARACTERS

Characters क् + त can be written as क्त *(kta),* but there is a special single character क्त for this purpose. eg॰ रक्तम् रक्तम् *(raktam* blood*),* भक्तिः भक्तिः *(bhaktiḥ* devotion*),* वक्ता वक्ता *(vaktā* speaker*),* युक्तः युक्तः *(yuktaḥ* equipped*)*

क्त क्त kta

Character *da* (द्) has following common compounds :

1. d + da = dda → द् + द = द्द (उद्देशः *uddeśaḥ* objective, तद्दानम् *taddānam* that charity)
2. d + dha = ddha → द् + ध = द्ध (युद्धम् *yuddham* war, बुद्धिः *buddhiḥ* thinking)
3. d + ga = dga → द् + ग = द्ग (उद्गमः *udgamaḥ* rise, भगवद्गीता *bhagavadgītā*)
4. d + gha = dgha → द् + घ = द्घ (उद्घाटनम् *udghāṭaman* inauguration)
5. d + bha = dbha → द् + भ = द्भ (सद्भावः *sadbhāvaḥ* goodness*;* उद्भवः *udbhavaḥ* rise)
6. d + ya = dya written as : द् + य = द्य (आद्यः *ādyaḥ* first; द्यूतम् *dyūtam,* gambling)
7. d + ma = dma written as : द् + म = द्म (पद्मम् *padmam* lotus, छद्मी *ćhadmī* cunning)
8. d + va = dva written as : द् + व = द्व (द्वन्द्वः *dvandvaḥ* duality, विद्वान् *vidvān* learned)

द्द dda   द्घ dgha   द्ध ddha   द्ग dga

द्भ dbha   द्य dya   द्म dma   द्वdva

Letter ra (र) forms following two groups of compounds :

(A) When full-consonant र (ra) comes after any half-consonant, it is written as a slanted line (्र) attached to that half-consonant.

1. k + ra (क् + र = क्र) चक्रम् *ćakram* wheel, क्रान्तिः *krāntiḥ* revolution*,* क्रोधः *krodhaḥ* anger*,* क्रिया *kriyā* deed*,* क्रूरः *krūraḥ* cruel*,* क्रेता *kretā* buyer
2. g + ra (ग् + र = ग्र) अग्रम् *agram* tip*,* अग्रेसरः *agresaraḥ* leader*,* ग्रामम् *grāmam* village*,* ग्रीवा *grīvā* neck
3. d + ra (द् + र = द्र) भद्रः *bhadraḥ* gentle*,* सुभद्रा *subhadrā,* द्रविड *draviḍa,* द्रोहः *drohaḥ* treachery*,* द्रुमः *drumaḥ* tree
4. ś + ra (श् + र = श् + र = श्र) श्रद्धा *śraddhā* faith*,* विश्रांतिः *viśrāntiḥ* rest*,* श्री *śrī* divine*,* श्रेष्ठः:

śreṣṭhaḥ superior, श्रोता *śrotā* listner, श्रुतम् *śrutam* heard

5 t + ra (त् + र = त्र) यंत्रम् *yantram* machine, रात्रिः *rātriḥ* night, पत्रम् *patram* leaf, त्रेता *tretā* saviour, त्रिधा *tridhā* in three ways, त्रेधा *tredhā* in three ways.

क्र kra ग्र gra श्र śra त्र tra

6. ṭ or ḍ + ra (ट्र, ड्र) : उष्ट्रः उष्ट्रः *uṣṭraḥ* camel, राष्ट्रः राष्ट्रः *rāṣṭraḥ* country, पौण्ड्रः पौण्ड्रः *pauṇḍraḥ*

7. s + ra (स् + र = स्र) सहस्रम् सहस्रम् *sahasram* thousand, स्रावः स्रावः *srāvaḥ* a flow

8. s + t + ra (स् + त् + र = स्त्र) स्त्री स्त्री *strī* woman, अस्त्रम् अस्त्रम् *astram* weapon, वस्त्रम् वस्त्रम् *vastram* cloth

ट्र tra ड्र ḍra स्र sra स्त्र stra

(B) When half-consonant र् (r) comes before any consonant, it is written as (ꣳ) over next character.

9. र् + प = (र्प); अर्कः अर्कः *arkaḥ* sun, सर्गः सर्गः *sargaḥ* the creation, अर्चना अर्चना *arćanā* worship, वार्ता वार्ता *vārtā* news, सर्पः सर्पः *sarpaḥ* snake, कर्म कर्म *karma* deed, कार्यम् कार्यम् *kāryam* duty

र्क rka र्प rpa

Character *ta* (त्) makes following common compounds :

1. t + ta = tta (त् + त = त्त, त्त) उत्तमम् *uttamam* best, सत्ता *sattā* jurisdiction, सत्त्वम् *sattavam* truth.

2. n + na = nna (न् + न = न्न) खिन्न *khinn* sad

3. h + ma = hma (ह् + म = ह्म) ब्रह्मा *brahmā* the Creator, ब्रह्माण्डम् *brahmaṇḍam* universe

4. h + ya = hya (ह् + य = ह्य) बाह्यः *bāhyaḥ* external, गुह्यम् *guhyam* secret

त्त tta त्त्व ttva न्न nna

EXERCISE 18 : What we learned so far. Read and write the following Sanskrit words

1. क्रमः (order), कृष्ण (black), क्रुद्धः (angry), कृपणः (miser); 2. चञ्चलः (quick), शूच्यः (pure), पूज्यः (holy), ज्योत्स्ना (moonlight), धनञ्जयः (Arjun); 3. स्वप्नम् (dream), प्रश्नः (question), प्राधान्यम् (priority), प्रसन्नम् (pleased), धृष्टद्युम्नः (Draupadī's brother), अन्नम् (food); 4. व्याघ्रः (tiger), वज्रम् (thunderbolt), अभ्रम् (cloud), त्रिलोकः (three worlds), तृप्तः (satisfied), ध्रुवः (steady), धृतिः (courage), प्रत्येक (each), ब्रह्म (God), तीव्रम् (strong); 5. दृष्टिः (vision), वृष्टिः (rain), सृष्टिः (creation), पृथ्वी (earth), मृतात्मा (dead person), पृष्ठम् (surface); 6. वृत्तम् (news), धृतराष्ट्रः (a king's name), नृपः (king), क्रांतिः (revolution); 7. स्त्री (woman), स्त्रियः (women), स्तोत्रम् (praise), अजस्रम् (huge), सृजनम् (creation); पद्मनाभः (Viśṇu), पद्मा (Lakṣmī), पद्यम् (poetry), गद्यम् (prose); 8. स्थानम् (place), वयस्कः (old), स्मृतिः (memory), स्नानम् (bath), स्निग्धम् (viscous); 9. द्रौपदी, द्रौपदी, दुर्योधनः, दुर्योधनः, भार्गवः भार्गवः (proper nouns); 10. गर्वः (pride), सर्वः (all), पूर्वम् (earlier), स्वर्गः (heaven), अर्चना (worship), तर्कः (guess), दर्पणः (mirror)

8.2

THE WORD ENDINGS

Below is how consonants and vowels are joined to form words. The last character of a word shows how the word ends. eg。 in the word राम (र् + अ + अ + म् + अ) the last letter is अ, therefore, the word राम is अकारान्त (*akārānta* = ending in character अ)

(A) अजन्त (ending in अच्, ending in a vowel)

(1) राम	= र् + आ + म् + अ	अकारान्त
(2) वन	= व् + अ + न् + अ	अकारान्त
(3) माला	= म् + आ + ल् + आ	आकारान्त
(4) कवि	= क् + अ + व् + इ	इकारान्त
(5) वारि	= व् + आ + र् + इ	इकारान्त
(6) मति	= म् + अ + त् + इ	इकारान्त
(7) नदी	= न् + अ + द् + ई	ईकारान्त
(8) भानु	= भ् + आ + न् + उ	उकारान्त
(9) मधु	= म् + अ + ध् + उ	उकारान्त
(10) धेनु	= ध् + ए + न् + उ	उकारान्त
(11) वधू	= व् + अ + ध् + ऊ	ऊकारान्त
(12) पितृ	= प् + इ + त् + ऋ	ऋकारान्त
(13) धातृ	= ध् + आ + त् + ऋ	ऋकारान्त
(14) मातृ	= म् + आ + त् + ऋ	ऋकारान्त

(B) हलन्त (ending in a consonant)

(15) वाच्	= व् + आ + च्	चकारान्त
(16) राज्	= र् + आ + ज्	जकारान्त
(17) मरुत्	= म् + अ + र् + उ + त्	तकारान्त
(18) जगत्	= ज् + अ + ग् + अ + त्	तकारान्त
(19) सुहृद्	= स् + उ + ह् + ऋ + द्	दकारान्त
(20) शशिन्	= श् + अ + श् + इ + न्	नकारान्त
(21) आत्मन्	= आ + त् + म् + अ + न्	नकारान्त
(22) कर्मन्	= क् + अ + र् + म् + अ + न्	नकारान्त
(23) दिश्	= द् + इ + श्	शकारान्त
(24) चन्द्रमस्	= च् + अ + न् + द् +र् + अ + म् + अ + स्	सकारान्त
(25) पयस्	= प् + अ + य् + अ + स्	सकारान्त

LESSON 9

INTRODUCTION TO SANDHI

9.1

COMPOUNDING OF VOWELS

svara-sandheḥ paricayaḥ स्वरसन्धेः परिचयः।

RATNAKAR'S FLOW CHART FOR VOWEL SANDHI RULES

When two vowels come together, they are mathematically added into a single long vowel.

First vowel	+	Second vowel	=	Result, a long vowel
1 अ, आ	+	अ, आ	=	आ
	+	इ, ई	=	ए
	+	उ, ऊ	=	ओ
	+	ऋ, ॠ	=	अर्
	+	ए, ऐ	=	ऐ
	+	ओ, औ	=	औ
2 इ, ई	+	अ, आ, उ, ऊ, ए, ऐ, ओ, औ	=	य, या, यु, यू, ये, यै, यो. यौ
	+	इ, ई	=	ई, ई
3 उ, ऊ	+	अ, आ, इ, ई, ए, ऐ, ओ, औ	=	व, वा, वि, वी, वे, वै, वो, वौ
4 ऋ	+	अ, आ, इ, ई, उ, ऊ, ए, ऐ, ओ, औ	=	अर् + अ, आ, इ, ई, उ, ऊ, ए, ऐ, ओ, औ
5 ए	+	अ, आ, इ, ई, उ, ऊ, ए, ऐ, ओ, औ	=	अय् + अ, आ, इ, ई, उ, ऊ, ए, ऐ, ओ, औ
ऐ	+	अ, आ, इ, ई, उ, ऊ, ए, ऐ, ओ, औ	=	आय् + अ, आ, इ, ई, उ, ऊ, ए, ऐ, ओ, औ
6 ओ	+	अ, आ, इ, ई, उ, ऊ, ए, ऐ, ओ, औ	=	अव् + अ, आ, इ, ई, उ, ऊ, ए, ऐ, ओ, औ
औ	+	अ, आ, इ, ई, उ, ऊ, ए, ऐ, ओ, औ	=	आव् + अ, आ, इ, ई, उ, ऊ, ए, ऐ, ओ, औ

SANSKRIT VOWEL SANDHI CHART

अ	इ	उ	ण्	ऋ	लृ	क्

अ	इ	उ

अ	आ	इ	ई	उ	ऊ	ऋ

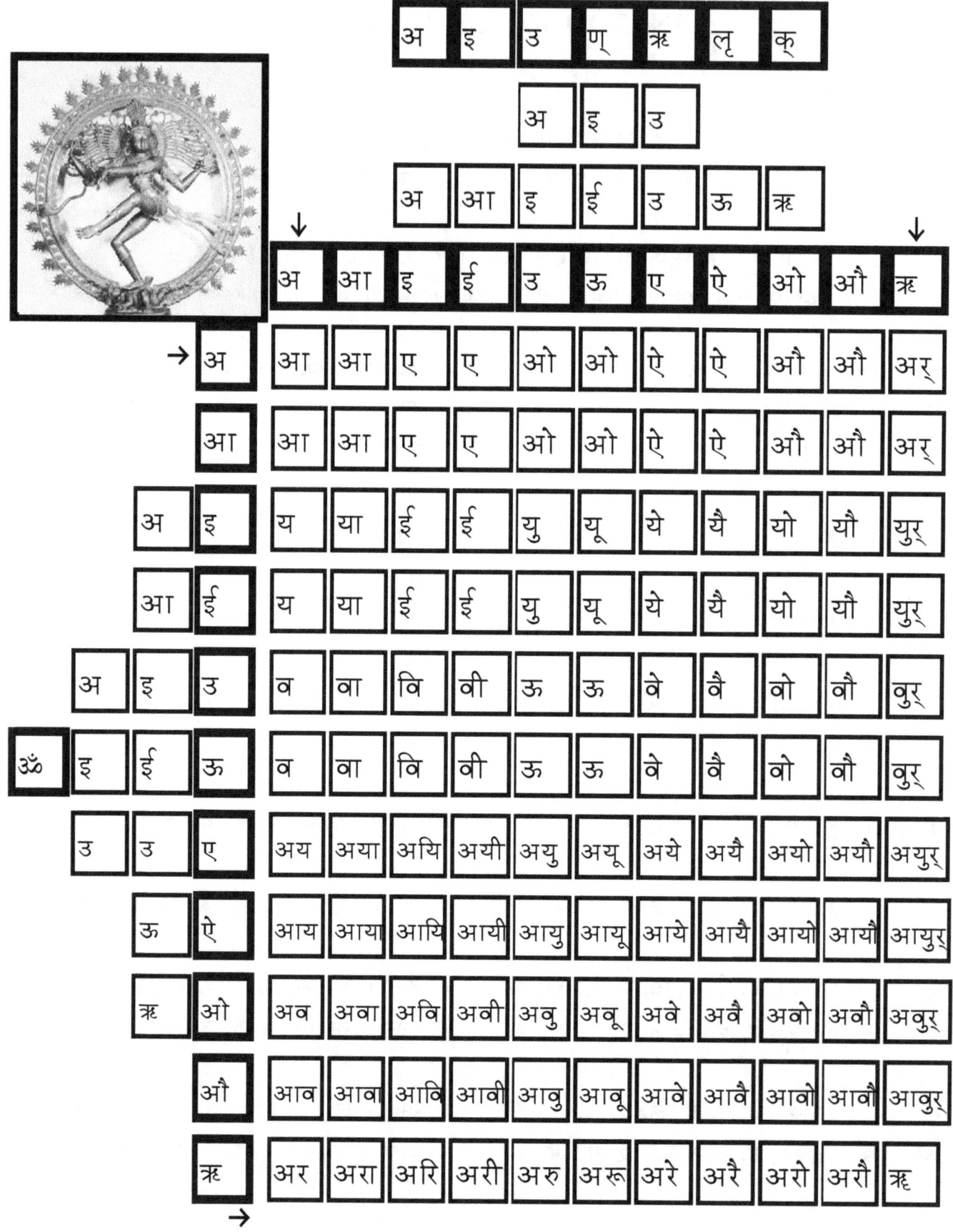

				अ	आ	इ	ई	उ	ऊ	ए	ऐ	ओ	औ	ऋ
			अ	आ	आ	ए	ए	ओ	ओ	ऐ	ऐ	औ	औ	अर्
			आ	आ	आ	ए	ए	ओ	ओ	ऐ	ऐ	औ	औ	अर्
		अ	इ	य	या	ई	ई	यु	यू	ये	यै	यो	यौ	युर्
		आ	ई	य	या	ई	ई	यु	यू	ये	यै	यो	यौ	युर्
	अ	इ	उ	व	वा	वि	वी	ऊ	ऊ	वे	वै	वो	वौ	वुर्
ॐ	इ	ई	ऊ	व	वा	वि	वी	ऊ	ऊ	वे	वै	वो	वौ	वुर्
	उ	उ	ए	अय	अया	अयि	अयी	अयु	अयू	अये	अयै	अयो	अयौ	अयुर्
		ऊ	ऐ	आय	आया	आयि	आयी	आयु	आयू	आये	आयै	आयो	आयौ	आयुर्
		ऋ	ओ	अव	अवा	अवि	अवी	अवु	अवू	अवे	अवै	अवो	अवौ	अवुर्
			औ	आव	आवा	आवि	आवी	आवु	आवू	आवे	आवै	आवो	आवौ	आवुर्
			ऋ	अर	अरा	अरि	अरी	अरु	अरू	अरे	अरै	अरो	अरौ	ऋ

9.2

COMPOUNDING A **CONSONANT** WITH THE FOLLOWING **VOWEL**

svara-vyañjanayoḥ sandhiḥ स्वरव्यञ्जनयोः सन्धिः।

(For details on the Class Consonants, see lesson 3.2)

(1) Rule of 3rd consonant :

If a consonant from any of the five classes (k, ć, ṭ, t, p, क्, च्, ट्, त, प्), other than the nasal consonants, is followed by a vowel, this class consonant is replaced with the third consonant from that class. (This third consonant then conjugates with the vowel that comes after it). eg॰

क् + उ	=	ग् + उ	= गु	→	सम्यक् + उभयोः	=	सम्यगुभयोः (Gītā 5.4)
त् + अ	=	द् + अ	= द	→	तत् + अस्माकम्	=	तदस्माकम् (Gītā1.10)
त् + ऋ	=	द् + ऋ	= दृ	→	एतत् + ऋतम्	=	एतदृतम् (Gītā 10.14)
त् + ॐ	=	द् + ॐ	= दोम्	→	तस्मात् + ओम्	=	तस्मादोम् (Gītā 1.22)

(2) Conjugation of the word ending in n (न्) -

When a word ending in n (न्) is preceeded by any short vowel and is followed by any vowel, the ending n (न्) is doubled and becomes nn (न्न) eg॰

अनिच्छन्	+ अपि	=	अनिच्छन्नपि (Gītā 3.36)
पश्यन्	+ आत्मनि	=	पश्यन्नात्मनि। (Gītā 6.20)
विषीदन्	+ इदम्	=	विषीदन्निदम् (Gītā 1.27)
गृह्णन्	+ उन्मिषन्	=	गृह्णन्नुन्मिषन्। (Gītā 5.9)
युञ्जन्	+ एवम्	=	युञ्जन्नेवम्। (Gītā 6.15)

9.3

COMPOUNDING A **CONSONANT** WITH THE FOLLOWING **CONSONANT**

vyañjanayoḥ sandhiḥ व्यञ्जनयोः सन्धिः।

(For details on the Class Consonants, see Lesson 5.2)

(3) **Rule of 3rd consonant :**

* When a consonant, other than a nasal consonant, comes after a hard consonant from any of the five classes (namely, k, ć, ṭ, t, p, क्, च्, ट्, त्, प्), then this hard consonant is replaced by the third consonant from that same class (or optionally by the nasal consonant from that class). eg◦

क् + ब	=	ग् + ब	= ग्ब	→ पृथक् + बाला:	=	पृथग्बाला: (Gītā 5.4)
क् + म	=	ङ् + म = ङ्म		→ ईदृक् + मम	=	ईदृङ्मम (Gītā 11.49)
त् + ग	=	द् + ग	= द्ग	→ यत् + गत्वा	=	यद्गत्वा (Gītā 15.6)
त् + द	=	द् + द	= द्द	→ विद्यात् + दुःखं	=	विद्याद्दुःखं (Gītā 6.23)
त् + ध	=	द् + ध	= द्ध	→ बुद्धियोगात् + धनञ्जय	=	बुद्धियोगाद्धनञ्जय (Gita 2.49)
त् + भ	=	द् + भ	= द्भ	→ क्रोधात् + भवति	=	क्रोधाद्भवति (Gītā 2.63)
त् + य	=	द् + य	= द्य	→ अपनुद्यात् + यत्	=	अपनुद्याद्यत् (Gītā 2.8)
त् + र	=	द् + र	= द्र	→ यत् + राज्यम्	=	यद्राज्यम् (Gītā 1.45)
त् + व	=	द् + व	= द्व	→ एतत् + विद्म:	=	एतद्विद्म: (Gītā 2.6)
त् + ह	=	द् + ह	= द्ध	→ धर्म्यात् + हि	=	धर्म्याद्धि (Gītā 2.31)

(4) The Rule of same order Consonant :

* When any consonant from t (त्) class (t, th, d, dh, n त्, थ्, द्, ध्, न्), is followed by any consonant from ć (च्) class (ć, ćh, j, jh, ñ च्, छ्, ज्, झ्, ञ्), then that consonant from t (त्) class is replaced by the consonant of same order from the ć (च्) class. eg◦

त् + च = च् + च = च्च → आश्चर्यवत् + च = आश्चर्यवच्च (Gītā 2.29)
त् + ज = ज् + ज = ज्ज → स्यात् + जनार्दन = स्याज्जनार्दन (Gītā 1.36)

* When a consonant from t (त्) class (t, th, d, dh, n त्, थ्, द्, ध्, न्), is followed by consonant ś (श्), then that consonant from the t (त्) class (t, th, d, dh, n त्, थ्, द्, ध्, न्), is replaced by the consonant of same order from the ć (च्) class (ć, ćh, j, jh, ñ च्, छ्, ज्, झ्, ञ्).

And the following consonant ś (श्) is optionally replaced by consonant ćh (छ्)

त् + श = च् + छ = च्छ → यत् + शोकम् = यच्छोकम् (Gītā 2.8)
त् + श्र = च् + छ्र = च्छ्र → युद्धात् + श्रेय: = युद्धाच्छ्रेय: (Gītā 2.31)

* However, When consonant t (त्) or d (द्) is followed by consonant l (ल्), then that consonant t (त्) or d (द्) is replaced by consonant l (ल्) eg◦

त् + ल = ल् + ल = ल्ल → भुवनात् + लोका: = भुवनाल्लोका: (Gita 8.16)

(5) Nasal Inflections :

* If a consonant, other than a nasal consonant, from any class (k, ć, ṭ, t, p क, च, ट, त प), is followed by a nasal consonant, then this class consonant is optionally replaced by the nasal consonant from the same class.

त् + न =	न् + न = न्न	→	तस्मात्	+	न	=	तस्मान्न (Gītā 1.37)
त् + म =	न् + म = न्म	→	तत्	+	मे	=	तन्मे (Gītā 1.46)
द् + म =	न् + म = न्म	→	सुहृद्	+	मित्रम्	=	सुहृन्मित्रम् (Gītā 6.9)

(6) म् becomes a nasal dot (अनुस्वारः)

* When a word ending in letter m (म्) is followed by a word starting with any consonant, then that end-letter m (म्) becomes a nasal dot, and that is placed over the character that is before m (म्). eg॰

पाण्डवानीकम् व्यूढम् = पाण्डवानीकं व्यूढम्। (Gītā 1.2)

* But, when a word ending in letter m (म्) is at the end of the sentence, that letter m (म्) remains unchanged.

पश्यैतां पाण्डुपुत्राणामाचार्य महतीं चमूम्।।25।। (Gītā 1.3)

पर्याप्तं त्विदमेतेषां बलं भीमाभिरक्षितम्।।26।। (Gītā 1.10)

(7) Change of n (न्) to ṇ (ण्) at the end of a word

(a) When letter n (न्) within or at the end of a word is preceded by letter ṛ, ṝ, r or ṣ (ऋ, ॠ, र्, ष्); and

(b) between this n (न्) and the preceding ṛ, ṝ, r or ṣ (ऋ, ॠ, र्, ष्), even if any vowel, an anusvāra, a consonant from class k (क्) or a consonant from class p (प्) or letter y, r, v or h (य्, र्, व् ह्) comes,

(c) in all these cases, this n (न्) changes to ṇ (ण्). eg॰

द्रुपदपुत्रेण	→	त् + र् + ए + न	= त् + र् + ए + ण	=	त्रेण	(Gītā 1.3)
शरीरिणः	→	र् + इ + नः	= र् + इ + णः	=	रिणः	(Gītā 2.18)
कर्मणा	→	र् + म् + अ + न् + आ	= र् + म् + अ + ण् + आ	=	र्मणा	(Gītā 3.20)

(8) Change of s (स्) to ṣ (ष्) at the end of a word -

* If a vowel other than *a* or *ā* (अ, आ) or any consonant from the class *k* (क) or the letter *r* (र्) comes after a word ending in a case suffix such as *saḥ, sā, sām, si, su, syati, syate, syanti, syāmi, sye, sva,* etc. (सः सा, साम्, सि, सु, स्यति, स्यते, स्यन्ति, स्यामि, स्ये, स्व), then in all these cases the *s* (स्) in these suffixes changes to *ṣ* (ष्)

एषः (Gītā 3.10)	एषा (Gītā 2.39)	एतेषाम् (Gītā 1.10)	करोषि (Gītā 9.27)
अयनेषु (Gītā 1.11)	परिशुष्यति (Gītā 1.29)	कथयिष्यन्ति (Gītā 2.34)	विशिष्यते (Gītā 7.17)
कथयिष्यामि (Gītā 10.19)	हनिष्ये (Gītā 16.14)	कुरुष्व (Gītā 9.27)	

9.4

CONJUGATION (sandhi) WITH A **VISARGA (:)**

विसर्गसन्धिः।

RATNAKAR'S FLOWCHART FOR VISARGA SANDHI

Before the visarga	the visarga	After the visarga	The result
1. एषः सः ↓	:	any characterother than अ	**visarga is deleted**
2. Any character ↓	:	त, थ	**visarga becomes स्**
3. any character ↓	:	च, छ	**visarga becomes श्**
4. any chcharacter ↓	:	ट, ठ श, ष्, स	**visarge becomes ष्** **visarge becomes श् . स्**
5. any character ↓	:	any hard character	**visarga remains**
6. आ ↓	:	any other character	**visarga is deleted**
7. अ ↓	:	अ	(अ + : + अ) **become ओऽ**
8. अ ↓	:	any other vowel	**visarga is deleted**
9. अ ↓	:	any soft consonant	अ + **visarga become ओ**
10. any other vowel	:	any character	**visarga becomes र्**

NOTE : At any place, when more than one sandhi rules seem to be applicable, the first rule as per this Flowchart superseeds the other rules.

LESSON 10

THE SANSKRIT NUMERALS

(1) **Expressive of numbers** (*saṅkhyāvāćakāḥ* संख्यावाचका:) eg◦ one (*eka* एक), two (*dvi* द्वि), three (*tri* त्रि), four (*ćatur* चतुर्), five (*pañćan* पञ्चन्), six (*ṣaṣ* षष्), seven (*saptan* सप्तन्), eight (*aṣṭan* अष्टन्), nine (*navan* नवन्), ten (*daśan* दशन्), eleven (*ekādaśan* एकादशन्) ...etc.

(2) **Sequence indicating** (*kramavāćakāḥ* क्रमवाचका:) eg◦ 1st (*prathama* प्रथम), 2nd (*dvitīya* द्वितीय), 3rd (*tṛtīya* तृतीय), 4th (*ćaturtha* चतुर्थ), 5th (*pañćama* पञ्चम), 6th (*ṣaṣṭha* षष्ठ), 7th (*saptama* सप्तम), 8th (*aṣṭama* अष्टम), 9th (*navama* नवम), 10th (*daśama* दशम), 11th (*ekādaśa* एकादश) ...etc. m◦f◦n◦ forms

Number	numerical, m◦ n◦ f◦		Sequence, m◦ and n◦		Sequence, f◦	
1	एक	*eka*	प्रथम	*prathama*	प्रथमा	*prathamā*
2	द्वि	*dvi*	द्वितीय	*dvitīya*	द्वितीया	*dvitīyā*
3	त्रि	*tri*	तृतीय	*tṛtīya*	तृतीया	*tṛtīyā*
4	चतुर्	*ćatur*	चतुर्थ	*ćaturtha*	चतुर्थी	*ćaturthī*
5	पञ्चन्	*pañćan*	पञ्चम	*pañćama*	पञ्चमी	*pañćamaī*
6	षष्	*ṣaṣ*	षष्ठ	*ṣaṣṭha*	षष्ठी	*ṣaṣṭhī*
7	सप्तन्	*saptan*	सप्तम	*saptama*	सप्तमी	*saptamī*
8	अष्टन्	*aṣṭan*	अष्टम	*aṣṭama*	अष्टमी	*aṣṭamī*
9	नवन्	*navan*	नवम	*navama*	नवमी	*navamī*
10	दशन्	*daśan*	दशम	*daśama*	दशमी	*daśamī*
11	एकादशन्	*ekādaśan*	एकादश	*ekādaśa*	एकादशी	*ekādaśī*
12	द्वादशन्	*dvādaśan*	द्वादश	*dvādaśa*	द्वादशी	*dvādaśī*
13	त्रयोदशन्	*trayodaśan*	त्रयोदश	*trayodaśa*	त्रयोदशी	*trayodaśī*
14	चतुर्दशन्	*ćaturdaśan*	चतुर्दश	*ćaturdaśa*	चतुर्दशी	*ćaturdaśī*
15	पञ्चदशन्	*pañćadaśan*	पञ्चदश	*pañćadaśa*	पञ्चदशी	*pañćadaśī*
16	षोडशन्	*ṣoḍaśan*	षोडश	*ṣoḍaśa*	षोडशी	*ṣoḍaśī*
17	सप्तदशन्	*saptadaśan*	सप्तदश	*saptadaṣa*	सप्तदशी	*saptadaṣī*
18	अष्टादशन्	*aṣṭādaśan*	अष्टादश	*aṣṭādaśa*	अष्टादशी	*aṣṭādaśī*
19	नवदशन्	*navadaśan*	नवदश	*navadaśa*	नवदशी	*navadaśī*

From 20 onwards suffixes m◦ n◦ तम, f◦ तमी, may be added to form a sequence indicating numeral.

20	विंशति	*viṁśati*	विंश(विंशतितम)	*viṁśa*	विंशी(विंशतितमी)	*viṁśī*
30	त्रिंशत्	*triṁśat*	त्रिंश	*triṁśa*	त्रिंशी	*triṁśī*
40	चत्वारिंशत्	*ćatvāriṁśat*	चत्वारिंश	*ćatvāriṁśa*	चत्वारिंशी	*ćatvāriṁśī*

50	पञ्चाशत्	*pañćāśat*	पञ्चाश	*pañćāśat*	पञ्चाशी	*pañćāśī*
60	षष्टि	*ṣaṣṭi*	षष्टितम	*ṣaṣṭi*	षष्टितमी	*ṣaṣṭamī*
70	सप्तति	*saptati*	सप्तत	*saptata*	सप्तती	*saptatī*
80	अशीति	*aśīti*	अशीतितम	*aśītitama*	अशीतितमी	*aśītitamī*
90	नवति	*navati*	नवति	*navatia*	नवति	*navatiī*
100	शत, एकशतम्	*śata, ekśatam*	शततम	*śatatama*	शततमी	*śatatamī*
101	एकशत, एकाधिकशत		एकाधिकशततम		एकाधिकशततमी	
102	द्विशत, द्वाधिकशत		द्वाधिकशततम		द्वाधिकशततमी	
103	त्रिशत, त्र्यधिकशत		त्र्यधिकशततम		त्र्यधिकशततमी	
104	चतु:शत, चतुरधिकशत		चतु:शततम		चतु:शततमी	
105	पञ्चशत, पञ्चाधिकशत		पञ्चशततम		पञ्चशततमी	
106	षट्शत, षडधिकशत		षट्शततम		षट्शततमी	
107	सप्तशत, सप्ताधिकशत		सप्तशततम		सप्तशततमी	
108	अष्टशत, अष्टाधिकशत		अष्टशततम		अष्टशततमी	
109	नवशत, नवाधिकशत		नवशततम		नवशततमी	
110	दशशत, दशाधिकशत		दशशततम		दशशततमी	
120	विंशशत		विंशशततम		विंशशततमी	
130	त्रिंशशत		त्रिंशशततम		त्रिंशशततमी	
140	चत्वारिंशशत		चत्वारिंशशततम		चत्वारिंशशततमी	
150	पञ्चाशशत		पञ्चाशशततम		पञ्चाशशततमी	
160	षष्टिशत		षष्टिशततम		षष्टिशततमी	
170	सप्ततिशत		सप्ततिशततम		सप्ततिशततमी	
180	अशीतिशत		अशीतिशततम		अशीतिशततमी	
190	नवतिशत		नवतिशततम		नवतिशततमी	
200	द्विशत		द्विशततम		द्विशततमी	
300	त्रिशत		त्रिशततम		त्रिशततमी	
400	चतु:शत		चतु:शततम		चतु:शततमी	
500	पञ्चशत		पञ्चशततम		पञ्चशततमी	
600	षट्शत		षट्शततम		षट्शततमी	
700	सप्तशत		सप्तशततम		सप्तशततमी	
800	अष्टाशत		अष्टशततम		अष्टशततमी	
900	नवशत		नवशततम		नवशततमी	
1000	दशशत, सहस्र		सहस्रतम		सहस्रतमी	One thousand

SANSKRIT NUMERALS FROM 0 to 99

	0	1	2	3	4	5	6	7	8	9
0	०	१	२	३	४	५	६	७	८	९
1	१०	११	१२	१३	१४	१५	१६	१७	१८	१९
2	२०	२१	२२	२३	२४	२५	२६	२७	२८	२९
3	३०	३१	३२	३३	३४	३५	३६	३७	३८	३९
4	४०	४१	४२	४३	४४	४५	४६	४७	४८	४९
5	५०	५१	५२	५३	५४	५५	५६	५७	५८	५९
6	६०	६१	६२	६३	६४	६५	६६	६७	६८	६९
7	७०	७१	७२	७३	७४	७५	७६	७७	७८	७९
8	८०	८१	८२	८३	८४	८५	८६	८७	८८	८९
9	९०	९१	९२	९३	९४	९५	९६	९७	९८	९९

DECLENSION OF THE

SANSKRIT NUMERALS

एक (one) is always singular, द्वि (two) is always dual and three, four, five त्रि, चतुर्, पञ्च ...etc. are always plural. The declensions of the numerals in the Nominative (1st) case, in all three genders, are given below (For all other cases of numerals, see the 'Declensions of Cases' in the Appendix).

SANSKRIT NUMERALS : (1 to 10)

1	**one**	***ek***	एक	**2**	**two**	***dvi***	द्वि
3	**three**	***tri***	त्रि	**4**	**four**	***ćatur***	चतुर
5	**five**	***pañćan***	पञ्चन्	**6**	**six**	***saṣ***	षष्
7	**seven**	***satpan***	सप्तन्	**8**	**eight**	***aṣṭan***	अष्टन्
9	**nine**	***navan***	नवन्	**10**	**ten**	***daśan***	दशन्

Nominative case :				**m∘**		**n∘**		**f∘**	
1	१	*eka*	एक	ekaḥ	एक:	ekam	एकम्	ekā	एका
2	२	*dvi*	द्वि	dvau	द्वौ	dve	द्वे	dve	द्वे
3	३	*tri*	त्रि	trayaḥ	त्रय:	trīṇi	त्रीणि	tisraḥ	तिस्र:
4	४	*ćatur*	चतुर्	ćatvāraḥ	चत्वार:	ćatvāri	चत्वारि	ćatasraḥ	चतस्र:

Numbers from 5 to 10 have same case declensions in all three genders m∘ n∘ f∘

Nominative case :			**m∘ n∘ f∘**	
5	५	*pañća*	पंच, पञ्च	m∘ n∘ f∘
6	६	*ṣaṭ* or *ṣaḍ*	षट्, षड्	m∘ n∘ f∘
7	७	*sapta*	सप्त	m∘ n∘ f∘
8	८	*aṣṭa*	अष्ट	m∘ n∘ f∘
9	९	*nava*	नव	m∘ n∘ f∘
10	१०	*daśa*	दश	m∘ n∘ f∘

LESSON 11

MAKING YOUR OWN SENTENCES

i. In Sanskrit, the action words (verbs, *kriyāpadam* क्रियापदम्) agree with NUMBER (*vaćanam* वचनम्) and PERSON (*puruṣaḥ* पुरुषः) of the subject (*kartā* कर्ता).

ii. A single object takes verb in SINGULAR number. Two subjects connected by '*and,*' take a verb in the DUAL number and a group of more than two subjects takes a verb in PLURAL number.

NOTES : (1) Gender has no effect on the verb, but the verb changes with Person (1st, 2nd, 3rd).
(2) and = *ća* च, is = *asti* अस्ति, are = *santi* सन्ति।

Two or more nouns are connected by word *ća* च। eg॰ Rāma Sītā and Rādhā (i) *Rāmaḥ Sītā Rādhā ća* रामः सीता राधा च। or (ii) *Rāmaḥ ća Sītā ća Rādhā ća* रामः च सीता च राधा च। रामः अस्ति सीता अस्ति राधा अस्ति। रामः सीता राधा च सन्ति।

I am	अहम् अस्मि	*aham asmi*
We are	वयं स्मः	*vayaṁ smaḥ*
You are	भवान्/भवती अस्ति	(m॰) bhavān (f॰) bhavatī asti
He/she/that is	सः, सा, तत् अस्ति	*saḥ, sā, tat asti*
They all are	ते, ताः, तानि सन्ति	*te, tāḥ, tāni santi*

EXERCISE 19 : Study the following examples

1. Rītā is, *Rītā asti.* रीता अस्ति। Nīrā is, *Nīrā asti.* नीरा अस्ति। He is, *saḥ asti.* सः अस्ति। They are, (m॰) *te santi* or (f॰) *tāḥ santi* ते सन्ति or ताः सन्ति।
2. Rekhā is. *Rekhā asti.* रेखा अस्ति। The book is there. *pustakam asti.* पुस्तकम् अस्ति।
3. I am अहम् अस्मि *aham asmi.* I am Brahma अहं ब्रह्म अस्मि (अहं ब्रह्मास्मि) *aham brahmāsmi.* Thou art that तत् त्वम् असि *tat tvam asi. Everything is that.* तत् सर्वम् *tat sarvam.* (*sarva* सर्व = all)

In Sanskrit, (1) One person or thing is SINGULAR NUMBER (2) Two persons or things are DUAL NUMBER, and (3) More than two persons or things are PLURAL NUMBER

Gender	Singular			Dual		Plural		
Masculine noun	बालकः	*bālakaḥ*	(boy)	बालकौ	*bālakau*	बालकाः	*bālakāḥ*	(boys)
Feminine noun	बाला	*bālā*	(girl)	बाले	*bāle*	बालाः	*bālāḥ*	(girls)
Neuter noun	पुस्तकम्	*pustakam*	(book)	पुस्तके	*pustake*	पुस्तकानि	*pustakāni*	(books)

VOCABULARY OF COMMON SANSKRIT NOUNS

INDEX

11.1 ANIMALS, Domestic / Farm	ग्राम्यप्राणिनः	grāmyaprāṇinaḥ
11.2 ANIMALS, Wild	वन्यपशवः	vanya-pashavaḥ
11.3 INSECTS	कृमयः	kṛmayaḥ
11.4 BIRDS	पक्षिणः	pakṣiṇaḥ
11.5 THE BODY PARTS	शरीरांगानि	śarīrāṅgāni
11.6 AILMENTS and BODY CONDITIONS	विकाराः	vikārāḥ
11.7 CLOTHING, DRESS etc.	परिधानानि	paridhānāni
11.8 RELATIONS	सम्बन्धाः	sambandhāḥ
11.9 HOUSEHOLD THINGS	गृह्यवस्तुनि	gṛhyavastuni
11.10 TOOLS	उपकरणानि	upakaraṇāni
11.11 FLOWERS	पुष्पणि	puṣpāṇi
11.12 FRUITS	फलानि	phalani
11.23 VEGETABLES	शाकानि	śākāni
11.14 PLANTS	वनस्पतयः	vanaspatayaḥ
11.15 FOOD STUFF	खाद्यपेयानि	khādyapeyāni
11.16 SPICES	उपस्करणानि	upaskaraṇāni
11.17 MINERALS, METALS and JEWELS	खनीजानि	khanījāni
11.18 MUSIC	सङ्गीतं	sangeetam
11.19 PROFESSIONS	व्यवसायाः	vyavasāyāḥ
11.20 BUSINESS	व्यापारः	vyāpāraḥ
11.21 WARFARE	युद्धं	yuddham
11.22 TIME	समयः	samayaḥ

11.1 ANIMALS, Domastic / Farm ग्राम्यप्राणिनः grāmyaprāṇinaḥ

Camel उष्ट्रः, क्रमेलकः, मयः; स्त्री॰ उष्ट्री, *m॰ uṣṭraḥ, kramelakaḥ, mayaḥ, f॰ uṣṭrī*

Cat मार्जारः, बिडालः, (स्त्री॰) मार्जारी, *m॰ mārjāraḥ, biḍālaḥ, f॰ mārjārī*

Cow अर्जुनी, उस्रा, गौः, धेनुः, रोहिणी, शृंगिणी, सौरमेयी
f॰ arjunī, usrā, gauḥ, dhenuḥ, śṛṅgiṇī, saurameyī

Dog कुक्कुरः, भषकः, श्वन्, शुनकः, सारमेयः
m॰ kukkuraḥ, bhaśakaḥ, śvan, śunakaḥ, sārameyaḥ

Donkey खरः, गर्दभः, रासभः *m॰ kharaḥ, gardabhaḥ, rāsabhaḥ*

Goat अजः, छगलकः, छागः, बस्तः, (स्त्री॰) अजा, छागी
m॰ ajaḥ, ćhagalakaḥ, ćāgaḥ, bastaḥ, f॰ Ajā, ćhāgī

Hare शशः, शशकः *m॰ śaśaḥ, śaśakaḥ*

Horse अर्वा, आजानेयः, कर्कः, कियाहः, गन्धर्वः, घोटकः, तुरगः, तुरङ्गः, हयः, तुरङ्गमः, भूमिरक्षकः, वाजी, वाहः, वीतिः, सप्तिः, साधुवाही, सिन्धुवारः, सैन्धवः, अश्वः
m॰ arvā, ājāneyaḥ, karkaḥ, kiyāhaḥ, gandharvaḥ, ghoṭakaḥ, turagaḥ, turaṅgaḥ, hayaḥ, turaṅgamaḥ, bhūmirakṣakaḥ, vājī, vāhaḥ, vītiḥ, saptiḥ, sādhuvāhī, sindhuvāraḥ, saindhavaḥ, aśvaḥ. (f॰ See Mare↓)

Kitten मार्जारशावः *m॰ mārjāraśāvaḥ*

Lamb मेशशावः *m॰ meśaśāvaḥ*

Lizard खरटः, (स्त्री॰) गोधिका *m॰ kharaṭaḥ; f॰ godhikā*

Mare अश्वा, तुरगी, वडवा, वाजिनी, वामी *f॰ aśvā, turagī, vaḍavā, vājinī, vāmī*

Mouse आखुः, ऊन्दरुः, खनकः, मूषकः *m॰ ākhuḥ, undaruḥ, khanakaḥ, mūśakaḥ*

Ox अनडुत्, भद्रः *m॰ anaḍut, bhadraḥ* (see bullock)

Pig वराहः, शूकरः *m॰ varāhaḥ, śūkarah*

Rabbit शशः, शशकः *m॰ śaśaḥ, śaśakaḥ*

11.2 ANIMALS, Wild वन्यपशवः vanya-pashavaḥ

Alligator ग्राहः, नक्रः *m॰ grāḥ, nakraḥ*

Bear	ऋक्षः, भल्लकः, भालुकः *m∘ ṛkṣaḥ, bhallakah, bhālukaḥ*
Cobra	नागः, फणी *m∘ nāgaḥ, faṇī*
Crocodile	कुंभीरः, ग्राहः, नक्रः, मकरः *m∘ kumbhīraḥ, grāhaḥ, nakraḥ, makaraḥ*
Deer	कुरंगः, कुरंगमः, कृष्णसारः, मृगः, रुरुः, रौहिषः, वानप्रमीः, शंबरः, हरिणः *m∘ kuraṅgaḥ, kuraṅgamaḥ, kṛṣṇasāraḥ, mṛgaḥ, ruruḥ, rauhiṣaḥ, vānapramīḥ, śambaraḥ, hariṇaḥ*
Elephant	इभः, करी, कुंजरः, गजः, द्विरदः, दंती, नागः, वारणः, स्तंबेरमः, हस्ती *m∘ ibhaḥ, karī, kunjaraḥ, gajaḥ, dviradaḥ, dantī, nāgaḥ, vāraṇaḥ, stamberamaḥ, hastī*
Fish	झषः, मत्स्यः, मीनः, विसारः *m∘ jhaṣaḥ, matsyaḥ, mīnaḥ, visāraḥ*
Fox	खिंकिरः गोमायुः, शृगालः *m∘ khiṅkiraḥ, gomāyuḥ, śṛgālaḥ*
Frog	दर्दूरः, भेकः, मंडुकः, लूरः *m∘ dardūraḥ, bhekaḥ, maṇḍukaḥ, lūraḥ*
Hippo	करियादः *m∘ kariyādaḥ*
Jackal	क्रोष्टुः, जंबुकः, फेरवः, शृगालः *m∘ kroṣṭruḥ, jambukaḥ, feravaḥ, śṛgālaḥ*
Leopard	चित्रकः, चित्रव्याघ्रः *m∘ ćitrakaḥ, ćitravyāghraḥ*
Lion	केसरी, मृगपतिः, सिंहः, हरिः *m∘ kesarī, mṛgapatiḥ, siṁhaḥ, hariḥ*
Monkey	कपिः, कीशः, प्लवंगः, बलीमुखः, मर्कटः, वानरः शाखामृगः *m∘ kapiḥ, kīśaḥ, plavaṅgaḥ, balīmukhaḥ, markaṭaḥ, vānaraḥ, śākhāmṛgaḥ*
Rhino	खंडी, गंडः, गंडकः *m∘ khaṇḍī, gaṇḍaḥ, gaṇḍakaḥ*
Snake	अहिः, उरगः, उरंगमः, काकोदरः, कुंडली, चक्री, दंदशूकः, द्विजिह्वः, नागः, पन्नगः, फणी, बिलेशयः, भुजगः, भुजंगः, भुजंगमः, विषधरः, व्यालः, सरीसृपः, सर्पः *m∘ ahiḥ, uragaḥ, uraṅgamaḥ, kākodaraḥ, kuṇḍalī, ćakrī, dandaśūkaḥ, dvijihvaḥ, nāgaḥ, pannagaḥ, faṇī, bileśayaḥ, bhujagaḥ, bhujaṅgamaḥ, viṣadharaḥ, vyālaḥ, sarīsṛpaḥ, sarpaḥ*
Tiger	व्याघ्रः, शार्दूलः *m∘ vyāgraḥ, śārdūlaḥ*
Turtle (m∘)	कच्छपः, कमठः, कूर्मः *m∘ kaććhapaḥ, kamaṭhaḥ, kūrmaḥ*
Turtle (f∘)	कमठी, कूर्मी, डुलिः *f∘ kamaṭhī, kūrmī, ḍuliḥ*
Wolf	ईहामृगः, कोकः, वृकः *m∘ īhāmṛgaḥ, kokaḥ, vṛkaḥ*

Zebra	रासभः *m◦ rāsabhaḥ*

11.3 INSECTS कृमयः kṛmayaḥ

Ant	पिपीलिका *f◦ pipīlikā* (Anthill वल्मीकः *valmīkaḥ)*
Bedbug	मत्कुणः *m◦ matkuṇaḥ*
Bee	अलिः, भृंगः, भ्रमरः *m◦ aliḥ, bhṛṅgaḥ, bhramaraḥ*
Bug	कीटः, कृमिः *m◦ kīṭaḥ, kṛmiḥ*
Butterfly	चित्रपतंगः *m◦ ćitrapataṅgaḥ*
Cockroach	झीरुका *f◦ jhīrukā*
Crab	कर्कटः, कर्कटकः *m◦ karkaṭaḥ, karkaṭakaḥ*
Cricket	चीरी, झिल्लिका, भृंगारी *f◦ ćīrī, jhillikā, bhṛṅgārī*
Earthworm	भूजंतुः *m◦ bhūjantuḥ*
Fly	मक्षिका, नीला *f◦ makṣikā, nīlā*
Glow worm	खद्योतः *m◦ khadyotaḥ*
Grasshopper	शरभः *m◦ śarabhaḥ*
Honey bee	मधुकरः, (स्त्री◦) मधुमक्षिका *m◦ madhukaraḥ, f◦ madhumakṣikā*
Insect	कीटः, कृमिः, क्रिमिः *m◦ kīṭaḥ, kṛmiḥ, krimiḥ*
Moth	शलभः *m◦ śalabhaḥ*
Scorpion	द्रोणः, वृश्चिकः *m◦ droṇaḥ, vṛśćikaḥ*
Snail	शंबूकः *m◦ śambūkaḥ*
Spider	ऊर्णनाभः, कोशकारः, जालिकः, तंतुनाभः, मर्कटकः, (स्त्री◦) लूता *m◦ ūrṇanābhaḥ, kośakāraḥ, jālikaḥ, tantunābhaḥ, markaṭakaḥ, f◦ lūtaḥ*
Termite	वामी *f◦ vāmī*

11.4 BIRDS पक्षिणः pakṣiṇaḥ

Black bird	कुहूरवा, कोकिला, पिका *f◦ kuhūravā, kokilā, pikā*
Blue bird	नीलकंठः *m◦ nīlakaṇṭhaḥ*

Chicken कुक्कुटशावः *m◦ kukkuṭaśāvaḥ*

Cock कुक्कुटः, ताम्रचूडः, शिखी *m◦ kukkuṭaḥ, tāmraćūḍaḥ, śīkhī*

Crane बलाकः *m◦ balākaḥ*

Crow काकः, ध्वांक्षः, मौकुलिः, वायसः *m◦ kākaḥ, dhvāṅkṣaḥ, maukuliḥ, vāyasaḥ*

Dove कपोतः, कलरवः, पारावतः *m◦ kapotaḥ, kalaravaḥ, pārāvataḥ*

Duck कलहंसः, कादंबः, वरटः *m◦ kalahaṁsaḥ, kādambaḥ, varaṭaḥ*

Eagle उत्कोशः, गरुडः *m◦ utkośaḥ, garuḍaḥ*

Goose कलहंसः, चक्रवाकः *m◦ kalahaṁsaḥ, ćakravākaḥ*

Hawk श्येनः *m◦ śyenaḥ*

Hen कुक्कुटी *f◦ kukkuṭī*

Kite (स्त्री◦) आतापी, (पु◦) चिल्लः *f◦ ātāpī, m◦ ćillaḥ*

Owl उलुकः, कौशिकः, दिवान्धः, धूकः, निशाटनः, पेचकः

m◦ ulukaḥ, kauśikaḥ, divāndhaḥ, dhūkaḥ, niśāṭanaḥ, pećakaḥ

Parrot कीरः, शुकः *m◦ kīraḥ, śukaḥ*

Pigeon कपोतः, कलरवः, पारावतः *m◦ kapotaḥ, kalaravaḥ, pārāvataḥ*

Peacock केकी, मयूरः, शिखंडी, शिखी *m◦ kekī, mayūraḥ, śikhaṇḍī, śikhī*

Rooster कुक्कुटः, ताम्रचूडः, शिखी *m◦ kukkuṭaḥ, tāmraćuḍaḥ, śīkhī*

Sparrow चटकः *m◦ ćaṭakaḥ*

Swan राजहंसः, हंसः *m◦ rājhaṁsaḥ, haṁsaḥ*

Vulture गृध्रः *m◦ gṛdhraḥ*

Woodpecker काष्ठकूटः *m◦ kāṣṭhakūṭaḥ*

11.5 THE BODY PARTS शरीराङ्गानि śarīrāṅgāni

Abdomen उदरं, कुक्षिः *m◦ udaram, kukṣiḥ*

Ankle गुल्फः, घुटिका *m◦ gulfaḥ, f◦ ghuṭikā*

Arm बाहुः, भुजः, (स्त्री◦) भुजा *m◦ bāhuḥ, bhujaḥ, f◦ bhujā*

Artery धमनी *f◦ dhamanī*

Back पृष्ठं *n◦ pṛṣṭham*

Beard	कूर्चं, श्मश्रु *n◦ kūrcham, śmaśru*
Belly	उदरं, कुक्षिः, जठरं, तुन्दं *n◦ udaram, kukṣiḥ, jaṭharam, tundam*
Bellybutton	उदरगण्डः *m◦ udaragaṇḍaḥ*
Blood	अस्त्रं, रक्तं, रुधिरं, लोहितं, शोणितं *n◦ asram, raktam, rudhiram, lohitam, shoṇitam*
Bloodvessel	असृग्वहा, नाडी, रक्तवाहिनी, शिरा *f◦ asṛgvahā, nāḍī, raktavāhinī, śirā*
Body	अङ्गं, कलेवरं, कायः, गात्रं, तनु, देहः, वपुः, विग्रहः, शरीरं *n◦ angam, kalevaram, m◦ kāyaḥ, n◦ gātram, tanu, m◦ dehaḥ, vapuḥ, vigrahaḥ, n◦ śarīram*
Brain	गोर्दं, मस्तिष्कं *n◦ gordam, mastiṣkam*
Breath	श्वासः *m◦ śvāsaḥ* *(i) in-breath* श्वासः *m◦ śvāsaḥ; (ii) out-breath* उच्छ्वासः *m◦ ucchvāsaḥ*
Breast	क्रोडं, वक्षः, (स्त्री◦) स्तनः *m◦ kroḍam, vakṣaḥ; (for female) m◦ stanaḥ*
Cadaver	कुणपः शवः, शवं *m◦ kuṇapaḥ, śavaḥ, n◦ śavam*
Cheek	करटः, कपोलः, गडः, गल्लः *m◦ karaṭaḥ, kapolaḥ, gaḍaḥ, gallaḥ*
Chest	क्रोडं, वक्षः *n◦ kroḍam, vakṣaḥ*
Chin	चिबुकं, हनुः *n◦ cibukam, m◦ f◦ hanuḥ*
Ear	कर्णः, क्षोत्रं, श्रूतिः *m◦ karṇaḥ, n◦ kṣotram, f◦ śrutiḥ*
Elbow	कूर्परः, कफणिः *m◦ kūrparaḥ, f◦ kafaṇīḥ*
Eye	अक्षि, चक्षुः, नयनं, नेत्रं, लोचनं *n◦ akṣi, cakṣuḥ, nayanam, netram, locanam*
Face	आननं, आस्यं, तुण्डं, मुखं, वदनं, वक्त्रं *n◦ ānanam, āsyam, tuṇḍam, mukham, vadanam, vaktram*
Feather	पक्षः, पिच्छं *m◦ pakṣaḥ, n◦ piccham*
Finger	अंगुलिः *f◦ anguliḥ*
Fist	मुष्टिः *m◦ muṣṭiḥ;* मुष्टी *f◦ muṣṭī*
Foot	चरणं, पदं, पादः *n◦ caraṇam, padam, m◦ pādaḥ*
Forehead	ललाटं *n◦ lalāṭam*
Hair	कचः, कुन्तलः, केशः, चिकुरः, बालः

	m◦ kaćaḥ, kuntalaḥ, keśaḥ, ćikuraḥ, bālaḥ
Hand	करः, पाणिः, हस्तः *m◦ karaḥ, pāṇiḥ, hastaḥ*
Head	मूर्धा, मौलिः, शिरः, शीर्षं, शीर्षकं
	m◦ mūrdhā, mauliḥ, n◦ śiraḥ, śīrṣam, śīrṣakam
Heart	हृद्, हृदयं *n◦ hṛd, hṛdayam*
Intestine	अन्त्रं *n◦ antram*
Jaw,	पीचं, हनु *n◦ pīćam, m◦ f◦ hanu*
Joint	सन्धिः *m◦ sandhiḥ*
Kidney	गुर्दः, वृक्कः *m◦ gurdaḥ, vṛkkaḥ*
Knee	जानु *n◦ jānu*
Lap	अङ्कः, क्रोडं, *m◦ aṅkaḥ, n◦ kroḍam*
Life	चैतन्यं, जीवनं, प्राणः *n◦ ćaitanyam, jīvanam, m◦ prāṇaḥ*
Limb	अङ्गं, अवयवः, गात्रं *n◦ aṅgam, m◦ avayavaḥ, n◦ gātram*
Lip	ओष्ठः *upper-lip m◦ oṣṭhaḥ; lower-lip* अधरः *m◦ adharaḥ*
Little-finger	कनिष्ठा, कनिष्ठिका, कनीका *f◦ kaniṣṭhā, kaniṣṭhikā, kanīkā*
Lungs	क्लोमं, फुप्फुसं *n◦ klomam, fuffusam*
Moustaches	श्मश्रु *n◦ śmaśru*
Mouth	आननं, आस्यं, तुण्डं, मुखं, लपनं, वक्त्रं, वदनं
	m◦ ānanam, āsyam, tuṇḍam, mukham, lapanam, vaktram, vadanam
Nail	नखः, नखं *m◦ nakhaḥ, n◦ nakham*
Neck	ग्रीवा *f◦ grīvā*
Nose	घोणा, घ्राणं, नसा, नासा, नासिका
	f◦ ghoṇā, n◦ ghrāṇam, f◦ nasā, nāsā, nāsikā
Palm	करतलः, चपेटः, प्रहस्तः *m◦ kartalaḥ, ćapeṭaḥ, prahastaḥ*
Pulse	स्पन्दनं *n◦ spandanam*
Rib	पर्शुका *f◦ parśukā*
Shoulder	अंसः, स्कन्धः *m◦ aṁsaḥ, skandhaḥ*
Skeleton	कङ्कालः, पञ्जरः *m◦ kaṅkālaḥ, pañjaraḥ*
Skin	त्वचा *f◦ tvachā*

Skull कपालः, कपालं, कर्परः *m∘ kapālaḥ, n∘ kapālam, m∘ karparaḥ*

Soul आत्मा *m∘ ātmā*

Stomach अन्नाशयः, उदरं, कोष्ठः *m∘ annāśayaḥ, n∘ udaram, m∘ koṣṭhaḥ*

Tail पुच्छं, लाङ्गुलं *n∘ pucćham, lāṅgulam*

Tear अश्रु *n∘ aśru*

Throat कण्ठः, गलः *m∘ kaṇṭhaḥ, galaḥ*

Thumb अङ्गुष्ठः *m∘ aṅguṣṭhaḥ*

Tongue जिह्वा, रसना *f∘ jihvā, rasanā*

Tooth जम्भः, दन्तः, दंष्ट्रा, दशनः, रदः, रदनः
m∘ jambhaḥ, dantaḥ, (f∘) daṁṣṭrāḥ, (m∘) daśanaḥ, radaḥ, radanaḥ

Uterus गर्भाशयः, योनिः *m∘ garbhāśayaḥ, f∘ yoniḥ*

Vein रक्तवाहिनी *f∘ raktavāhinī*

Vision दृष्टिः *f∘ dṛṣṭiḥ*

Waist कटिः, कटी, श्रोणिः *m∘ kaṭiḥ, f∘ kaṭī, śroṇiḥ*

Wrist प्रकोष्ठः, मणिबंधः *m∘ prakoṣṭhaḥ, maṇibandhaḥ*

11.6 AILMENTS and BODY CONDITIONS विकाराः vikārāḥ

Asthma श्वासरोगः *m∘ śvāsarogaḥ*

Belching उद्गिरणं *n∘ udgiraṇam*

Bleeding रक्तस्रावः *m∘ raktasrāvaḥ*

Blindness अन्धता *f∘ andhatā*

Cancer कर्कः, कर्कटः *m∘ karkaḥ, karkaṭaḥ*

Cough काशः, कासः, क्षवथुः *m∘ kāśaḥ, kāsaḥ, kṣavathuḥ*

Diarrhoea अतिसारः *m∘ atisārah*

Disease अस्वास्थ्यं, आमयः, गदः, रुजा, रोगः, विकारः, व्याधिः
n∘ asvāsthyam, m∘ āmayaḥ, gadaḥ, f∘ rujā, m∘ rogaḥ, vikāraḥ, vyādhiḥ

Dysentry अतिसारः *m∘ atisāraḥ*

Headache शिरोवेदना *f∘ śirovedanā*

Health	अनामयं, आरोग्यं, स्वास्थ्यं	*n◦ anāmayam, ārogyam, svāsthyam*
Hiccup	हिक्का, हिध्मा	*f◦ hikkā, hidhmā*
Hurt	अपकारः, क्षतिः	*m◦ apkāraḥ, f◦ kṣatiḥ*
Indigestion	अपाकः, अजीर्णं	*m◦ apākaḥ, n◦ ajīrṇam*
Obese	पीनः, पीवरः	*m◦ pīnaḥ, pīvaraḥ*
Pain	उद्वेगः, कष्टं, कृच्छ्रं, क्लेशः, तापः, दुःखं, पीडा, वेदना, व्यथा	*m◦ udvegaḥ, n◦ kaṣṭam, kṛćhram, m◦ kleśaḥ, tāpaḥ, m◦ duḥkham, f◦ pīḍā, vedanā, vyathā*
Plague	महामारी	*f◦ mahāmārī*
Sick	अस्वस्थः, पीडितः, रुग्णः	*m◦ asvasthaḥ, pīḍitaḥ, rugṇaḥ*
Sleepy	निद्रालुः, शयालुः	*m◦ nidrāluḥ, śayāluḥ*
Sneeze	क्षवः, क्षुतं	*m◦ kṣavaḥ, n◦ kṣutam*
Sore	ईर्मं, क्षतं, व्रणः	*n◦ īrmam, kṣatam, m◦ vraṇaḥ*
Sprain	स्नायुवितानं	*n◦ snāyuvitānam*
Swelling	शूयमानः	*m◦ śūyamānaḥ*
Tuberculosis	क्षयः	*m◦ kṣayaḥ*
Vomit	वमनं	*n◦ vamanam*
Wound	क्षतं, व्रणः	*n◦ kṣatam, m◦ vraṇaḥ*

11.7 CLOTHING, DRESS etc. परिधानानि paridhānāni

Belt	काञ्ची, मेखला	*kāñćī, mekhalā*
Blanket	ऊर्णायुः, कम्बलः, रल्लकः	*m◦ ūrṇāyuḥ, kambalaḥ, rallakaḥ*
Cap	शिरस्कं	*n◦ śiraskam*
Cloth	वसनं, वस्त्रं, वासः	*n◦ vasanam, vastram, vāsaḥ*
Coat	उत्तरीयं, कञ्चुकः, निचोलः	*n◦ uttariyam, kañćukaḥ, nićolaḥ*
Colour	रङ्गः	*m◦ rangaḥ*
Cotton	कर्पासः, तूलः, पिचुः, पिचुलः	*m◦ karpāsaḥ, tūlaḥ, pićuḥ, pićulaḥ*
Glove	करच्छदः	*m◦ karaććhadaḥ*

Gown कटिवस्त्रं *n∘ kaṭivastram*

Hat शिरस्कं, शिरस्त्राणं *n∘ śiraskam, śirastrāṇam*

Jacket कूर्पासकः, निचोलः *m∘ kūrpāsakaḥ, nicolaḥ*

Scarf चेलं, चेलकः *n∘ clam, m∘ celakaḥ*

Shirt चोलः, युतकं *m∘ colaḥ, n∘ yutakam*

Silk कौशं, कौशेयं, कौशाम्बरं, कौशिकं, क्षौमं, दुकुलं
n∘ kauśam, kauśeyam, kauśāmbaram, kauśikam, kṣaumam, ṭukulam

Skirt वस्त्राञ्चलः *m∘ vastrāñcalaḥ*

Sock पादत्रं *n∘ pādatram*

Towel मार्जनवस्त्रं *n∘ mārjanavastram*

Turban उष्णीषं *n∘ uṣṇīṣam*

Wool ऊर्णा, लोम *f∘ ūrṇā, n∘ loma*

Yarn तन्तुः, सूत्रं *m∘ tantuḥ, n∘ sūtram*

11.8 RELATIONS सम्बन्धाः sambandhāḥ

Aunt पितृष्वसा, मातृष्वसा *f∘ pitṛṣvasā, mātṛṣvasā*

Brother बंधुः, भ्राता, सहोदरः, सोदरः
m∘ bandhuḥ, bhrātā, sahodaraḥ, sodaraḥ

Brother' son भ्रातृव्यः, भ्रातृपुत्रः, भ्रात्रीयः *m∘ bhatṛvyaḥ, bhrātṛputraḥ, bhrātrīyaḥ*

Brother's daughter भ्रातृकन्या, भ्रातृसुता, भ्रात्रीया *f∘ bhatṛkanyā, bhrātṛsutā, bhrātrīyā*

Brother's wife प्रजावती, भ्रातृजाया *f∘ prajāvatī, bhrātṛjāyā*

Child अपत्यं, अर्भकः, संततिः, सन्तानः *n∘ apatyam, arbhakam, f∘ santtiḥ,*
m∘ santānaḥ

Couple युगलं, युग्मं, दम्पती, वधूवरौ
n∘ yualam, yugmam; dual∘ m∘ dampatī, vadhūvarau

Daughter अंगजा, आत्मजा, कन्या, कुमारी, तनया, तनुजा, दुहिता, नन्दिनी, पुत्रिका,
पुत्री, सुता *f∘ aṅgajā, ātmajā, kanyā, kumārī, tanayā, tanujā,*
duhitā, nandinī, putrikā, putrī, sutā

Daughter-in-law	वधूः, स्नुषा *f◦ vadhūḥ, snuṣā*
Family	कुटुम्बं, कुलं, गोत्रं, जातिः, वंशः
	n◦ kuṭumbam, kulam, gotram, f◦ jātiḥ, m◦ vaṁśaḥ
Father	जनकः, जनयिता, जनिता, जन्मदः, पिता, तातः
	m◦ janakaḥ, janayitā, janitā, janmadaḥ, pitā, tātaḥ
Father-in-law	श्वशुरः *m◦ śvaśuraḥ*
Father's brother	पितृव्यः *m◦ pitṛvyaḥ*
Father's father	पितामहः *m◦ pitamaḥ*
Father's mother	पितामही *m◦ pitāmahī*
Father's sister	पितृव्या, पितृस्वसा *pitṛvyā, pitṛsvasā*
Forefathers	पितरः, पूर्वजाः, पूर्वाः, वृद्धाः *pl◦ pitaraḥ, pūrvajāḥ, pūrvāḥ, vṛddhāḥ*
Friend	बंधुः, मित्रं, वसस्यः, सखा, सुहृद्, हितः
	m◦ bandhuḥ, n◦ mitram, m◦ vayasyaḥ, sakhā, suhṛd, hitaḥ
Grand-child	पौत्रः *m◦ pautraḥ ; f◦* पौत्री *pautrī*
Grand-daughter	पौत्री *f◦ pautrī*
Grand-father	पितामहः; मातामहः *m◦ pitāmahaḥ; mātāmahaḥ*
Grand-son	पौत्रः *m◦ pautraḥ*
Heair	अंशहारी, उत्तराधिकारी, दायादः, रिक्थहरः, रिक्थी
	aṁśahārī, uttarādhikārī, dāyādaḥ, rikthaharaḥ, rikthī
Husband	इष्टः, उपयन्ता, कान्तः, धवः, नाथः, पतिः, परिग्रहिता, परिणेता, प्राणेशः, प्रियतमः, भर्ता, विवोढा, स्वामी, हृदयेशः
	m◦ iṣṭaḥ, upayantā, kāntaḥ, dhavaḥ, nāthaḥ, patiḥ, parigrahitā, pariṇetā, prāṇeśaḥ, priyatamaḥ, bhartā, vivoḍhā, swāmī, hṛdayeśaḥ
Husband's brother	देवरः *m◦ devaraḥ*
Husband and wife	जम्पती, दम्पती, जायापती, भार्यापती
	(dual◦ m◦) jampatī, dampatī, jāyāpatī, bhāryāpatī
Husband's sister	ननांदा, याता, श्याली *f◦ nanāndā, yātā, śyālī*
Mother	अंबा, जननी, जनयित्री, जन्मदा, प्रसवित्री, प्रसविनी, प्रसूः

f∘ ambā, jananī, janayitrī, janmadā, prasavitrī, prasavinī, prasūḥ

Mother-in-law श्वश्रूः *f∘ śvaśrūḥ*

Mother's brother मातुलः *m∘ mātulaḥ*

Mother's brother's wife मातुला, मातुलानी, मातुली *f∘ mātulā, mātaulānī, mātulī*

Mother's father मातामहः *m∘ mātānahaḥ*

Mother's mother मातामही *f∘ mātāmahī*

Mother's sister मातृस्वसा *f∘ mātṛsvasā*

Relative ज्ञातिः, बन्धुः, बान्धवः, सकुल्यः, सगोत्रः
m∘ jñātiḥ, bandhuḥ, bāndhavaḥ, sakulyaḥ, sagotraḥ

Sister भगिनी, स्वसा, सोदर्या *bhaginī, svasā, sodaryā*

Sister, elder अग्रजा *f∘ agrajā*

Sister, younger अनुजा, अवरजा *f∘ anujā, avarajā*

Sister's daughter भागिनेयी, स्वस्रीया *f∘ bhāgineyī, svasrīyā*

Sister's husband आवृत्तः, भगिनीपतिः *m∘ āvṛttaḥ, bhaginīpatiḥ*

Sister-in-law ननान्दा, याता, श्याली *f∘ nanāndā, yātā, śyālī*

Sister's son भागिनेय, स्वसृपुत्रः, स्वस्रेयः
m∘ bhāgineyaḥ, svasṛputraḥ, svasreyaḥ

Son अङ्गजः, आत्मजः, कुमारः, तनयः, तनुजः, दारकः, नंदनः, पुत्रः, पुत्रकः, सुतः, सुनुः
m∘ angajaḥ, ātmajaḥ, kumāraḥ tanayaḥ, tanujaḥ, dārakah:, nandanaḥ, putraḥ, putrakaḥ, sutaḥ, sunuḥ

Son-in-law जामाता *m∘ jāmātā*

Widow अनाथा, गतभर्तृका, निर्णाथा, पतिहीना, विधवा
f∘ anāthā, gatabhartṛkā, nirṇāthā, patihīnā, vidhavā

Widower गतजायः, पत्नीहीनः *m∘ gatajāyaḥ, patnīhīnaḥ*

Wife कलत्रं, कान्ता, क्षेत्रं, गृहाः, गृहिणी, गेहिनी, जाया, दयिता, दाराः, पत्नी, परिग्रहः, प्रिया, भार्या, रमणी, वधूः, वल्लभा, सहधर्मिणी, स्त्री
n∘ kalatram, f∘ kāntā, n∘ kṣetram, f∘ gṛhāḥ, gṛhiṇī,

gehinī, jāyā, dayitā, m◦ dārāḥ, f◦ patnī, m◦ parigrahaḥ, f◦ priyā, bharyā, ramaṇī, vadhūḥ, vallabhā, sahadharmiṇī, strī

Wife's brother श्यालः *m◦ śyālaḥ*

Wife's sister श्याली *f◦ śyālī*

11.9 HOUSEHOLD THINGS गृह्यवस्तुनि gṛhyavastuni

Bag कोषः, स्यूतः *m◦ kośaḥ, syūtaḥ*

Basket कण्डोली, करण्डः, मञ्जूषा *f◦ kaṇḍolī, m◦ karaṇḍah, f◦ mañjūṣā*

Bed शय्या *f◦ śaiyyā*

Blanket ऊर्णायुः, कम्बलः *m◦ ūrṇāyuḥ, kambalaḥ*

Bottle कूपी *f◦ kūpī*

Bowl कटोरं, कटोरा, भाजनं, शरावः

n◦ kaṭoram, f◦ kaṭorā, n◦ bhājanam, m◦ śarāvaḥ

Box पेटिका, सम्पुटः, समुद्रकः *f◦ peṭikā, m◦ sampuṭaḥ, samudrakaḥ*

Broom सम्मार्जनी *f◦ sammarjanī*

Brush मार्जनी *f◦ mārjanī*

Bucket उदञ्चनं, द्रोणी *n◦ udañćanam, f◦ droṇī*

Button गण्डः *m◦ gaṇḍaḥ*

Candle दीपिका *f◦ dīpikā*

Chair आसनं, पीठं, विष्टरः *n◦ āsanam, pīṭhaḥ, m◦ viṣṭaraḥ*

Comb कङ्कतिका, प्रसाधनी *f◦ kaṅkatikā, prasādhanī*

Cot खट्वा, पर्यंकः *f◦ khaṭvā, m◦ paryaṅkaḥ*

Cup चषकः *m◦ ćaṣakaḥ*

Dictionary अभिधानं, शब्दकोषः *m◦ abhidhānam, m◦ śabdakoṣaḥ*

Dish शरावः *m◦ śarāvaḥ*

Fuel ईन्धनं *n◦ īndhanam*

Glass चषकः *m◦ ćaṣakaḥ*

Key	कुञ्चिका, ताली *f*∘ *kuñćikā, tālī*
Knife	कृपाणी, छुरिका, छुरी *f*∘ *kr̥pāṇī, ćhurikā, ćhurī*
Lamp	दीपः, दीपकः *m*∘ *dīpaḥ, dīpakaḥ*
Lock	तालः *m*∘ *tālaḥ*
Mirror	आदर्शः, दर्पणः, मुकुरः *m*∘ *ādarśaḥ, darpaṇaḥ, mukuraḥ*
Needle	सूचिका, सूची, सेवनी *f*∘ *sūćikā, sūćī, sevanī*
Oven	कन्दुः, चुल्ली *m*∘ *kanduḥ, f*∘ *ćullī*
Paper	पत्रकं *n*∘ *patrakam*
Pen	कलमः, लेखनी *m*∘ *kalamaḥ, f*∘ *lekhanī*
Pillow	उपधानं, बालिशं *n*∘ *upadhānam, bāliśaḥ*
Plate	थालिका, स्थाली *f*∘ *thālikā, sthālī*
Pot	कलशः, कुंभः, घटः, पात्रं, पिठरः, भाजनं *m*∘ *kalaśaḥ, kumbhaḥ, ghaṭaḥ, pātram, piṭharaḥ, n*∘ *bhājanam*
Rope	रज्जुः, शुल्बं *f*∘ *rajjuḥ, n*∘ *śulbam*
Sack	स्यूतः *m*∘ *syūtaḥ*
Soap	फेनिलः *m*∘ *fenilaḥ*
Spoon	चमसः *m*∘ *chamasaḥ*
Stove	चुल्ली *f*∘ *ćullī*
String	तन्तुः, रज्जुः *m*∘ *tantuḥ, rajjuḥ*
Swing	दोला, प्रेङ्खा, हिन्दोलः *f*∘ *dolā, preṅkhaḥ, m*∘ *hindolaḥ*
Table	मञ्चः *m*∘ *mañćaḥ*
Thread	तन्तुः *m*∘ *tantuḥ*
Umbrella	छत्रं *n*∘ *chhatram*
Wire	तारः *m*∘ *tāraḥ*
Wok	ऋजीषं, कटाहः *n*∘ *r̥jīṣam, m*∘ *kaṭahaḥ*

11.10 TOOLS उपकरणानि upakaraṇāni

Anvil शूर्मी, स्थूणा *f∘ śūrmī, sthuṇā*

Awl आरा *f∘ ārā*

Axe कुठारः, परशुः *m∘ kuṭhāraḥ paraśuḥ*

Blade धारा *f∘ dhārā*

Chisel टङ्कः, तक्षणी, व्रश्चनः *m∘ ṭaṅkaḥ, f∘ takṣaṇī, m∘ vraśćanaḥ*

Hammer अयोघनः, घनः, द्रुघणः, मुद्गरः

m∘ ayoghanaḥ, ghanaḥ, drughaṇaḥ, mudgaraḥ

Knife कृपाणी, छुरिका, छुरी *f∘ kṛpāṇī, ćhurikā, ćhurī*

Lever उत्तोलनदण्डः, तुलायन्त्रं *m∘ uttolanadaṇḍaḥ n∘ tulāyantram*

Razor क्षुरः *m∘ kṣuraḥ*

Saw करपत्रं, क्रकचं, *n∘ karapatram, krakaćam*

Scale , weight तुला *f∘ tulā*

Scissors कर्तरिका, कर्तरी, कृपाणी, खण्डधारा, छेदनी

f∘ kartarikā, kartarī, kṛpāṇī, khaṇḍadhārā, ćhedanī

Sickle दात्रं, लवित्रं *n∘ dātram, lavitram*

Spade अवदारणं, खनित्रं, स्तम्बघ्नः *n∘ avadāraṇam, khanitram, m∘ stambaghnaḥ*

11.11 FLOWERS पुष्पाणि puṣpāṇi

Bud अङ्कुरः, कलिका, कुड्मलः, कौरकं, पल्लवः, मुकुलं

m∘ aṅkuraḥ, f∘ kalikā, m∘ kuḍmalaḥ, n∘ kaurakam, m∘ pallavaḥ,

n∘ mukulam

Flower कुसुमं, पुष्पं, प्रसूनं, सुमं, सुमनं, सूनं

n∘ kusumam, puṣpam, prasūnam, sumam, sumanam, sūnam

Fragrance गन्धः, परिमलः, वासः, सुगन्धः, सुवासः, सौरभं

m∘ gandhaḥ, parimalaḥ, vāsaḥ, sugandhaḥ, sauvāsaḥ, n∘ saurabham

Jasmine अम्बष्ठा, अतिमुक्तः, कुन्दं, बकुलः, मल्लिका, माधवी, मालती, यूथिका

f∘ ambaṣṭhā, m∘ atimuktaḥ, n∘ kundam, m∘ bakulaḥ, f∘ mallikā, mādhavī, mālatī, yūthikā

Lotus अम्बुजं, अब्जं, अम्भोजं, अम्भोरुहं, अरविन्दं, उत्पलं, कमलं, कुशेशयं, तामरसं, नलिनं, पङ्कजं, पंकेरुहं, पद्म, पुष्करं, मरोरुहं, महोत्पलं, मृणालिनी, राजीवं, विसप्रसूनं, शतपत्रं, सरसिजं, सरसीरुहं, सहस्त्रपत्रं, सारसं

n◦ ambujam, abjam, ambhojam, ambhoruham, aravindam, utpalam, kamalam, kuśeśayam, tāmarasam, nalinam, paṅkajam, paṅkeruham, padma, puṣkaram, maroruham, mahotpalam, f◦ mṛṇālinī, n◦ rājīvam, viprasūnam, śatapatram, sarasijam, sarasīruham, sahasrapatram, sārasam

Lotus, blue कमलं, कुवलयं, इन्दीवरं, नीलोत्पलं

n◦ kamalam, kuvalayam, indīvaram, nīlotpalam

Lotus, red कमलं, कोकनदं, रक्तोत्पलं *n◦ kamalam, kokanadam, raktotpalam*

Lotus, white कमलं, कह्लारं, कुमुदं, पुण्डरीकं, सीताभोजं

n◦ kamalam, kahvāram, kumudam, puṇḍarīkam, sītābhojam

Marigold गन्धपुष्पं *n◦ gandhapuṣpam*

Nectar अमृतं, पीयूषं, मकरन्दः, मरन्दः, मधु, मुधा, रसः

n◦ amṛtam, pīyūṣam, m◦ makarandaḥ, marandaḥ, n◦ madhu, f◦ mudhā, m◦ rasaḥ

Night Jasmine रजनीगन्धा *f◦ rajanīgandhā*

Petal दलं, पत्रं *n◦ dalam, patram*

Pollen परागः, रजः, रेणुः *m◦ parāgaḥ, rajaḥ, reṇuḥ*

Rose ओड्रपुष्पं, जपा *n◦ oḍrapuṣpam, f◦ japā*

Sunflower सूर्यपुष्पं *n◦ sūryapuṣpam*

11.12 FRUITS फलानि phalani

Almond वातामफलं *n◦ vātāmaphalam*

Apple आताफलं *n◦ ātāphalam*

Banana कदली *f◦ kadalī*

Cocoanut नारिकेलं *n◦ nārikelam*

Fig	अञ्जीरं	*n◦ anjīram*
Grape	द्राक्षा	*f◦ drākṣā*
Guava	आम्रलं	*n◦ āmralam*
Lemon	जम्बीरः, जभः, फलपूरः, बीजपूरः, रुचकः, मातुलङ्गकः	*n◦ jambīraḥ, jabhaḥ, m◦ phalapūraḥ, bījapūraḥ, rućakaḥ, mātulangakaḥ*
Mango	आम्रं, आम्रफलं	*n◦ āmram, āmraphalam*
Melon	खर्बूजं	*n◦ kharbūjam*
Orange	ऐरावतः, नारंगः	*m◦ airāvataḥ, nārangaḥ*
Papaya	मधुकर्कटी	*f◦ madhukarkaṭī*
Pineapple	अननासं	*n◦ ananāsam*
Plum	बदरीफलं	*n◦ badrīphalam*
Pomegranate	दाडिमं	*n◦ dāḍimam*
Tamarind	अम्लिका	*f◦ amlikā*
Walnut	अक्षोटं	*n◦ akṣoṭam*
Watermelon	कालिन्दं, तारबूजं	*n◦ kālindam, tārabūjam*

11.13 VEGETABLES शाकानि śākāni

Beans	माषः, शिम्बिका	*m◦ māśaḥ, f◦ śimbikā*
Bittergourd	कारवेल्लं	*n◦ kāravellam*
Cabbage	हरितकं	*n◦ haritakam*
Carrot	गृञ्जनं	*n◦ gṛñjanam*
Cauliflower	गोजिह्वा	*f◦ gojihvā*
Chilli	मरिचं	*n◦ marićam*
Cocoanut	नारिकेलं	*n◦ nārikelam*
Cucumber	कर्कटी, चर्मटिका	*f◦ karkaṭī, ćarmaṭikā*
Eggplant	भण्टाकी, वृत्ताङ्कः	*f◦ bhaṇṭākī, m◦ vṛttāṅkaḥ*
Lemon	जम्बीरः, जभः, फलपूरः, बीजपूरः, रुचकः, मातुलङ्गकः	

m∘ jambīraḥ, jabhaḥ, phalapūraḥ, bījapūraḥ, rućakaḥ, mātulangakaḥ

Okra	भिण्डकः *m∘ bhiṇḍakaḥ*
Onion	पलाण्डुः, सुकन्दकः *m∘ palāṇḍuḥ, sukandakaḥ*
Peas	कलायः *m∘ kalāyaḥ*
Potato	आलुः, गोलालुः *m∘ āluḥ, golāluḥ*
Pumpkin	कर्कारुः, कुष्माण्डः *m∘ karkāruḥ, kuṣmāṇḍaḥ*
Raddish	मूलकं, मूलिका *n∘ mūlakam, f∘ mūlikā*
Salad	शदः *m∘ śadaḥ*
Spinach	पालकी *f∘ pālakī*
Sugarcane	इक्षुः, रसालः *m∘ ikṣuḥ, rasālaḥ*
Tomato	रक्तांगः *m∘ raktāṅgaḥ*
Vegetable	शाकः, शाकं, हरितकं *m∘ śākaḥ, n∘ śākam, haritakam*
Zuchini	जालिनी *f∘ jālinī*

11.14 PLANTS वनस्पतयः vanaspatayaḥ

Banyan	अश्वत्थः, न्यग्रोधः, वटः *m∘ aśvatthaḥ, nyagrodhaḥ, vaṭaḥ*
Branch	विटपः, शाखा *m∘ viṭapaḥ, f∘ śākhā*
Bud	अङ्कुरः, कलिका, कुड्मलः, कौरकं, पल्लवः, मुकुलं *m∘ aṅkuraḥ, f∘ kalikā, m∘ kuḍmalaḥ, n∘ kaurakam, m∘ pallavaḥ, n∘ mukulam*
Bulb	कन्दं *n∘ kandam*
Climber	वल्लरी, वल्लिः, वल्ली *f∘ vallarī, valliḥ, vallī*
Flower	कुसुमं, पुष्पं, प्रसूनं, सुमं, सुमनं, सूनं *n∘ kusumam, puṣpam, prasūnam, sumam, sumanam, sūnam*
Grass	घासः, तृणं, शस्यं, शादः *m∘ ghāsaḥ, n∘ tṛṇam, śasyam, m∘ śādaḥ*
Green	हरित्, हरित *adj∘ harit, harita*
Guava	आम्रलं *n∘ āmralam*

Juice	आसवः द्रवः, रसः	*m∘ āsavaḥ, dravaḥ, rasaḥ*
Leaf	छदः, पत्रं, पर्णं, दलं	*m∘ ćhadaḥ, n∘ patram, parṇam, dalam*
Lemon	जम्बीरः, जभः, फलपूरः, बीजपूरः, रुचकः, मातुलङ्गकः	*m∘ jambīraḥ, jabhaḥ, phalapūraḥ, bījapūraḥ, rućakaḥ, mātulangakaḥ*
Mango	आम्रं	*n∘ āmram*
Palm	तालः	*m∘ tālaḥ*
Peel	वल्कं, शल्कं	*n∘ valkam, śalkam*
Root	पादः, मूलं	*m∘ pādaḥ, n∘ mūlam*
Seed	बीजं	*n∘ bījam*
Stem	काण्डं, नालं	*n∘ kāṇḍam, nālam*
Tamarind	चिञ्चा	*f∘ ćinćā*
Thorn	कण्टकः, शल्यं	*m∘ kaṇṭakaḥ, n∘ śalyam*
Tree	तरुः, द्रुमः, पादपः, वनस्पतिः, विटपः, वृक्षः	*m∘ taruḥ, drumaḥ, pādapaḥ, vanaspatiḥ, viṭapaḥ, vṛkṣaḥ*
Vine	लता, वल्लरी, वल्लिः, वल्ली	*f∘ latā, vallarī, valliḥ, vallī*
Wood	दारु, काष्ठं	*n∘ dāru, kāṣṭham*

11.15 FOOD STUFF खाद्यपेयानि khādyapeyāni

Beverage	पानं, पानीयं, पेयं	*n∘ pānam, pānīyam, peyam*
Bread	अभ्यूषः *m∘ abhyūṣaḥ,* रोटिका	*f∘ roṭikā*
Butter	कलाटः, नवनीतं	*m∘ kilāṭaḥ, n∘ navanītam*
Butter ghee	आज्यं, घृतं	*n∘ ājyam, ghṛtam*
Buttermilk	अरिटं, कालशेयं, तक्रं	*n∘ ariṭam, kālaśeyam, takram*
Black mung	माषः	*m∘ māṣaḥ*
Cheese	दाधजं	*n∘ dādhajam*
Chickpea	चणकः	*m∘ chaṇakaḥ*
Cook	पाचकः, बल्लवः, सूदः	*m∘ pāćakaḥ, ballavaḥ, sūdaḥ*

Corn	शस्यं *n∘ śasyam*
Drink	पानं, पानीयं, पेयं *n∘ pānam, pānīyam, peyam*
Flour	क्षोदं, चूर्णं, पिष्टं *n∘ kṣodam, cūrṇam, piṣṭam*
Food	अन्नं, अशनं, आहारः, ओदनं, खादनं, खाद्यं, भक्तं, भक्षणं, भक्ष्यं, भोजनं, भोज्यं *m∘ annam, aśanam, m∘ āhāraḥ, n∘ odanam, khādanam, khādyam, bhaktam, bhakṣaṇam, bhakṣyam, bhojanam, bhojyam*
Grain	धान्यं, शस्यं *n∘ dhānyam, śasyam*
Honey	क्षौद्रं, मधु *n∘ kṣaudram, madhu*
Ice	हिमं *n∘ himam*
Kidney beans	मुद्गः, शिंबा *m∘ mudgaḥ, f∘ śimbā*
Kitchen	पाकशाला *f∘ pākśālā*
Lentil	मसूरः, मसूरा *m∘ masūraḥ, f∘ masūrā*
Milk	क्षीरं, दुग्धं *n∘ kṣīram, dugdham*
Mung green	मुद्गः *m∘ mudgaḥ*
Oil	अभ्यञ्जनं, तैलं, स्नेहः *n∘ abhyañjanam, tailam, m∘ snehaḥ*
Paddy	धान्यं *n∘ dhānyam*
Pea	कलायः, रेणुकः *m∘ kalāyaḥ, reṇukaḥ*
Pickle	सन्धानं *f∘ sandhānam*
Pulse	वैदलं, शमीजः *n∘ vaidalam, m∘ śamījaḥ*
Rice	तन्दुलः *m∘ tandulaḥ*
Salt	लवणं *n∘ lavaṇam*
Samosa	समाषः *m∘ samāṣaḥ*
Sauce	अवलेहः *m∘ avalehaḥ*
Seasum	तिलः *m∘ tilaḥ*
Sugar	शर्करा, सीता *f∘ śarkarā, sītā*
Sweets	मिष्टान्नं *n∘ miṣṭānnam*
Wheat	गोधूमः *m∘ godhūmaḥ*
Water	अम्बु, अम्भः, उदकं, जलं, तोयं, पयः, पानीयं, वारि, सलिलं

	n∘ ambu, ambhaḥ, udakam, jalam, toyam, payaḥ, pānīyam, vāri, salilam
Wine	मदिरा, मद्यं, सुरा *f∘ madirā, madyam, surā*
Yougrt	दधि *n∘ dadhi*

11.16 SPICES उपस्करणानि upaskaraṇāni

Aniseed	मधुरा *f∘ madhurā*
Asafoetida	हिंगुः *m∘ hiṅguḥ*
Basil	कुठेरकः, तुलसी, पर्णासः *m∘ kuṭherakaḥ, f∘ tulsī, m∘ parṇāsaḥ*
Betel-nut	ताम्बूलं, पूगं *n∘ tāmbūlam, pūgam*
Cardamom	एला *f∘ elā*
Cinnamon	दारुगन्धः, दारुसिता *m∘ dārugandhaḥ, f∘ dārusitā*
Clove	देवकुसुमं, लवङ्गं *n∘ devakusumam, lavaṅgam*
Coriander	धान्यकं *n∘ dhānyakam*
Cumin	अजाजी, कणा, जरणः, जीरकः *f∘ ajājī, kaṇā, m∘ jaraṇaḥ, jīrakaḥ*
Garlic	अरिष्टं, गृञ्जनं, महाकन्दं, लशूनं, सोनहः *n∘ ariṣṭam, gṛñjanam, mahākandam, laśūnam, m∘ sonahaḥ*
Ginger	आर्द्रकं, गुल्ममूलं, शृंगवेरं *n∘ ārdrakam, gulmamūlam, śṛṅgaveram*
Hot spice	सौरभं *n∘ saurabham*
Linseed	अतसी, उमा, क्षुमा *f∘ atasī, umā, kṣumā*
Mango powder	आम्रचूर्णं *n∘ āmracūrṇam*
Mint	अजगन्धः *m∘ ajagandhaḥ*
Mustard	राजिका *f∘ rājikā*
Nutmeg	जातिफलं, पुटकं *n∘ jātiphalam, puṭakam*
Pepper	मरिचं, मरीचं *n∘ maricam, marīcam*
Pepper, black	ऊषणं, कालकं, कृष्णं, वेल्लजं *n∘ ūṣaṇam, kākalam, kṛṣṇam, vellajam*
Spice	उपस्करं *n∘ upaskaram*
Salt	लवणं *n∘ lavaṇam*

Sugar शर्करा *f◦ śarkarā*

Tamarind अम्लिका, आम्लीका, तिन्तिका, चिञ्चा *f◦ amlikā, āmlīkā, tintikā, ćinćā*

Turmeric काञ्चनी, निशा, पीता, वरवर्णिनी, हरिद्रा

f◦ kāñćanī, niśā, pītā, varavarṇinī, haridrā

Walnut अक्षोटः, अक्षोटं *m◦ akṣoṭakaḥ, n◦ akṣoṭakam*

11.17 MINERALS, METALS and JEWELS खनीजानि khanījāni

Coal अंगारः, खनिजाङ्गारः *m◦ angaraḥ, khanijāṅgāraḥ*

Brass आरकूटं, पित्तलं, रीती *n◦ ārakūṭam, pittalam, f◦ rītī*

Copper उदुम्बरं, ताम्रं, ताम्रकं, द्व्यष्टं, वरिष्टं, शुल्बं

n◦ udumbaram, tāmram, tāmrakam, dvyaṣṭam, variṣṭam, śulbam

Diamond वज्रं, हीरं, हीरकः *n◦ vajram, hīram, m◦ hīrakaḥ*

Gold अष्टापदं, कनकं, कर्बुरं, काञ्चनं, कार्तस्वरं, गांगेयं, चामीकरं, जातरूपं, जाम्बूनदं, तपनीयं, भर्म, महारजतं, रुक्मं, शातकुम्भं, शृंगिः, सुवर्णं, स्वर्णं, हेम, हाटकं, हिरण्यं

n◦ aśṭāpadam, kanakam, karburam, kāñćanam, kārtasvaram, gāṅgeyam, ćāmīkaram, jātarūpam, jāmbūnadam, tapanīyam, bharma, mahārajatam, rukma, śāntkumbham, śṛngī, suvarṇam, svarṇam, hema, hāṭakam, hiraṇyam

Iron अयः, आयसः, कालायसं, कृष्णायसं, पिण्डं, लोहः, लोहं, शस्त्रकं

n◦ ayaḥ, m◦ āyasaḥ, n◦ kālāyasam, kṛṣṇāyasam, piṇḍam, m◦ lohaḥ, n◦ loham, śastrakam

Jewel मणिः, रत्नं *m◦ maṇiḥ, n◦ ratnam*

Lead नागं, योगेष्टं, वप्रं, सीसं, सीसकं

n◦ nāgam, yogeṣṭam, vapram, sīsam, sīsakam

Marble मर्मरः, मर्मरोपलः, श्लक्ष्णः *m◦ marmaḥ, marmaropalaḥ, ślakṣṇaḥ*

Mercury पारदः, सूतः *m◦ pāradaḥ, sūtaḥ*

Mine आकरः, निधिः, रत्नाकरः *m◦ ākaraḥ, nidhiḥ, ratnākaraḥ*

Mineral खनिजं, धातुः *n◦ khanijam, m◦ dhātuḥ*

Pearl मुक्ता, मुक्ताफलं, मौक्तिकं, शुक्तिजं

f∘ muktā, n∘ muktāphalam, mauktikam, śuktijam

Ruby पद्मरागः, माणिक्यं, शोणरत्नं, लोहितकः

m∘ padmarāgaḥ, n∘ māṇikyam, śoṇaratnam, m∘ lohitakaḥ

Silver कलधौतं, खर्जूरं, दुर्वर्णं, रजतं, रूप्यं, श्वेतं

n∘ kaladhautam, kharjuram, durvarṇam, rajatam, rūpyam, śvetam

Soil मृद्, मृत्तिका *f∘ mṛd, mṛttikā*

Zinc दस्ता *f∘ dastā*

11.18 MUSIC सङ्गीतं Sangeetam

Bell घण्टा *f∘ ghanṭā*

Bugle शृङ्गं *n∘ śṛṅgam*

Conch कम्बुः, दरं, शंखः *m∘ kambuḥ, n∘ daram, m∘ śankhaḥ*

Devotional song भजनं *n∘ bhajanam*

Drum डिण्डिमं, दुन्दुभिः, पटहः, भेरी

n∘ ḍinḍimam, f∘ dundubhiḥ, m∘ paṭahaḥ, f∘ bherī

Flute मुरली, वंशः, वेणुः *f∘ muralī, m∘ vaṁśaḥ, veṇuḥ*

Song गानं, गीतं, गीतिः *n∘ gānam, gītam, f∘ gītiḥ*

Violin पिनाकी, शारङ्गी *m∘ pinākī, śārangī*

11.19 PROFESSIONS व्यवसायाः vyavasāyāḥ

Actor अभिनेता, नटः *m∘ abhinetā, naṭaḥ*

Actress अभिनेत्री, नटी *f∘ abhinetrī, naṭī*

Advocate पक्षसमर्थकः, वक्ता *m∘ pakṣasamarthakaḥ, vaktā*

Agent प्रतिनिधिः *m∘ pratinidhiḥ*

Artist कलाकारः, चित्रकरः, शिल्पी *m∘ kalākāraḥ, ćitrakaraḥ, śilpī*

Barber क्षुरी, क्षौरिकः, नापितः *m∘ kṣurī, kṣaurikaḥ, nāpitaḥ; f∘* नापिती *nāpitī*

Blacksmith अयस्कारः, लोहकारः *m∘ ayaskāraḥ, lohakāraḥ*

Carpenter तक्षकः, त्वष्टा, स्थकारः *m∘ takṣakaḥ, tvaṣṭā, sthakāraḥ*

Clerk कायस्थः, लिपिकारः, लेखकः *m◦ kāyasthaḥ, lipikāraḥ, lekhakaḥ*

Cook पाचकः, बल्लवः, सूपकारः, सूदः *m◦ pāćakaḥ, ballavaḥ, sūpakāraḥ, sūdaḥ*

Dancer नर्तकः *m◦ nartakaḥ;* नर्तकी *f◦ nartakī*

Dentist दन्तवैद्यः *m◦ dantavaidyaḥ*

Doctor वैद्यः *m◦ vaidyaḥ*

Editor संपादकः *m◦ sampādakaḥ*

Engineer अभियन्ता, यन्त्रकारः *m◦ abhiyantā, yantrakāraḥ*

Examiner परीक्षकः *m◦ parīkṣakaḥ*

Farmer कर्षकः, कृषिकः, कृषिवलः *m◦ karṣakaḥ, kṛṣikaḥ, kṛṣivalaḥ*

Florist मालाकारः, मालिकः *m◦ mālākāraḥ, mālikaḥ*

Gardener माली *m◦ mālī*

Goldsmith कलादः, स्वर्णकारः *m◦ kalādaḥ, svarṇakāraḥ*

Jeweler मणिकारः, रत्नकारः *m◦ maṇikāraḥ, ratnakāraḥ*

Landlord क्षेत्री, भूस्वामी *m◦ kṣetrī, bhūsvāmī*

Lawyer विधिज्ञः *m◦ vidhijñaḥ*

Magician इन्द्रजालिकः, कुहकः, कौसृतिकः, मायाकारः, मायी
m◦ indrajālikaḥ kuhakaḥ, kausṛtikaḥ, māyākāraḥ, māyī

Merchant आपणिकः, नैगमः, वणिक्, व्यवहारी
m◦ āpaṇikaḥ, naigamaḥ, vāṇik, vyavahārī

Milkman आभीरः, गोपः, दोहकः *m◦ ābhīraḥ, gopaḥ, dohakaḥ*

Milkmaid आभीरी, गोपिका, गोपी *f◦ ābhīrī, gopikā, gopī*

Nurse परिचारिका, मातृका *f◦ paričārikā, mātṛkā*

Painter चित्रकः, रञ्जकः *m◦ ćitrakah, rañjakaḥ*

Physician भिषक्, वैद्यः *m◦ bhiṣak, vaidyaḥ*

Poet कविः, सूरिः *m◦ kaviḥ, sūriḥ*

Police रक्षकः, रक्षी, राजपुरुषः *m◦ rakṣakaḥ, rakṣī, rājpuruṣaḥ*

Politician राजनीतिज्ञः *m◦ rājanītijñaḥ*

Postman पत्रवाहः, पत्रहारः *m◦ patravāhaḥ, patrahāraḥ*

Priest	पण्डितः, पुरोधसाः, पुरोहितः *m◦ panditaḥ, purodhasāḥ, purohitaḥ*
Shoe-maker	चर्मकारः *m◦ ćarmakāraḥ*
Shopkeeper	आपणिकः, क्रयविक्रयिकः, पण्यजीवः, विपणी *m◦ āpaṇikaḥ, krayavikrayikaḥ, paṇyajīvaḥ, vipaṇī*
Surgeon	चिकित्सकः *m◦ ćikitsakaḥ*
Tailor	तुन्नवायः, सूचिकः, सौचिकः *m◦ tunnavāyaḥ, sūćikaḥ, saućikaḥ*
Teacher	अध्यापकः, उपदेष्टा, गुरुः, शिक्षकः *m◦ adhyapakaḥ, upadeṣṭā, guruḥ, śikṣakaḥ*
Washerman	रजकः *m◦ rajakaḥ*

11.20 BUSINESS व्यापारः vyāpāraḥ

Account	गणना, विगणनं *f◦ gaṇanā, m◦ vigaṇanam*
Accountant	गणकः, लेखकः *m◦ gaṇakaḥ, lekhakaḥ*
Advertise	विज्ञापनं *n◦ vijñāpanam*
Annual	वार्षिक *adj◦ vārṣik*
Application	याचनापत्रं *n◦ yāćanāpatram*
Balance	अवशेषः, शेषः *m◦ avaśeṣaḥ, śeṣaḥ*
Balance scale	तुला *f◦ tulā*
Bank	धनागारं *n◦ dhanāgāram*
Bankruptsy	निर्धनः *m◦ nirdhanaḥ*
Business	नियोगः, यवहारः, व्यवसायः, व्यापारः *m◦ niyogaḥ, yavahāraḥ, vyavasāyaḥ, vyāpāraḥ*
Capital	मूलद्रव्यं *n◦ mūladravyam*
Cash	टण्कः, नाणकं, मुद्रा *m◦ ṭaṅkaḥ, n◦ nāṇakam, f◦ mudrā*
Commerce	क्रयविक्रयः, निगमः, वाणिज्यं *m◦ krayavikrayaḥ, nigamaḥ, n◦ vāṇijyam*
Court	न्यायसभा *f◦ nyāyasabhā*
Customer	क्रेता, ग्राहकः *m◦ kretā, grāhakaḥ*
Company	परिषद्, श्रेणी *f◦ pariṣad, śreṇī*

Customer क्रेता, ग्राहकः *m◦ kretā, grāhakaḥ*

Currency प्रचलनं, प्रचलितमुद्रा *n◦ praćalanam, f◦ praćalitmudrā*

Deposit निक्षेपः *m◦ nikṣepaḥ* (ii) a deposit as an advance उपनिधिः *m◦ upanidhiḥ*

Document पत्रं, लेखः *n◦ patram, m◦ lekhaḥ*

Earnings वेतनं *m◦ vetanam*

Economy अर्थशास्त्रं, वित्तशास्त्रं *m◦ arthaśāstram, vittaśāstram*

Electricity विद्युत् *f◦ vidyut*

Employee अधिकृतः *m◦ adhikṛtah:*

Employer अधिकारी *m◦ adhikārī*

Factory कर्मशाला *f◦ karmaśalā*

Income आयः, धनागमः, वेतनं *m◦ āyaḥ, dhanāgamaḥ, n◦ vetanam*

Industry उद्योगः, व्यवसायः *m◦ udyogaḥ, vyavaṣāyaḥ*

Labourer कर्मकरः, कर्मकारः, भृतकः *m◦ karmakaraḥ, karmakāraḥ, bhṛtakaḥ*

Land भूः, भूमिः *f◦ bhūḥ, bhūmiḥ*

Legal धर्म्य, न्याय्य *adj◦ dharmya, nyāyya*

Letter पत्रं, लेखः *n◦ patram, m◦ lekhaḥ*

Loss अपचयः, हानिः *m◦ apaćayaḥ, f◦ hāniḥ*

Management चालनं, विनिमयः, शासनं *n◦ ćālanam, m◦ vinimayaḥ, n◦ śāsanam*

Market आपणः, निगमः *m◦ āpaṇaḥ, nigamaḥ*

Merchandise वाणिज्यं *n◦ vāṇijyam*

Merchant आपणिकः, वाणिजः *m◦ āpaṇikaḥ, vāṇijaḥ*

Money अर्थः, धनं, द्रव्यं, वित्तं *m◦ arthaḥ, n◦ dhanam, dravyam, vittam*

Occupation नियोगः, वृत्तिः *m◦ niyogaḥ, f◦ vṛttiḥ*

Office कार्यालयं *n◦ kāryālayam*

Officer अधिकारी *m◦ adhikārī*

Owner स्वामी *m◦ swāmī*

Servant कर्मकरी, सेवकः *m◦ karmakaraḥ, sevakaḥ*

Shop आपणः, विपणिः *m◦ āpaṇaḥ, vipaṇiḥ*

Store , shop आपणः *m◦ āpaṇaḥ;*

Warehouse कोषः, कोषागारं, भाण्डागारं *m◦ koṣaḥ, n◦ koṣāgāram, bhāṇḍāgāram*

Wholesale स्तूपविक्रयः *m◦ stūpavikrayaḥ*

11.21 WARFARE युद्धं yuddham

Aggression अतिक्रमणं, आक्रमणं, लङ्घनं *n◦ atikramaṇam, ākramaṇam, laṅghanam*

Airforce वायुसेना *f◦ vāyusenā*

Arm अस्त्रं, आयुधं, शस्त्रं, शस्त्रास्त्रं *n◦ astram, āyudham, śastram, śastrāstram*

Armless अनायुध, अभुज, अशस्त्र, निःशस्त्र *adj◦ anāyudh, abhuj, aśastra, niḥśastra*

Army अनीकं, आनीकं, चमूः, दण्डं, दलं, पृतना, बलं, वाहिनी, सेना, सैन्यं
n◦ anīkam, ānīkam, f◦ ćamūḥ, n◦ daṇḍam, dalam, f◦ pṛtanā, n◦ balam, f◦, vāhinī, senā, n◦ sainyam

Arrow इषुः, काण्डं, नाराचः, बाणः, मार्गणः, विशिखः, शरः, शीलीमुखः, सायकः
m◦ iṣuḥ, n◦ kāṇḍam, m◦ nārāćaḥ, bāṇaḥ, mārgaṇaḥ, viśikhaḥ, śaraḥ, śīlīmukhaḥ, sāyakaḥ

Attack अभियोगः अवस्कंदः, आक्रमः, आपातः
m◦ abhiyogaḥ, avaskandaḥ, ākramaḥ, āpātaḥ

Battle field रणः, रणभूमिः, रणाङ्गणं, समरः
m◦ raṇaḥ, f◦ raṇabhūmiḥ, n◦ raṇāṅgaṇam, m◦ samaraḥ

Bomb अग्न्यस्त्रं *n◦ agnyastram*

Bloodshed नृहत्या, रक्तपातः *f◦ nṛhatyā, m◦ raktapātaḥ*

Bow इष्वासः, कार्मुकं, कोदण्डं, चापं, धनुः, शरावापः, शरासनं
m◦ iśvāsaḥ, n◦ kārmukam, kodaṇḍam, ćāpam, dhanuḥ, m◦ śarāvāpaḥ, n◦ śarāsanam

Bow-man धनुर्धरः, धनुर्भृत्, धनुष्मत्, धानुष्कः, धन्वी, निषंगी
m◦ dhanurdharaḥ, dhanurbhṛt, dhanuṣmat, dhānuṣkaḥ, dhanvī, niṣaṅgī

Cavalry तुरगबलं, सादिगणः *n◦ turagbalam, m◦ sādigaṇaḥ*

Chariot रथः, स्यन्दनः *m◦ rathaḥ, syandanaḥ*

Commander चमूपतिः, सेनाध्यक्षः, सेनानायकः, सेनानीः
m∘ ćamūpatiḥ, senādhyakṣaḥ, senānāyakaḥ, senānīḥ

Defeat अभिभवः, पराजयः, पराभवः, परिभवः
m∘ abhibhavaḥ, parājayaḥ, parābhavaḥ, paribhavaḥ

Defence त्राणं, रक्षणं, रक्षा, संरक्षणं *n∘ trāṇam, rakṣaṇam, f∘ rakṣā, n∘ saṁrakṣaṇam*

Dictator एकाधिपतिः *m∘ ekādhipatiḥ*

Enemy अरातिः, अरिः, रिपुः, वैरी, शत्रुः *m∘ arātiḥ, ariḥ, ripuḥ, vairī, śatruḥ*

Fight आहवः, आजिः, द्वन्द्वं, युध्, युद्धं, प्रधनं, रणः, रणं, समरः, संख्यं, संग्रामः, समितिः
m∘ āhavaḥ, ājiḥ, n∘ dvandvam, f∘ yudh, n∘ yuddham, pradhanam,
m∘ raṇaḥ, n∘ raṇam, m∘ samaraḥ, n∘, saṅkhyam, m∘ sangrāmaḥ,
f∘ samitiḥ

Fort कोटः, दुर्गं *m∘ koṭaḥ, n∘ durgam*

Freedom स्वातन्त्र्यं *n∘ svātantryam*

Gun गुलिप्रक्षेपणी, भुशुण्डी *f∘ guliprakṣepaṇī, bhuśuṇḍī*

Navy जलसेना, नौसेना *f∘ jalasenā, nausenā*

Non-violence अहिंसा, शान्तिः *f∘ ahimsā, śāntiḥ*

Peace शांतिः *f∘ śāntiḥ*

Sacrifice त्यागः *m∘ tyāgaḥ*

Secret गुह्यं, गौप्यं, रहस्यं *n∘ guhyam, gaupyam, rahasyam*

Ship जलयानं, पोतः *n∘ jalayānam, m∘ potaḥ*

Spear कुन्तः, शूलः *m∘ kuntaḥ, śūlaḥ*

Spy अपसर्पः, गुप्तचरः, चरः *m∘ apasarpaḥ, guptaćaraḥ, ćaraḥ*

Sword असिः, कृपाणः, खड्गः, *f∘ asiḥ, m∘ kṛpāṇaḥ, khaḍgaḥ*

Victory जयः, विजयः *m∘ jayaḥ, vijayaḥ*

War आहवः, आजिः, द्वन्द्वं, युध्, युद्धं, प्रधनं, रणः, रणं, समरः, संख्यं, संग्रामः, समितिः
m∘ āhavaḥ, ājiḥ, n∘ dvandvam, f∘ yudh, n∘ yuddham, pradhanam,
m∘ raṇaḥ, n∘ raṇam, m∘ samaraḥ, n∘, saṅkhyam, m∘ sangrāmaḥ,
f∘ samitiḥ

11. 22 TIME **समयः** samayaḥ

Time	समयः, कालः, वेला। *m∘ samayaḥ, kālaḥ, velā*
Second	क्षणः, निमिषः, विपलम्। *m∘ kṣaṇaḥm nimiṣaḥ n∘ vipalam*
Minute	पलम्, कला। *n∘ palam, f∘ kalā*
Hour	घटी। *f∘ ghaṭī*
Day	अहन्, दिनम्, दिवसः, वारः, वासरः, तिथिः। *n∘ ahan, dinam, m∘ divasaḥ, vāraḥ, vāsaraḥ, f∘ tithiḥ*
Night	रात्रिः, रात्री, निशा। *f∘ rātriḥ, rātrī, niśā*
Dawn	उषः, उषा, प्रभातम्। *n∘ uṣaḥ, f∘ uṣā, n∘ prabhātam*
Noon	मध्यदिनम्, मध्याह्नः। *n∘ madhyadinam, m∘ madhyanhaḥ*
Afternoon	अपराह्नः, पराह्नः, विकालः। *m∘ aparānhaḥ, parānhaḥ, vikālaḥ*
Midnight	मध्यरात्रिः, अर्धरात्रिः। *m∘madhyarātriḥ, ardharātriḥ,*
Week	सप्ताहः, सप्तदिनम्। *saptāhaḥ, n∘ saptadinam*
Year	वर्षः, वत्सरः, अब्दः, समा। *m∘ varṣaḥ, vatsaraḥ, sbdaḥ, f∘ samā*
Age	कल्पः, युगम्। *n∘ kalpam, yugam*
Day-before-yesterday	परह्यः। *adv∘ parahyaḥ*
Yesterday	ह्यः, पूर्वेद्युः। *adv∘ hyaḥ, pūrvedyuḥ*
Today	अद्य। *adv∘ adya*
Now	अधुना, इदानीम्, सम्प्रति। *adv∘ adhūnā, idānīm, samprati*
Tomorrow	श्वः, परेद्युः। *adv∘ śvaḥ, paredyuḥ*
Day-after-tomorrow	परश्वः।*adv∘ paraśvaḥ*
Always	सदा, सर्वदा, सततम् । *adv∘ sadā, sarvadā, satatam,*
Periodically	समयतः, काले काले। *adv∘ samayataḥ, kāle kāle*
Sometime	एकदा, पुरा, प्राक्। *adv∘ ekadā, purā, prāk*
Sometimes	क्वचित्, कदाचित्। *adv∘ kvachit, kadāchit*
Maybe	कदाचित्। *adv∘ kadāchit*
Never	न कदापि, न जातु। *adv∘ na kadāpi, na jātu*
Eever	जातु, एकदा। *n∘ jātu, ekadā*

LESSON 12
PRONOUNS

sarvanāma सर्वनाम।

A word such as I, we, you, he, it, she, they, that etc. used in place of a noun (*nāma* नाम) is called PRONOUN (*sarvanāma* सर्वनाम). In Sanskrit there are 35 pronouns. namely, अदस्, अधर, अन्तर, अन्य, अन्यतर, अपर, अवर, अस्मद्, इतर, इदम्, उत्तर, उभ, उभय, एक, एतद्, किम्, डतम (कतम, यतम ...), डतर (कतर, यतर ...), तद्, त्यद्, त्व, त्वत्, दक्षिण, अन्य, अन्यतर, द्वि, नेम, पर, पूर्व, भवत्, यद्, युष्मद्, विश्व, सम, सर्व, सिम, स्व। The most commonly used pronouns are :

(1) I (*aham* अहम्) (2) We (*vayam* वयम्) (3) You (*tvam* त्वम्), You, plural (*yūyam* यूयम्), Your honour m◦ (*bhavān* भवान्), Your honour f◦ (*bhavatī* भवती). Sir! (*śrīmān* श्रीमन्!), Madam! (*śrīmatī* श्रीमति!) (4) He, That (*saḥ* सः), They m◦ (*te* ते) (5) She, That (*sā* सा), They f◦ (*tāḥ* ताः) (6) It n◦ (*idam, etat* इदम्, एतत्), This - m◦ (*ayam, eṣaḥ* अयम्, एषः), This f◦ (*iyam, eṣā* इयम्, एषा) (7) That n◦ (*tat* तत्), Those (*tāni* तानि), These n◦ (*imāni, etāni* इमानि, एतानि), m◦ (*ime, ete* इमे, एते), f◦ (*imāḥ, etāḥ* इमाः, एताः) (8) What? Which? (n◦ *im?* किम्? m◦ कः, f◦ का), Which n◦ (*yat* यत्), Who m◦ (*yaḥ* यः), Who f◦ (*yā* या), Which - plural n◦ (*yāni* यानि), Who - plural m◦ (*ye* ये), f◦ (*yāḥ* याः) (9) Who? m◦ (*kaḥ?* कः?), Who f◦ (*kā?* का?) (10) Whom? m◦ (*kam?* कम्?), Whom f◦ (*kām?* काम्?) (11) Whose? (m◦ *kasya?* कस्य? f◦ *kasyāḥ?* कस्याः?)

EXAMPLES cum EXERCISE : PRONOUNS (for declensions, see Apendix 2)

(1) I am a boy. *aham̐ bālakaḥ asmi.* (अहं बालकः अस्मि); I am a girl. *aham̐ bālikā asmi.* (अहं बालिका अस्मि) . We are boys. *vayam̐ bālakāḥ smaḥ. vayam̐ bālakāḥ.* (वयं बालकाः स्मः, वयं बालकाः); We are girls *vayam̐ bālikāḥ smaḥ. vayam̐ bālikāḥ.* (वयं बालिकाः स्मः, वयं बालिकाः)

(2) You are a boy. *tvam̐ bālakaḥ asi.* (त्वं बालकः असि); You are girls *yūyam̐ bālikāḥ stha.* (यूयं बालिकाः स्थ). Sir! Are you a teacher? *śrīman! bhavān adhyāpakaḥ asti vā?* (श्रीमन्! भवान् अध्यापकः अस्ति वा) Madam! Are you a teacher? *śrīmati! bhavatī adhyāpikā asti vā?.* (श्रीमति! भवती अध्यापिका अस्ति वा)

(3) He is a man. *saḥ manuṣyaḥ/puruṣaḥ/naraḥ asti.* (सः मनुष्यः/पुरुषः/नरः अस्ति);

That is a man. *saḥ manuṣyāh asti.* (सः मनुष्यः अस्ति); They are men. *te manuṣyāḥ santi.* (ते मनुष्याः सन्ति)

(4) She is a woman. *sā strī asti.* (सा स्त्री अस्ति); That is a woman. *sā strī asti.* (सा स्त्री अस्ति)

They are women. *tāḥ striyaḥ santi.* (ताः स्त्रियः सन्ति)

(5) It is a book. *idaṁ pustakam asti.* (इदं पुस्तकम् अस्ति)

This is a boy. *eṣaḥ bālakaḥ.* (एषः बालकः); This is a girl. *eṣā bālikā.* (एषा बालिका)

(6) That house. *tad gṛham.* (तद् गृहम्); Those houses. *tāni gṛhāṇi.* (तानि गृहाणि)

(7) These houses. *etāni gṛhāṇi.* (एतानि गृहाणि); These boys. *ete bālakāḥ.* (एते बालकाः)

These girls. *etāḥ bālikāḥ.* (एताः बालिकाः)

(8) What reason? *kiṁ kāraṇam?* (किं कारणम्?) Which house? *kiṁ gṛham?* (किं गृहम्?)

(9) Which n∘ *yat* (यत्); Who m∘ *yaḥ* (यः); f∘ *yā* (या)

(10) Who is he? m∘ *saḥ kaḥ asti?* (कः अस्ति?); Who is she ? f∘ *sā kā asti?* (सा का अस्ति?)

(11) Whose book? *kasya pustakam?* कस्य पुस्तकम्?

(12) Who are they? *te ke santi?* ते के सन्ति?

(13) I am. *aham asmi.* अहम् अस्मि। He is. *saḥ asti* सः अस्ति। She is. *sā asti.* सा अस्ति। That is. *tad asti.* तद् अस्ति। They are. *te santi.* ते सन्ति or *tāḥ santi.* ताः सन्ति, or *tāni santi.* तानि सन्ति। We are. *vayaṁ smaḥ.* वयं स्मः Books are. *pustakāni santi.* पुस्तकानि सन्ति। Boys are, girls are. *bālakāḥ santi.* बालकाः सन्ति। *bālikāḥ santi.* बालिकाः सन्ति। Houses are. *gṛhāṇi santi.* गृहाणि सन्ति। House is. *gṛham asti.* गृहम् अस्ति।

NOTE: The Second Person Honorific Pronouns 'you' m∘ and f∘ (भवान् m∘ and भवती f∘) are always treated as if they were Third Person Pronouns (he, she, they), instead of Second Person (you).

EXAMPLES : Honorific pronouns (m∘) *bhavān* and (f∘) *bhavatī*

(1) What do you do (singular) *tvaṁ kiṁ karoṣi?* त्वं किं करोषि। (m∘ honorofic) *bhavān kiṁ karoti?* भवान् किं करोति। (f∘ honorofic) *bhavatī kiṁ karoti?* भवती किं करोति।

(2) What do you do (plural) *yūyaṁ kiṁ kurutha?* यूयं किं कुरुथ। (m∘ honorofic, plural) *bhavantaḥ kiṁ kurvanti?* भवन्तः किं कुर्वन्ति। (f∘ honorofic plural) *bhavatyaḥ kiṁ kurvanti?* भवत्यः किं कुर्वन्ति।

EXERCISE 20 : Fill in the blanks with pronouns. (for declensions, see Apendix)

(1) That book. -------------- पुस्तकम्। Which girl. -------------- बालिका।

(2) Whose house. -------------- गृहम्। (3) What reason? --------------

(4) He is. -------------- अस्ति। She is. -------------- अस्ति। It is -------------- अस्ति।

(5) You are भवान् -------------- or भवती -------------- (6) Who are they? -------------- ?

ANSWERS : 1. तत्, का 2. कस्य/कस्याः 3. किम् 4. सः, सा, तत् 5. अस्ति, अस्ति 6. ते के, ताः काः?

TABLE 3-A : COMMON SANSKRIT **ACTION WORDS**, Sanskrit VERB STEMS

VERB STEMS		
अट्	*aṭ*	roam
अस्	***as***	**be**
आह्वे	*āhve*	call
इष्	***iṣ***	**want**
कथ्	*kath*	tell
कम्	*kam*	desire
कृ	***kṛ***	**do**
कृत्	*kṛt*	cut
क्री	*krī*	buy
वि√क्री	*vi√krī*	sell
क्षल्	*kṣal*	wash
क्षि	*kṣi*	perish
खन्	*khan*	dig
खाद्	*khād*	eat
गम्	*gam*	go
आ√गम्	*ā√gamạ*	come
गै	*gai*	sing
ग्रह	*grah*	take
ग्रह	*grah*	receive
चल्	*ćal*	walk
चिन्त्	*ćint*	think
चुर्	*ćur*	steal
छिद्	*ćhid*	divide
जन्	*jan*	be born
वि√जि	*vi√ji*	win
जीव्	*jīv*	live
ज्ञा	*jñā*	know
डी	*ḍī*	fly

VERB STEMS		
तन्	*tan*	spread
तुद्	*tud*	hurt
तुल्	*tul*	weigh
त्यज्	*yaj*	abandon
दह्	*dah*	burn
दा	*dā*	give
धा	*dhā*	bear
धाव्	*dhāv*	run
धृ	*dhṛ*	hold
नश्	*naś*	ruin
नी	*nī*	carry
पच्	*pać*	cook
पठ्	*paṭh*	read
पत्	*pat*	fall
पा	*pā*	drink
पृच्छ्	*pṛććh*	ask
ब्रू	*brū*	speak
भज्	*bhaj*	serve
भञ्ज्	*bhañj*	break
भिक्ष्	*bhikṣ*	beg
भी	*bhī*	fear
भू	***bhū***	**become**
मन्	*man*	agree
मिल्	*mil*	meet
मुञ्च्	*mñuć*	free
मृ	*mṛ*	die
यज्	*yaj*	worship
युज्	*yuj*	join

VERB STEMS		
रक्ष्	*rakṣ*	protect
रुच्	*ruć*	like
रुद्	*rud*	cry
रुध्	*rudh*	stop
लभ्	*labh*	get
ला	*lā*	bring
ला	*lā*	take
लिख्	*likh*	write
लुण्ठ	*luṇṭh*	rob
वद्	*vad*	say
वप्	*vap*	sow
वह्	*vah*	flow
विद्	*vid*	understand
वृ	*vṛ*	accept
अपा√वृ	*apā√vṛ*	open
शक	***śak***	**can**
श्रु	*śru*	hear
सृज्	*sṛj*	make
सृप्	*sṛp*	move
स्तभ्	*stabh*	stop
स्था	*sthā*	stay
स्मृ	*smṛ*	remember
वि√स्मृ	*vi√smṛ*	forget
स्वप्	*svap*	sleep
हन्	*han*	kill
हृ	*hṛ*	take away

NOTE : The underlined five are most important action words required for making sentences.

TABLE 3-B : ENGLISH ALPHABETICAL LIST, HINDI VERB STEMS (= transitive verbs)

VERB STEMS		
accept	वृ	*vṛ*
abandon	त्यज्	*tyaj*
agree	मन्	*man*
ask	पृच्छ्	*pṛććh*
be	**अस्**	***as***
bear	धा	*dhā*
be born	जन्	*jan*
become	**भू**	***bhū***
beg	भिक्ष्	*bhikṣ*
break	भञ्ज्	*bhañj*
bring	ला	*lā*
burn	दह्	*dah*
buy	क्री	*krī*
call	आह्वे	*āhve*
can	**शक्**	***śak***
carry	नी	*nī*
come	आ√गम्	*ā√gam*
cook	पच्	*pać*
cry	रुद्	*rud*
cut	कृत्	*kṛt*
desire	कम्	*kam*
die	मृ	*mṛ*
dig	खन्	*khan*
divide	छिद्	*ćhid*
do	**कृ**	***kṛ***
drink	पा	*pā*
eat	खाद्	*khād*
fall	पत्	*pat*

VERB STEMS		
fear	भी	*bhī*
flow	वह्	*vah*
fly	डी	*ḍī*
forget	वि√स्मृ	*vi√smṛ*
free	मुञ्च्	*mñuć*
get	पा	*pā*
give	दा	*dā*
go	गम्	*gam*
hear	श्रु	*śru*
hold	धृ	*dhṛ*
hurt	तुद्	*tud*
join	युज्	*yuj*
kill	हन्	*han*
know	ज्ञा	*jñā*
like	रुच्	*ruć*
live	जीव्	*jīv*
make	सृज्	*sṛj*
meet	मिल्	*mil*
move	सृप्	*sṛp*
open	अपा√वृ	*apā√vṛ*
perish	क्षि	*kṣi*
protect	रक्ष्	*rakṣ*
read	पठ्	*paṭh*
receive	ग्रह्	*grah*
remember	स्मृ	*smṛ*
roam	अट्	*aṭ*
rob	लुण्ठ	*luṇṭh*
ruin	नश्	*naś*

VERB STEMS		
run	धाव्	*dhāv*
say	वद्	*vad*
sell	वि√क्री	*vi√krī*
serve	भज्	*bhaj*
sing	गै	*gai*
sleep	स्वप्	*svap*
sow	वप्	*vap*
speak	ब्रू	*brū*
spread	तन्	*tan*
stay	स्था	*sthā*
steal	चुर्	*ćur*
stop	रुध्	*rudh*
stop	स्तभ्	*stabh*
take	ग्रह्	*grah*
take away	हृ	*hṛ*
tell	कथ्	*kath*
think	चिन्त्	*ćint*
understand	विद्	*vid*
walk	चल्	*ćal*
want	**इष्**	***iṣ***
wash	क्षल्	*kṣal*
weigh	तुल्	*tul*
win	वि√जि	*vi√ji*
worship	यज्	*yaj*
write	लिख्	*likh*

NOTE : The underlined five are most important action words required for making sentences.

TABLE 4 : TYPICAL TENSE SUFFIXES

PRESENT	Singular	Dual	Plural		ATMANEPADI	Singular	Dual	Plural
1st p◦	मि mi	व: vaḥ	म: maḥ		**1st p◦**	***ए e***	***वहे vahe***	***महे mahe***
2nd p◦	सि si	थ: thaḥ	थ tha		**2nd p◦**	***से se***	***आथे āthe***	***ध्वे dhve***
3rd p◦	ति ti	त: taḥ	अन्ति anti		**3rd p◦**	***ते te***	***आते āte***	***अन्ते ante***
PAST	Singular	Dual	Plural		**FUTURE**	Singular	Dual	Plural
1st p◦	अम् am	व va	म ma		1st p◦	स्यामि syāmi	स्याव: syāvaḥ	स्याम: syāmah
2nd p◦	:	तम् tam	त ta		2nd p◦	स्यसि syasi	स्यथ: syathaḥ	स्यथ syatha
3rd p◦	त् t	ताम् tām	अन् an		3rd p◦	स्यति syati	स्यत: syatah	स्यन्ति syanti
REQUEST	Singular	Dual	Plural		**POTENTIAL**	Singular	Dual	Plural
1st p◦	आनि āni	आव āva	आम āma		1st p◦	ईयम् īyam	ईव īva	ईम īma
2nd p◦	:	तम् tam	त ta		2nd p◦	ई: īh	ईतम् ītam	ईत īta
3rd p◦	तु tu	ताम् tām	अन्तु antu		3rd p◦	ईत् īt	ईताम् ītām	ईयु: īyuḥ

TYPICAL CASE SUFFIXES

(1) MASCULINE NOUN ENDING IN *(a)* **अ (राम)** Rāma

CASE-विभक्ति	Singular	Dual	Plural
(1st) Nominative -	राम:	रामौ	रामा:
(2nd) Accusative (to, what?)	रामम्	रामौ	रामान्
(3rd) Instrumental (with, by)	रामेण	रामाभ्याम्	रामै:
(4th) Dative (for, to)	रामाय	रामाभ्याम्	रामेभ्य:
(5th) Ablative (from. than)	रामात्	रामाभ्याम्	रामेभ्य:
(6th) Possessive (of)	रामस्य	रामयो:	रामाणाम्
(7th) Locative (in, on)	रामे	रामयो:	रामेषु
Vocative (address)	राम	रामौ	रामा:

(2) NEUTER NOUN ENDING IN *(a)* **अ (वन)** forest

(1st) Nominative -	वनम्	वने	वनानि
(2nd) Accusative (to, what?)	वनम्	वने	वनानि

THE REST IS SAME AS MASCULINE NOUN (राम) Rāma

(3) FEMININE NOUN ENDING IN *(ā)* **आ (माला)** necklace

CASE-विभक्ति	Singular	Dual	Plural
(1st) Nominative -	माला	माले	माला:

(2nd) Accusative (to, what?)	मालाम्	माले	माला:
(3rd) Instrumental (with, by)	मालया	मालाभ्याम्	मालाभि:
(4th) Dative (for, to)	मालायै	मालाभ्याम्	मालाभ्य:
(5th) Ablative (from. than)	मालाया:	मालाभ्याम्	मालाभ्य:
(6th) Possessive (of)	मालाया:	मालयो:	मालानाम्
(7th) Locative (in, on)	मालायाम्	मालयो:	मालासु
Vocative (address)	माले	माले	माला:

(4) FEMININE NOUN ENDING IN *(i)* **इ (मति)** mind (Gītā 6.36)

(1st) Nominative -	मति:	मती	मतय:
(2nd) Accusative (to, what?)	मतिम्	मती	मती:
(3rd) Instrumental (with, by)	मत्या	मतिभ्याम्	मतिभि:
(4th) Dative (for, to)	मत्यै , मतये	मतिभ्याम्	मतिभ्य:
(5th) Ablative (from, than)	मत्या:, मते:	मतिभ्याम्	मतिभ्य:
(6th) Possessive (of)	मत्या:, मते:	मत्यो:	मतीनाम्
(7th) Locative (in, on)	मत्याम्, मतौ	मत्यो:	मतिषु
Vocative (address)	मते	मती	मतय:

(5) FEMININE NOUN ENDING IN *(ī)* **ई (नदी)** river (Gītā 11.28)

CASE–विभक्ति	Singular	Dual	Plural
(1st) Nominative -	नदी	नद्यौ	नद्य:
(2nd) Accusative (to, what?)	नदीम्	नद्यौ	नदी:
(3rd) Instrumental (with, by)	नद्या	नदीभ्याम्	नदीभि:
(4th) Dative (for, to)	नद्यै	नदीभ्याम्	नदीभ्य:
(5th) Ablative (from. than)	नद्या:	नदीभ्याम्	नदीभ्य:
(6th) Possessive (of)	नद्या:	नद्यो:	नदीनाम्
(7th) Locative (in, on)	नद्याम्	नद्यो:	नदीषु
Vocative (address)	नदि	नद्यौ	नद्य:

(6) MASCULINE NOUN ENDING IN *(u)* **उ (गुरु)** teacher (Gītā 2.5)

(1st) Nominative -	गुरु:	गुरू	गुरव:
(2nd) Accusative (to, what?)	गुरुम्	गुरू	गुरून्
(3rd) Instrumental (with, by)	गुरुणा	गुरुभ्याम्	गुरुभि:
(4th) Dative (for, to)	गुरवे	गुरुभ्याम्	गुरुभ्य:
(5th) Ablative (from. than)	गुरो:	गुरुभ्याम्	गुरुभ्य:
(6th) Possessive (of)	गुरो:	गुर्वो:	गुरूणाम्
(7th) Locative (in, on)	गुरौ	गुर्वो:	गुरुषु
Vocative (address)	गुरो	गुरू	गुरव:

LESSON 13

MAKING YOUR OWN SENTENCES

MAKING YOUR OWN SENTENCES FOR THE **PRESENT ACTIONS**

TABLE 5 : Saying a **Present Event**

	Subject	am	is	are
	I अहम् *aham*	अस्मि *asmi*		
*	**You** (त्वम् *tvam*) भवान् *bhavān*			(असि*asi*) अस्ति *asti*
*	**He** सः *saḥ*		अस्ति *asti*	
*	**She** सा *sā*		अस्ति *asti*	
*	**This** एषः *eṣaḥ*, (f∘) एषा *eṣā*, (n∘) एतत् *etat*		अस्ति *asti*	
∘	**We** वयम् *vayam*			स्मः *smaḥ*
∘	**They** (m∘) ते *te*, (f∘) ताः *tāḥ*			सन्ति *santi*

13.1 USING SANSKRIT SINGULAR WORDS

EXERCISE 21 : Translate the English sentences into Sanskrit (Answers are given for help)

1. I am Rām. *ahaṁ Rāmaḥ asmi.* अहं रामः अस्मि। I am Sītā. *ahaṁ Sītā asmi.* अहं सीता अस्मि
2. I am a dentist. *ahaṁ dentist (dant-vaidyaḥ) asmi.* अहं *dentist* (दन्तवैद्यः) अस्मि।
3. I am a brain surgeon. *aham brain surgeon asmi.* अहं brain surgeon (शल्यतन्त्रविद्वान्) अस्मि।
4. I am a truck driver. *aham truck driver asmi.* अहं truck driver (ट्रकयान-चालकः) अस्मि।
5. You are an income-tax officer. *bhavān* income-tax officer *asti.* भवान् income-tax officer आयकर-अधिकारी) अस्ति।
6. He is a traffic inspector *saḥ* traffic inspector *asti.* सः traffic inspector (लोकयात्रानिरीक्षकः) अस्ति
7. She is a microbiologist. *sā* microbiologist *asti.* सा microbiologist (सूक्ष्मजन्तुशास्त्रविज्ञा) अस्ति।
8. Rājā is a music conductor. *Rājā* music conductor *asti.* राजा संगीतसञ्चालकः (music onductor) अस्ति। Rājā is a musician. *Rājā saṅgitakārah asti.* राजा संगीतकारः अस्ति।
9. Rāma is a tennis player. *Rāmaḥ* tennīs *krīḍakaḥ asti.* रामः टेनिस्-क्रीडकः अस्ति।
10. You are a poet. *bhavān kaviḥ asti.* भवान् कविः अस्ति।
11. It is a dog. *eṣaḥ kukkuraḥ asti.* एषः कुक्कुरः अस्ति।
12. It is a cow. *eṣā dhenuḥ asti.* एषा धेनुः अस्ति।

13.2 USING SANSKRIT PLURAL WORDS

(For declensions of nouns and conjugations of verbs, see the Appendix.)

EXERCISE 22 : Translate the English sentences into Sanskrit (Answers are given for help)

1. They are writers. *te lekhakāḥ (f∘ tāḥ lekhikāḥ) santi.* ते लेखकाः (लेखिकाः) सन्ति।
2. This is a house. *etat gṛham asti.* एतत् गृहम् अस्ति। Those are houses. *tāni gṛhāṇi santi.* तानि गृहाणि सन्ति।
3. This is a dog. *eṣaḥ kukkuraḥ sati.* एषः कुक्कुरः अस्ति। These are dogs. *ete kukkurāḥ santi.* एते कुक्कुराः सन्ति।
4. You are workers. *bhavantaḥ karmakārāḥ santi.* भवन्तः कर्मकाराः सन्ति।
5. These are Sanskrit books. *etāni saṁskṛta-pustakāni santi.* एतानि संस्कृत-पुस्तकानि सन्ति।
6. They are nurses. *tāḥ paricārikāḥ santi.* ताः परिचारिकाः सन्ति।
7. We are soldiers. *vayaṁ sainikāḥ smaḥ.* वयं सैनिकाः स्मः।
8. Rīnā, Malā and Rāma are students. *Rīnā Mālā Rāmaḥ ća ćhātrāḥ.* रीना, माला रामः च छात्राः।

13.3 MAKING YOUR OWN SENTENCES FOR PAST EVENT - WITH 'WAS'

Key words : Here = *atra* अत्र। There = *tatra* तत्र। Where? = *kutra?* कुत्र?

Where = *yatra* यत्र। Good, proper, ok, right = *samyak* सम्यक्।

TABLE 6 : Speaking about a **Past Event**

	Subject	was	were
	I अहम् *aham*	आसम् *āsam*	
*	You भवान् *bhavān* (त्वम् *tvam*)		आसीत् *āsīt* (आसीः *āsīḥ*)
*	He सः *saḥ*	आसीत् *āsīt*	
*	She सा *sā*	आसीत् *āsīt*	
*	This एषः *eṣaḥ*, (f∘) एषा *eṣā*, (n∘) एतत् *etat*	आसीत् *āsīt*	
∘	We वयम् *vayam*		आस्म *āsma*
∘	They (m∘) ते *te*, (f∘) ताः *tāḥ*		आसन् *āsan*

I was	अहम् आसम्	*aham āsam*	We were	वयम् आस्म	*vayam āsma*
You were	भवान् आसीत्	*bhavān āsīt*	You were	भवन्तः आसन्	*bhavantaḥ āsan*
He was	सः आसीत्	*saḥ āsīt*	They were	ते आसन्	*te āsan*
She was	सा आसीत्	*sā āsīt*	They were	ताः आसन्	*tāḥ āsan*
It was	एतत् आसीत्	*etat āsīt*	These were	एतानि आसन्	*etāni āsan*

EXERCISE 23 : Translate the English sentences into Sanskrit (Answers are given for help)

Key Words : Is = अस्ति। Is not = *nāsti* नास्ति। Yes = आम्। No = *na* न। And = *ća* च।

Or = *vā* वा। Also = *api* अपि। Only = *eva* एव। Indeed = *khalu* खलु। Because = *yataḥ* यतः।

1. I was an engineer. *aham engineer (abhiyantā) āsam.* अहम् engineer (अभियन्ता) आसम्।
2. She was a teacher. *sā adhyāpikā āsīt.* सा अध्यापिका आसीत्।
3. Where is she? *sā kutra asti?* सा कुत्र अस्ति। Where was she? *sā kutra āsīt?* सा कुत्र आसीत्।
4. He was there. *saḥ tatra āsīt.* सः तत्र आसीत्। He is here. *saḥ atra asti.* सः अत्र अस्ति।
5. Rāma is indeed smart. *Rāmaḥ buddhimān asti khalu.* रामः बुद्धिमान् अस्ति खलु।

TABLE : 7 **SUMMARY** - What we learned so far, the 'cumulative learning'

	Subject	am	is	are	was	were
	I अहम् *aham*	अस्मि *asmi*			आसम् *āsam*	
*	You भवान् *bhavān*			अस्ति *asti*		आसीत् *āsīt*
*	He सः *saḥ*		अस्ति *asti*		आसीत् *āsīt*	
*	She सा *sā*		अस्ति *asti*		आसीत् *āsīt*	
*	It एतत् *etat*		अस्ति *asti*		आसीत् *āsīt*	
◦	We वयम् *vayam*			सन्ति *santi*		आसन् *āsma*
◦	They ते *te,* (f◦) ताः *tāḥ*			सन्ति *santi*		आसन् *āsan*

13.4 USING THE ACTION WORDS FOR MAKING YOUR OWN SENTENCES

Let us learn **how to make our own sentences** in the following three ways

1. I 'do, am doing' (you do, he does, she does, it does, we do, they do) see - Table 7
2. I 'did' (you did; he, she, it did; we did, they did) see - Table 8
3. I 'will do' (you will do; he, she, it will do; we, they will do see - Table 9

SUMMARY : (do, doing, did, will do) see - Table 10

TABLE 8 : I do, I am doing; you do-are doing; he, she does-is doing; we-they do-are doing

	Subject (Doer of the action)	verb (drink)	suffix (Present tense)	Present Tense (do, does, doing - am, is, are)
	I अहम् *aham*	कृ *kṛ*	मि *mi*	अहं करोमि *aham̐ karomi*
*	You भवान् *bhavān*	कृ *kṛ*	ति *ti*	भवान् करोति *bhavān karoti*
*	He सः *saḥ*	कृ *kṛ*	ति *ti*	सः करोति *saḥ karoti*
*	She सा *sā*	कृ *kṛ*	ति *ti*	सा करोति *sā karoti*
*	It एतत् *etat*	कृ *kṛ*	ति *ti*	एतत् करोति *etat karoti,*
◦	We वयम् *vayam*	कृ *kṛ*	मः *maḥ*	वयं कुर्मः *vayam̐ kurmaḥ*
◦	They ते *te,* (f◦) ताः *tāḥ*	कृ *kṛ*	अन्ति *anti*	ते, ताः कुर्वन्ति *te, tāḥ kurvanti*

See Appendix 1 for the inflections of verb √*kṛ* √कृ

EXERCISE 24 : Translate the English sentences into Sanskrit (Answers are given for help)

Key words : Tea = *ćāyam* चायम्। milk = *dugdham* दुग्धम्। hot = *uṣṇa* उष्ण। cold = *śīta* शीत।
to drink √*pā* पा। to eat √*khād* खाद्। to write √*likh* लिख। to go √*gam* गम्।

a. I drink. *aham̐ pibāmi.* अहं पिबामि। You drink. *bhavān pibati.* भवान् पिबति। He drinks. *saḥ pibati.* सः पिबति। She drinks. *sā pibati.* सा पिबति। We drink. *vayam̐ pibāmaḥ.* वयं पिबामः। They drink. *te pibanti.* ते पिबन्ति।

b. I drink tea. *aham̐ ćāyam̐ pibāmi.* अहं चायं पिबामि। You drink tea. *bhavān ćāyam̐ pibati.* भवान् चायं पिबति। He drinks tea. *saḥ ćāyam̐ pibati.* सः चायं पिबति। She drinks tea. *sā ćāyam̐ pibati.* सा चायं पिबति। We drink tea. *vayam̐ ćāyam̐ pibāmaḥ.* वयं चायं पिबामः। They drink tea. *te ćāyam̐ pibanti.* ते चायं पिबन्ति।

c. I drink hot tea. *aham uṣṇam̐ ćāyam̐ pibāmi.* अहं उष्णं चायं पिबामि। You drink hot tea. *bhavān uṣṇam̐ ćāyam̐ pibati.* भवान् उष्णं चायं पिबति। He drinks hot tea. *saḥ uṣṇam̐ ćāyam̐ pibati.* सः उष्णं चायं पिबति। She drinks hot tea. *sā uṣṇam̐ ćāyam̐ pibati.* सा उष्णं चायं पिबति। We drink hot tea. *vayam uṣṇam̐ ćāyam̐ pibāmaḥ.* वयं उष्णं चायं पिबामः। They drink hot tea. *te uṣṇam̐ ćāyam̐ pibanti.* ते उष्णं चायं पिबन्ति।

e. I drink cold milk. *aham̐ śītam̐ dugdham̐ pibāmi.* अहं शीतं दुग्धं पिबामि। You eat hot Roṭī. *bhavān uṣṇām̐ roṭikām̐ khādati.* भवान् उष्णां रोटिकां खादति। He writes a letter. *saḥ patram̐ likhati.* सः पत्रं लिखति। They speak (to speak = √ *vad* वद्). *te vadanti.* ते वदन्ति।

Review of what we learned so far

EXERCISE 25 : Translate the English sentences into Sanskrit. See the Picture Dictionary for vocabulary. Key words and answers are given in the brackets for your help.

1. This is a tree m∘. (m∘ this = *eṣaḥ* एषः। *eṣaḥ vṛkṣah asti.* एषः वृक्षः अस्ति)
2. That is a bird m∘. (m∘ that = *saḥ* सः। *saḥ pakṣī asti.* सः पक्षी अस्ति)
3. This is a pencil f∘. (f∘ this = *eṣā* एषा। *eṣā lekhanī asti.* एषः लेखनी अस्ति)
4. That is a watch f∘. (f∘ that = *sā* सा। *sā ghaṭikā asti.* सा घटिका अस्ति)
5. What is this n∘? (n∘ this = एतत्, n∘ what? = *kim* किम्। *etat kim asti.* एतत् किम् अस्ति)
6. Who is he? (m∘ who = *kaḥ* कः। *saḥ kaḥ asti.* सः कः अस्ति)
7. Who was she? (f∘ who = *kā* का। *sā kā āsīt.* सा का आसीत्)
8. What was that n∘? (n∘ that = *tat* तत्। n∘ what = *kim* किम्; *tat kim āsīt.* तत् किम् आसीत्)
9. What is it n∘? (n∘ it = *etat* एतत्। *etat kim asti.* एतत् किम् अस्ति)
10. That is a frog m∘. (*saḥ darduraḥ asti.* सः दर्दुरः अस्ति)
11. This is a vehicle n∘. (n∘ vehicle = *yānam* यानम्। *etat yānam asti.* एतत् यानं अस्ति)
12. That is a bus n∘. (*tat bus-yānam asti.* तत् बस-यानं अस्ति)
13. This is a goat f∘. (f∘ goat = *ajā* अजा। *eṣā ajā asti.* एषा अजा अस्ति)
14. That is a hen. (*sā kukkuṭī asti.* सा कुक्कुटी अस्ति)
15. This is a ball m∘. (*eṣaḥ kandukaḥ asti.* एषः कन्दुकः अस्ति)
16. These are pigeons m∘. (*ete kapotāḥ santi.* एते कपोताः सन्ति)
17. Where is the lamp m∘? (where? = *kutra* कुत्र। *dīpaḥ kutra asti.* दीपः कुत्र अस्ति)
18. He is a barber. (*saḥ nāpitaḥ asti.* सः नापितः अस्ति)
19. She is a teacher. (*sā śikṣikā asti.* सा शिक्षिका अस्ति)
20. Ranī is a singer. (f∘ singer = *gāyikā* गायिका। *Rānī gāyikā asti.* रानी गायिका अस्ति)
21. This horse is white. (white = *śvetaḥ* श्वेतः। *eṣaḥ aśvaḥ śvetaḥ asti.* एषः अश्वः श्वेतः अस्ति)
22. The rabbit is running m∘. (to run = √*dhāv* धाव्। *śaśakaḥ dhāvati.* शशकः धावति)
23. There were three dogs. (were = *āsan* आसन्। *trayaḥ kukkurāḥ āsan.* त्रयः कुक्कुराः आसन्)
24. What does *'śabdakośaḥ'* maen? (*'śabdakośaḥ' ityasya arthaḥ kaḥ?* छत्रः इत्यस्य अर्थः कः?)
25. *'śabdakośaḥ'* maens dictionary. (*śabdakośaḥ ityukte 'dictionary'* शब्दकोशः इत्युक्ते 'डिक्श्नरी' इति)

13.5 MAKING YOUR OWN SENTENCES FOR COMPLETED ACTIONS :

In Sanskrit, the easier way to speak of a 'completed' event is to add *vat* (वत्) suffix to the Past Passive Participle (ppp∘) of the verb.

(1) If you attach *kta* (क्त) suffix to a verb, you get ppp∘ of that verb. Note that, while attaching the *kta* (क्त) suffix, the *k* (क्) gets deleted and only *ta* (त) is added. Therefore, ppp∘ of the verb √*kṛ* (कृ) is : √*kṛ* + *ta* = *kṛta* (कृत).

(2) For completed actions, attach वत् suffix. *kṛta* + *vat* कृत + वत् = कृतवत्।

USAGE :

(i) I did = *ahaṁ kṛtavān* (अहं कृतवान्),

(ii) you did = *bhavān kṛtavān* (भवान् कृतवान्),

(iii) he did = *saḥ kṛtavān* (सः कृतवान्),

(iv) she did = *sā kṛtavatī* (सा कृतवती) ...etc.

TABLE 9 : I did; you did; he, she did; it did; we did; they did - **ppp∘** √*kṛ* + *ta* = *kṛta* (कृत)

Doer of the action	Past tense (masculine) did, have done	Past tense (feminine) did, have done
Subject	Masculine	Feminine
I अहम् *aham*	अहं कृतवान् *ahaṁ kṛtavān*	अहं कृतवती *ahaṁ kṛtavatī*
You भवान् *bhavān* (m∘)	भवान् कृतवान् *bhavān kṛtavān*	भवती कृतवती *bhavatī kṛtavatī*
He सः *saḥ* (m∘)	सः कृतवान् *saḥ kṛtavān*	सा कृतवती *sā kṛtavatī*
This एषः *eṣaḥ* (m∘)	एषः कृतवान् *eṣaḥ kṛtavān*	एषा कृतवती *eṣā kṛtavatī*
We वयम् *vayam*	वयं कृतवन्तः *vayaṁ kṛtavantaḥ*	वयं कृतवत्यः *vayaṁ kṛtavatyaḥ*
They ते *te* (m∘)	ते कृतवन्तः *te kṛtavantaḥ*	ताः कृतवत्यः *tāḥ kṛtavatyaḥ*

See Appendix 2, no. 15 भवत् for the inflections of m∘ कृतवत् and see no. 7 नदी for the inflections of f∘ कृतवती।

NOTE : For making a past perfect sentence with the use of verb 'had,' just attach *āsam* (आसम्) at the end of the above sentences. eg∘ I have done अहं कृतवान् *ahaṁ kṛtavān;* I had done अहं कृतवान् आसम् *ahaṁ kṛtavān āsam,* अहं कृतवती आसम् *ahaṁ kṛtavatī āsam ...etc.*

EXERCISE 26 : Translate the English sentences into Sanskrit (Answers are given for help)

1. I drink hot tea. *aham uṣṇaṁ chāyaṁ pībāmi.* अहम् उष्णं चायं पिबामि। I drank hot tea. *aham uṣṇaṁ chāyaṁ pītavān/pītavatī.* अहम् उष्णं चायं पीतवान्/पीतवती। I had drunk hot tea. *aham uṣṇaṁ chāyaṁ pītavān/pītavatī āsam.* अहम् उष्णं चायं पीतवान्/पीतवती आसम्।

2. You drink hot tea. *bhavān/bhavatī uṣṇaṁ ćāyaṁ pībati* भवान् उष्णं चायं पीबति। You drank (drunk) hot tea. *bhavān uṣṇaṁ chāyaṁ pītavān, bhavatī uṣṇaṁ ćāyaṁ pītavatī.* भवान उष्णं चायं पीतवान्, भवती उष्णं चायं पीतवती। You had drunk hot tea. *bhavān/bhavatī uṣṇaṁ chāyaṁ pītavān/pītavatī āsīt.* भवान्/भवती उष्णं चायं पीतवान्/पीतवती आसीत्।

3. They drink hot tea. *te/tāḥ uṣṇaṁ ćāyaṁ pībanti.* ते/ताः उष्णं चायं पीबन्ति। They drank (drunk) hot tea. *te/tāḥ uṣṇaṁ chāyaṁ pītavantaḥ/pītavatyaḥ.* ते/ताः उष्णं चायं पीतववन्तः/पीतवत्यः। They had drunk hot tea. *te/tāḥ uṣṇaṁ chāyaṁ pītavantaḥ/pītavatyaḥ āsan.* ते/ताः उष्णं चायं पीतववन्तः/पीतवत्यः आसन्। ...etc.

SOME PAST PASSIVE PARTICIPLES (ppp∘)

(1) Gone	(√गम् – गत)	(7) Killed	(√हन् – हत)	(13) Came	(आ√गम् – आगत)
(2) Renounced	(√त्यज् – त्यक्त)	(8) Heard	(√श्रु – श्रुत)	(14) Spoken	(√ब्रू – उक्त)
(3) Written	(√लिख – लिखित)	(9) Seen	(√दृश् – दृष्ट)	(15) Dead	(√मृ – मृत)
(4) Given	(√दा – दत्त)	(10) Done	(√कृ – कृत)	(16) Drunk	(√पा – पीत)
(5) Stayed	(√स्था – स्थित)	(11) Protected	(√रक्ष् – रक्षित)	(17) Eaten	(√खाद् – खादित)
(6) Known	(√ज्ञा – ज्ञात)	(12) Received	(प्र√आप् – प्राप्त)	(18) Fallen	(√पत् – पतित)

USAGE :

3. She ate an apple. *sā sevaṁ khāditavatī.* सा सेवं खादितवती। (*√khād* खाद् to eat)
4. He wrote a letter. *saḥ patraṁ likhitavān.* सः पत्रं लिखितवान्। (*√likh* लिख् to write)
5. Rāma went home. *Rāmaḥ gṛhaṁ gatavān.* रामः गृहं गतवान्।
6. Rājā took the book. *Rājā pustakaṁ nītavān.* राजा पुस्तकं नीतवान्। (*√nī* नी to take)
7. He stopped smoking. *saḥ dhūmrapānaṁ tyaktavān.* सः धूम्रपानं त्यक्तवान्।
8. He knew it. *saḥ etat jñātavān.* सः एतत् ज्ञातवान्।
9. John gave the money. *Johnaḥ dhanaṁ dattavān.* जॉनः धनं दत्तवान्।
10. Ken received the letter. *Kenaḥ patraṁ prāptavān.* केनः पत्रं प्राप्तवान्।

Review of what we learned so far

EXERCISE 27 : Translate the English sentences into Sanskrit, see the Picture Dictionary for vocabulary. Key words and answers are given in the brackets for your help.

1. I am a doctor. (*aham̊ vaidyaḥ asmi.* अहं वैद्यः अस्मि)
2. I am a student. (*aham̊ ćhātraḥ asmi.* अहं छात्रः अस्मि) (f◦ ćhhātrā छात्रा)
3. He is a carpenter. (*saḥ takṣakaḥ asti.* सः तक्षकः अस्ति)
4. He went to New York. (*saḥ New Yorkam̊ gatawān.* सः न्यू-यार्कं गतवान्)
5. I saw a turtle. (*√dṛṣ* दृश्; ppp◦ *dṛṣṭa* दृष्ट। *aham̊ kaććhapam̊ dṛṣṭavān.* अहं कच्छपं दृष्टवान्)
6. I drank milk. (*√pā* पा; ppp◦ *pīta* पीत। *aham̊ dugdham̊ pītavān.* अहं दुग्धं पीतवान्)
7. He brought books. (*ā√nī* आ√नी। *saḥ pustakāni ānītavān.* सः पुस्तकानि आनीतवान्)
8. We gave money. (*√dā* दा ppp◦ दत्त। *vayam̊ dhanam̊ dattavantaḥ.* वयं धनं दत्तवन्तः)
9. Ajay asked Nīrā. (*√praććh* प्रच्छ् ppp◦ पृष्ट। *Ajayaḥ nīrām̊ pṛṣṭavān.* अजयः नीरां पृष्टवान्)
10. Tony cried. (*√rud* रुद् ppp◦ रुदित। *Tonī ruditavān.* टोनी रुदितवान्)
11. Mālā knew it. (*√jñā* ज्ञा ppp◦ ज्ञात। *Mālā etat jñātavatī.* माला एतत् ज्ञातवती)
12. He did it. (*√kṛt* कृ ppp◦ कृत। *saḥ etat kṛtavān.* सः एतत् कृतवान्)
13. They did it <u>yesterday</u>. (*te etat hyaḥ kṛtavantaḥ.* ते एतत् <u>ह्यः</u> कृतवन्तः) *hyah* ह्यः = yesterday.
14. He sat <u>there</u>. (*upa√viś* उप√विश् ppp◦ उपविष्ट। *saḥ tatra upaviṣṭavān.* सः <u>तत्र</u> उपविष्टवान्)
15. A goat ate the grass (n◦ grass = *ghāsam* घासं. *ajaḥ ghāsam̊ khāditavān.* अजः घासं खादितवान्)
16. He had gone. (*√gam* गम् ppp◦ गत। *saḥ gatavān āsīt.* सः गतवान् आसीत्)
17. He had eaten a Roṭī. (*saḥ roṭikām̊ khāditavān āsīt.* सः रोटिकां खादितवान् आसीत्)
18. He ate a Roṭī. (*saḥ ekām̊ roṭikām̊ khāditavān.* सः एकां रोटिकां खादितवान्)
19. She ate one Roṭī. (*sā ekām̊ roṭikām̊ khāditavati.* सा एकां रोटिकां खादितवती)
20. Ranī <u>was working</u>. (*Rānī kāryam̊ karoti sma.* रानी कार्यं <u>करोति स्म</u>)
21. This house was not here. (*etata gṛham atra nāsīt.* एतत् गृहम् अत्र नासीत्)
22. The rabbit is running. (to run = *√dhāv* धाव्। *śaśakaḥ dhāvati.* शशकः धावति)
23. The cow eats grass. (grass = *ghāsam* घासम्। *dhenuḥ ghāsam̊ khādati.* धेनुः घासं खादति)
24. These are five roses. (*eatāni pañća japāpuṣpāṇi santi.* एतानि पञ्च जपापुष्पाणि सन्ति)
25. He <u>was</u> a farmer. (*saḥ kṛṣakaḥ āsīt.* सः कृषकः <u>आसीत्</u>)
26. The dogs are barking. (to bark = √bhaṣ भष्। *kukkurāḥ bhaṣanti* कुक्कुराः भषन्ति)

27. What does *'uccaiḥ'* mean? (*'ucchaiḥ' śabdasya arthaḥ kaḥ?* उच्चैः शब्दस्य अर्थः कः?)
28. *uccaiḥ* maens 'loudly.' (*uccaiḥ shabdasya arthaḥ asti 'tāra-svareṇa' or 'loudly'* उच्चैः शब्दस्य अर्थ अस्ति तारस्वरेण वा लाउडली)

13.6 MAKING YOUR OWN SENTENCES FOR FUTURE EVENTS :

The events of a future time generally take place in three ways, viz◦ :

1. I will do (you will do; he, she, it will do; we, they will do) see - Table 9
2. I should do (please do, you should do; he, she, it, we, they should do) see - Table 9
3. I may do (you may do, he may do, she may do, we may do, they may do) see - Table 9
4. SUMMARY : What we learned so far in tables 7-9 see - Table 10

TABLE 10 : I will do, you will do; he, she, it will do; we, they will do

ubj◦	Future Tense - will	Request or Order- please	Potential - should, may
I	अहं करिष्यामि *aham̐ kariṣyāmi*	अहं करवाणि *aham̐ karavāṇi*	अहं कुर्याम् *aham̐ kuryām*
You	भवान् करिष्यति *bhavān kariṣyati*	भवान् करोतु *bhavān karotu*	भवान् कुर्यात् *bhavān kuryāt*
He	सः करिष्यति *saḥ kariṣyati*	सः करोतु *saḥ karotu*	सः कुर्यात् *saḥ kuryāt*
She	सा करिष्यति *sā kariṣyati*	सा करोतु *sā karotu*	सा कुर्यात् *sā kuryāt*
This	एषः करिष्यति *eṣaḥ kariṣyati*	एषः करोतु *eṣaḥ karotu*	एषः कुर्यात् *eṣaaḥ kuryāt*
We	वयं करिष्यामः *vayam̐ kariṣyāmaḥ*	वयं करवाम *vayam̐ karavāma*	वयं कुर्याम *vayam̐ kuryama*
They	ते करिष्यन्ति *te kariṣyanti*	ते कुर्वन्तु *te kurvantu*	ते कुर्युः *te kuryuḥ*

See Appendix 1 for the inflections of verb √*kr* √कृ

EXERCISE 28 : Translate the English sentences into Sanskrit (Answers are given for help)

(a). **I WILL** : I will drink tea. *aham̐ cāyam̐ pāsyāmi.* अहं चायं पास्यामि। You will drink tea. *bhavān cāyam̐ pāsyati.* भवान् चायं पास्यति। He will drink tea. *saḥ cāyam̐ pāsyati.* सः चायं पास्यति। She will drink tea. *sā cāyam̐ pāsyati.* सा चायं पास्यति। We will drink tea. *vayam̐ cāyam̐ pāsyāmaḥ.* वयं चायं पास्यामः। They will drink tea. *te cāyam̐ pāsyanti.* ते चायं पास्यन्ति।

(b). **I SHOULD** : I drink tea. *aham̐ cāyam̐ pibāmi.* अहं चायं पिबामि। I should drink tea. *aham̐ cāyam̐ pibāni.* अहं चायं पिबानि। You should drink tea. *bhavān cāyam̐ pibatu.* भवान् चायं पिबतु। He should drink tea. *saḥ cāyam̐ pibatu.* सः चायं पिबतु। She should drink. *sā cāyam̐ pibatu.* सा चायं पिबतु। We should drink tea. *vayam̐ cāyam̐ pibāma.* वयं चायं पिबाम। They should drink tea. *te/tāḥ ćāyaṁ pibantu.* ते/ताः चायं पिबन्तु। **Please** drink. *pibatu.* पिबतु।

(c). **I MAY (Potential mood) :** I may drink tea. *ahaṁ ćāyaṁ pibeyam.* अहं चायं पिबेयम्। You may drink tea. *bhavān ćāyaṁ pibet.* भवान् चायं पिबेत्। He may drink tea. *saḥ ćāyaṁ pibet.* सः चायं पिबेत्। She may drink. *sā ćāyaṁ pibet.* सा चायं पिबेत्। We may drink tea. *vayaṁ ćāyaṁ pibema.* वयं चायं पिबेम। They may drink tea. *te/tāḥ ćāyaṁ pibeyuḥ.* ते/ताः चायं पिबेयुः।

(b). **PLEASE (Imperative mood) :** Please drink tea. *ćāyaṁ pibatu.* चायं पिबतु। *bhavān ćāyaṁ pibatu.* भवान् चायं पिबतु।

EXERCISE 29 : Translate the Sanskrit sentences into English (Answers are given for help)

Key Words : O' Clock = *vādane* वादने। Today = *adya* अद्य। Always = *sadā* सदा।
Someone = *ko'pi* कोऽपि। Something = *kimapi* किमपि। Tomorrow = *śvaḥ* श्वः।
Yesterday = *hyaḥ* ह्यः। What? = *kim?* किम्? Not = na न। Now = *idānīm* इदानीम्।

1. Neil will come at five O' Clock. *Neilaḥ pañća vādane āgamiṣyatī.* नीलः पञ्च वादने आगमिष्यति।
2. Rānī will not work today. *Rānī adya kāryaṁ na kariṣyati.* रानी अद्य कार्यं न करिष्यति।
3. Yesterday Nīrā did not come. *hyaḥ Nīrā na āgatavatī.* ह्यः नीरा न आगतवती।
4. What may Vijay say? *Vijayaḥ kiṁ vadet?* विजयः किं वदेत्?
5. What will Mīnā say? *Mīnā kiṁ vadiṣyati?* मीना किं वदिष्यति?
6. Rāju should not drink liquor. *Rājuḥ madyaṁ na pibatu.* राजुः मद्यं न पिबतु।
7. Should I go home now. *ahaṁ idānīṁ gṛhaṁ gaććhāni kim?* अहम् इदानीं गृहं गच्छानि किम्?
8. Nīru may go home now. *Nīruḥ idānīṁ gṛhaṁ gaććhet.* नीरुः इदानीं गृहं गच्छेत्।
9. Rikkī will write you tomorrow? *Rikkī bhavantaṁ śvaḥ lekhiṣpati.* रिक्की भवन्तं श्वः लेखिष्यति।
10. He had gone yesterday? *sā hyaḥ gatavān āsīt.* सः ह्यः गतवान् आसीत्।
11. Govind does not do anything. *Govindaḥ kimapi na karoti.* गोविंदः किमपि न करोति।
12. Mohan should not play here today. *Mohanaḥ adya atra na krīdatu.* मोहनः अद्य अत्र न क्रीडतु।
13. Vimalā reads everyday. *Vimalā pratidinaṁ paṭhati.* विमला प्रतिदिनं पठति।
14. Sunīl will be a Hockey player. *Sunīlaḥ Hockey-krīḍakaḥ bhaviṣyati.* सुनीलः हॉकी-क्रीडकः भविष्यति।
15. Vikās may win. *Vikāsaḥ jayet.* विकासः जयेत्। Vikās should win. *Vikāsaḥ jayatu.* विकासः जयतु।
16. Nobody was there. *tatra ko'pi nāsīt.* तत्र कोऽपि नासीत्।
17. Somebody was here. *atra ko'pi āsīt.* अत्र कोऽपि आसीत्।
18. Was anyone here? *atra ko'pi āsīt vā?* अत्र कोऽपि आसीत् वा?

19. Does anyone eat meat here?. *ko'pi atra māṁsaṁ khādati vā?* कोऽपि अत्र मांसं खादती वा?

20. No! Nobody eats meat here? *na! atra ko'pi māṁsaṁ na khādati.* न अत्र कोऽपि मांसं न खादति।

TABLE 11 : **SUMMARY** - what we learned so far, the 'cumulative learning'

verb √*khād* (खाद्) = to eat

Doer of the action	Presewnt action	Future action	completer past action	Request or order	Possibility
Subject	'eat'	'will eat'	m∘ 'ate'	'should eat'	'may eat'
I अहम्- वयम्	खादामि- खादामः	खादिष्यामि- खादिष्यामः	खादितवान्- खादितवन्तः	खादानि- खादाम	खादेयम्- खादेम
You भवान्- भवन्तः	खादति- खादन्तु	खादिष्यति- खादिष्यन्तु	खादितवान्- खादितवन्तः	खादतु- खादन्तु	खादेत्- खादेयुः
He सः- ते	खादति- खादन्तु	खादिष्यति- खादिष्यन्तु	खादितवान्- खादितवन्तः	खादतु- खादन्तु	खादेत्- खादेयुः
She सा- ताः	खादति- खादन्तु	खादिष्यति- खादिष्यन्तु	खादितवान्- खादितवन्तः	खादतु- खादन्तु	खादेत्- खादेयुः

Review of what we learned so far

EXERCISE 30 : Translate the English sentences into Sanskrit, see the Picture Dictionary for vocabulary. Key words and answers are given in the brackets for your help.

Key Words : today = *adya* अद्य। tomorrow = *śvaḥ* श्वः। yesterday = *hyaḥ* ह्यः। Now = *idānīm, adhunā* इदानीम्, अधुना। then = *tadā* तदा। When? = *kadā* कदा? When = *yadā* यदा। if = *yadi, ćeṭ* यदि, चेत्। a little = *kiñćit* किञ्चित्। proper, good = *samyak, samīćīnam* सम्यक्, समीचीनम्।

1. I am a lawyer. (*ahaṁ vidhijñaḥ asmi.* अहं विधिज्ञः अस्मि)
2. He is a wrestler. (*saḥ mallaḥ asti.* सः मल्लः अस्ति)
3. She went to Delhi. (*sā dillyāṁ gatavatī.* सा दिल्ल्यां गतवती)
4. Niveditā had gone to India. (*Niveditā bhāratam gatavatī āsīt.* निवेदिता भारतं गतवती आसीत्)
5. Mālā does not know it. (to know √*jñā* ज्ञा। *Mālā etat na jānāti.* माला एतत् न जानाति)
6. They do not know even a little bit. (*te kiñćit api na jānanti.* ते किञ्चित् अपि न जानन्ति)
7. Where is he sitting? (*saḥ kutra upaviṣṭavān asti.* सः कुत्र उपविष्टवान् अस्ति)
8. I saw a Hindī movie. (*ahaṁ hindī-ćalaćitram dṛṣṭavān.* अहं हिन्दी-चलचित्रं दृष्टवान्)

9. Anjalī will go at nine O' Clock. *añjalī nava vādane gamiṣyati.* अंजली नव वादने गमिष्यति।

10. What did Vishāl say yesterday? *Vishālaḥ hyaḥ kim uktavān.* विशाल: ह्य: किम् उक्तवान्?

11. Mīrā may sing Sanskrit songs. *mīrā Sanskrit-gānāni gāyet.* मीरा संस्कृत-गानानि गायेत्।

12. Today Rādhā should cook. (to cook √*pac* पच्) *adya Rādhā pacatu.* अद्य राधा पचतु।

13. Rītā may make roṭis tomorrow. *Rītā śvaḥ roṭikāḥ pacet.* रीता श्व: रोटिका: पचेत्।

14. Nītā! Please study Sanskrit. (to read √*paṭh* पठ्) *Nīte! saṁskṛtaṁ paṭhatu.* नीते! संस्कृतं पठतु।

15. Gopāl has cooked rice. *Gopālḥ odanaṁ paktavān asti.* गोपाल: ओदनं पक्तवान् अस्ति।

12. Monā had brought books. *Monā pustakāni ānītavatī āsīt.* मोना पुस्तकानि आनीतवती आसीत्।

13. Vijay will wash the clothes. *Vijayaḥ vastrani prakṣālayiṣyati.* विजय: वस्त्राणि प्रक्षालयिष्यति।

14. Please come tomorrow. *kṛpayā śvaḥ āgacchatu.* कृपया श्व: आगच्छतु।

15. Please do not sit there. *kṛpayā tatra mā upaviśatu.* कृपया तत्र मा उपविशतु।

16. Please do not talk loudly. *kṛpayā uccaiḥ mā vadatu.* कृपया उच्चै: मा वदतु।

17. I hope he comes soon. *saḥ śīghram āgacchet..* स: शीघ्रम् आगच्छेत्।

18. May God help you. *bhagavān bhavantaṁ sahāyyaṁ kuryāt.* भगवान् भवन्तं सहाय्यं कुर्यात्।

13.7 USE OF PARTICLE *sma* स्म WITH A PRESENT EVENTS

When the particle *sma* स्म is added to a Present Tense, the action is converted into Past Tense. Note that स्म could be placed anywhere in the sentence.

(1) Present Tense (habitual or continuous) :

I eat, I am eating. *ahaṁ khādāmi* अहं खादामि। He eats, he is eating. *saḥ khādati* स: खादति। They eat, they are eating. *te khādanti.* ते खादन्ति।

(2) Past Tense : (habitual or continuous)

I used to eat, I was eating. *ahaṁ khādāmi sma.* अहं खादामि स्म।

He used to eat (was eating) meat. *saḥ māṁsaṁ khādati sma.* स: मांसं खादति स्म।

They used to eat, they were eating. *te khādanti sma.* ते खादन्ति स्म।

(3) Present Tense : (habitual or continuous)

Lion lives in the forest, a lion is living in the forest. *siṁhaḥ vane vasati.* सिंह: वने वसति।

The lions live in the forest, the lions are living in the forest. *siṁhāḥ vane vasanti.* सिंहा: वने वसन्ति।

(4) Past Tense : (habitual or continuous)

That lion lived in the forest, that lion was living in the forest. *saḥ siṁhaḥ vane vasati sma.* स:

सिंहः वने वसति स्म। Those lions lived in the forest, those lions were living in the forest. *te simħāḥ vane vasanti sma.* ते सिंहाः वने वसन्ति स्म।

WHAT WE LEARNED SO FAR

MAKING SENTENCES FOR PRESENT EVENTS

EXERCISE 31 : Translate the English sentences into Sanskrit. Use the Dictionaries of Nouns↑ and Verbs↓. For your help, the √Root Verbs are shown in brackets, answers are shown in *italized transliteration* and in Devanāgarī Sanskrit. See Appendix 2 for Case Declensions↓

(1) Rāma writes a letter. *Rāmaḥ patraṁ likhati (√likh).* रामः पत्रं लिखति।

(2) The ant walks slowly (slowly = *śanaiḥ* शनैः). *pipīlikā śanaiḥ ćalati (√ćal).* पिपीलिका शनैः चलति।

(3) She eats an apple. *sā ātāphalaṁ/sevaṁ khādti (√khā).* सा आताफलं/सेवं खादति।

(4) They worship Krishna. *te kṛṣṇam arćanti. (√arć).* ते कृष्णम् अर्चन्ति।

(5) Rītā throws a ball. *Rītā kandukaṁ kṣipati (√kṣip).* रीता कन्दुकं क्षिपति।

(6) Viśāl brings a banana. *Viśālaḥ kadali-phalam ānayati (ā√nī).* विशालः कदलिफलम् आनयति।

(7) Rānī cuts the beans. *Ranī simbāḥ kṛntati (√kṛt).* रानी सिम्बाः कृन्तति।

(8) The bear runs. *bhallaḥ/bhālukaḥ dhāvati (√dhāv).* भल्लः/भालुकः धावति।

(9) You are hurting her. *tbhavān tāṁ tudati (√tud).* भवान् तां तुदति। She hurts him. *sā taṁ dunoti (√du).* सा तं दुनोति।

(10) He steals money. *saḥ mudrāḥ/dhanaṁ ćorayati (√ćur).* सः मुद्राः/धनं चोरयति।

(11) The bird flies. *khagaḥ/ćaṭakaḥ/pakṣī/vihaṅgaḥ ḍayate (√ḍī).* खगः/चटकः/पक्षी/विहङ्गः डयते।

(12) The barber does his work. *nāpitaḥ karma karoti (karma√kṛ).* नापितः कर्म करोति।
The workers do the jobs *karmakārāḥ karmāṇi kurvanti.* कर्मकाराः कर्माणि कुर्वन्ति।

(13) Gopāl washes hands. *Gopālaḥ hastau kṣālayati (√kṣal).* गोपालः हस्तौ क्षालयति।

(14) Ramesh burns the grass. *Rameshaḥ ghāsaṁ/tṛṇaṁ dahati (√dah).* रमेशः घासं/तृणं दहति।

(15) A branch fell on the ground. *śākhā bhūmau patitavatī (√pat).* शाखा भूमौ पतितवती।

(16) An email came. *email āgatavati (ā√yā).* ई-मेल आगतवती।

(17) Animals roam. *jantavaḥ/jīvāḥ/prāṇinaḥ/paśavaḥ aṭanti (√aṭ).* जन्तवः/जीवाः/प्राणिनः/पशवः अटन्ति।

(18) You read a book. *tvaṁ pustakaṁ paṭhasi; bhavān pustakṁ paṭhati (√paṭh).* त्वं पुस्तकं पठसि। भवान् पुस्तकं पठति।

(19) The baby cries. *bālakaḥ/śisuḥ krandati (√krand).* बालकः/शिशुः क्रन्दति।

(20) The girl plays. *bālikā/bālā khelati/krīḍati (√khel, √krīḍ).* बालिका/बाला खेलति/क्रीडति।

(21) Sītā cooks breads. *Sītā roṭikāḥ paćati (√pać).* सीता रोटिकाः पचति।

(22) The bee bites. *aliḥ/bhramaraḥ daṁśati (√daṁś).* अलि:/भ्रमर: दंशति।

(23) We give charity. *vayaṁ dānaṁ dadmaḥ (√dā).* वयं दानं दद्मः।

(24) The blood rushes to the heart. *rudhiraṁ hṛdayaṁ tvarate (√tvar).* रुधिरं हृदयं त्वरते।

(25) The blood flows. *raktaṁ/rudhiraṁ/śoṇitaṁ/lohitaṁ pravahati (pra√vah).* रक्तं/रुधिरं/शोणितं/लोहितं प्रवहति।

(26) The boat is floating. *jalayānaṁ/nauḥ/naukā tarati. (√tṝ).* जलयानं/नौ:/नौका तरति।

(27) Sonia holds the box. *Sonia peṭikāṁ/samudrakaṁ/mañjuṣāṁ dharati (√dhṛ).* सोनीया पेटिकां/समुद्रकं/मञ्जूषां धरति।

(28) You are buying a brecelet. *bhavān valayaṁ/kaṅkaṇaṁ krīṇāti (√kṛ).* त्भवान् वलयं/कंकणं क्रीणाति।

You are selling a brecelet. *bhavān kaṅkaṇaṁ vikrīṇāti (vi√kṛ).* भवान् वलयं/कंकणं विक्रीणासि।

(29) Sachin sees the building. *Sachinaḥ bhavanaṁ paśyati (√dṛś).* सचिन: भवनं पश्यति।

(30) Rādhā makes butter. *Rādhā navanītaṁ/ghṛtaṁ sādhayati (√sādh).* राधा नवनीतं/घृतं साधयति।

(31) Rājā cooks the cauliflower. *Rājā gojihvāṁ paćati (√pać).* राजा गोजिह्वां पचति।

(32) The camel is drinking water. *ūṣṭraḥ jalaṁ/udakaṁ/nīraṁ/toyaṁ pibati (√pā).* ऊष्ट्र: जलं/उदकं/नीरं/तोयं पिबति।

(33) Mālā sews a shirt for Līlā. *Mālā Līlāyai ćolaṁ/nićulaṁ/yutakaṁ sīvyati (√siv).* माला लीलायै चोलं/निचुलं/युतकं सीव्यति।

(35) She drives a car. *sā cārayānaṁ ćālayati (√ćāl).* सा कारयानं चालयति।

(36) John paints a car. *Johnaḥ cārayānaṁ raṅgayati (√raṅg).* जॉन: कारयानं रङ्ग्यति।

(37) Rekhā counts the Rupees. *Rekhā rūpyakāṇi gaṇayati (√gaṇ).* रेखा रूप्यकाणि गणयति।

(38) He eats chickpeas. *saḥ chaṇakān bhakṣayati (√bhakṣ).* स: चणकान् भक्षयति।

(39) Sunītā dries the Chillies. *Sunītā marīćān śuṣkī-karoti (√śuṣ √kṛ).* सुनीता मरीचान् शुष्कीकरोति।

The Chillies dry. *marīćāni śuṣyanti (√śuṣ).* मरीचानि शुष्यन्ति।

(40) Ajīt takes away the comb. *Ajītaḥ kaṅkatikāṁ/prasādhanīṁ gṛhṇāti (√grah).* अजीत: कंकतिकां/प्रसाधनीं गृह्णाति।

(41) We cook and eat rice. *vayam odanaṁ/bhaktaṁ paćāmaḥ khādāmaḥ ća (√pać, √khād).* वयम् ओदनं/भक्तं पचाम: खादाम: च।

(42) The crow dies. *kākaḥ/vāyasaḥ mriyate (√mṛ).* काक:/वायस: म्रियते।

The tiger kills. *vyāghraḥ/śārdūlaḥ hanti (√han).* व्याघ्र:/शार्दूल: हन्ति।

(42) Peacock dances. *mayūraḥ nṛtyati (√nṛt).* मयूर: नृत्यति।

(43) Child sleeps. *bālakaḥ svapiti (√svap).* बालक: स्वपिति।

(44) Devotee worships. *bhaktaḥ pūjati (√pūj).* भक्त: पूजति।

(45) Tree falls. *vṛkṣaḥ/taruḥ/drumaḥ/pādapaḥ patati (√pat).* वृक्ष:/तरु:/द्रुम:/पादप: पतति।

(46) Wind blows. *marut/vātaḥ/vāyuḥ/pavanaḥ vahati (√vah).* अनिल:/मरुत्/वात:/वायु:/पवन: वहति।

(47) The corn grows. *kiṇaḥ/śasyaṁ sphuṭati (√sphuṭ).* किणः/शस्यं स्फुटति।

(48) The flowers bloom. *puṣpāṇi/kusumāni/sumanāni vikasanti (√vikas).* पुष्पाणि/कुसुमानि/सुमनानि विकसन्ति।

(48) Cow gives milk *(√dā). dhenuḥ/gauḥ dugdhaṁ/kṣīraṁ/payaḥ dadāti* . धेनुः/गौः दुग्धं/क्षीरं/पयः ददाति।

(49) Samīraḥ wins the cup. *Samīraḥ ćaṣakaṁ jayati (√ji).* समीरः चषकं जयति।

(50) Simā rides bicycle. *Sīmā dvi-ćakrikām ārohati (ā√ruh).* सीमा द्विचक्रिकाम् आरोहति।

(51) The deer jumps. *mṛgaḥ/hariṇam utpatati (ud√pat).* मृगः/हरिणः उत्पतति।

(52) She wants gold. *sā kanakam/kāñćanam/bharma/suvarṇam/svarṇam/ hema ićchati/vāñćhati/ kāṅkṣati (√ićch, √vāñćh, √kāṅkṣ)* सा कनकम्/काञ्चनम्/भर्म/सुवर्णम्/स्वर्णम्/हेम इच्छति/वाञ्छति/कांक्षति।

(53) The donkey suffers. *gardabhaḥ/kharaḥ khidyate (√khid).* गर्दभः/खरः खिद्यते।

(54) Door closes. *dvāraṁ saṁvartate (sam√vṛt).* द्वारं संवर्तते।

(55) Rīnā drinks (takes) a drink. *Rīnā peyaṁ pibati (√pā).* रीना पेयं पिबति।

(56) The duck swims. *kadambaḥ tarati/plavate (√tṛ́, √plu).* कदम्बः तरति/प्लवते।

(57) The eagle soars. *garuḍaḥ uḍḍīyate (ud√ḍī).* गरुडः उड्डीयते।

(58) I buy diamonds. *ahaṁ ratnāni/hīrakān krīṇāmi (√krī).* अहं रत्नानि/हीरकान् क्रीणामि।

(59) She brings the dictionary. *sā shabda-kośam ānayati (ā√ni).* सा शब्दकोशम् आनयति।

(60) Father teaches son. *pitā/janakaḥ/tātaḥ putram adhyāpayati (adhi√i).* पिता/जनकः/तातः पुत्रम् अध्यापयति।

(61) Fire burns a house. *agniḥ/analaḥ/pāvakaḥ gṛhaṁ dahati (√dah).* अग्निः/अनलः/पावकः गृहं दहति।

(62) Fish hides the eggs. *jhaṣaḥ/matsyaḥ/mīnaḥ aṇḍāni gūhati* झषः/मत्स्यः/मीनः अण्डानि गूहति (√गुह्)।

(63) The hen lays eggs. *kukkuṭī aṇḍāni sūyate (√sū).* कुक्कुटी अण्डानि सूयते।

(64) The earth turns. *bhūḥ/bhūmiḥ/pṛthvī/pṛthivī/mahī/dharā/dharaṇī/medinī parivartate (pari√vṛt).* भूः/भूमिः/पृथ्वी/पृथिवी/मही/धरा/धरणी/मेदिनी परिवर्तते।

(65) Ranī orders the food. *Rānī annam/aśanam/khādyam/khādanam/bhaktam/ bhakṣaṇam/ bhakṣyam/bhojanam/āhāram ājñāpayaita (ā√jñā).* रानी अन्नम्/अशनम्/खाद्यम्/खादनम्/ भक्तम्/भक्षणम्/भक्ष्यम्/भोजनम्/आहारम् आज्ञापयति।

(66) Elephant picks the wood. *gajaḥ kāṣṭham uddharati (ud√dhṛ).* गजः काष्ठम् उद्धरति।

(67) Rāma says. *Rāmaḥ gadati/bhaṇati (√gad, √bhaṇ).* रामः गदति/भणति।

(68) Monīkā sends books. *Monīkā pustakāni sam-preṣayati (sam√preṣ).* मोनीका पुस्तकानि सम्प्रेषयति।

(69) Mīnā writes letters. *Mīnā patrāṇi likhati (√likh).* मीना पत्राणि लिखति।

(70) They go to the forest. *te vanaṁ/kānanaṁ/vipinaṁ gaććanti (√gam).* ते वनं/काननं/विपिनं गच्छन्ति।

(71) Friend loves. *mitraṁ/bandhuḥ/suhṛd/sakhā/ snihyati (√snih).* मित्रं/बन्धुः/सुहृद्/सखा/सखी स्निह्यति।

(72) We celebrate Diwālī-festival. *vayaṁ dīpāvalī-utsavam anuṣṭhāpayāmaḥ (anu√sthā).* वयं दीपावली/उत्सवम् अनुष्ठापयामः।

(73) The frog eats flies. *maṇḍūkaḥ/darduraḥ makṣikāḥ khādati (√khād).* मण्डूकः/दर्दुरः मक्षिकाः खादति।

(74) The fruit ripens. *phalaṁ paćate (√pać).* फलं पचते।

(75) The garlic smells. *laśunaṁ ghrāṇaṁ karoti (ghraṇa √kṛ).* लशुनं घ्राणं करोति।

(76) The goat eats leaves. *ajaḥ/ajā parṇāni atti (√ad).* अजः/अजा पर्णानि अत्ति।

(77) Tulikā thinks. *Tulīkā ćintayati (√ćint).* तुलीका चिन्तयति।

(78) Sunīl deserves. *Sunilaḥ arhati (√arh).* सुनीलः अर्हति।

(79) God exists. *Devaḥ/bhagavān/īśvaraḥ asti (√as).* देवः/भगवान्/ईश्वरः अस्ति।

(80) The fuel burns. *indhanam/edhaḥ indhe (√indh).* इन्धनम्/एधः इन्धे।

(81) You are jelous. *tvam īrṣyase (√īrṣ).* त्वम् ईर्ष्यसे।

(82) She is angry. *sā kupyati/krudhyati (√kup, √krudh).* सा कुप्यति/क्रुध्यति।

(83) He digs the field. *saḥ kṣetraṁ khanati (√khan).* सः क्षेत्रं खनति।

(84) The clouds roar/thunder. *meghāḥ garjanti (√garj).* मेघाः गर्जन्ति।

(85) They sing. *te gāyanti (√gai).* ते गायन्ति।

(86) The girl walks. *bālikā ćalati (√ćal).* बालिका चलति।

(87) The hare eats green grass. *śaśakaḥ haritaṁ tṛṇaṁ/ghāsaṁ khādati (√khād).* शशकः हरितं तृणं/घासं खादति। (हरित *harita* = green)

(88) The hermit meditates. *tāpasaḥ/tapasvī/muniḥ/yatih tapati (√tap).* तापसः/तपस्वी/मुनिः/यतिः तपति।

(89) The granddaughter becomes happy. *pautrī tushyati (√tuṣ).* पौत्री तुष्यति।

(90) The grapes wilt. *drākṣāḥ mlāyanti (√mlai).* द्राक्षाः म्लायन्ति।

(91) The horse runs. *aśvaḥ/turaṅgaḥ/hayaḥ dhāvati (√dhāv).* अश्वः/तुरङ्गः/हयः धावति।

(92) The priest sings hymns. *paṇḍitaḥ ślokān gāyati (√gai).* पण्डितः श्लोकान् गायति।

(93) Insect eats fruit. *kīṭaḥ/kṛmiḥ phalaṁ khādati.* कीटः/कृमिः फलं खादति। Leaf falls. *patraṁ/parṇaṁ patati (√pat).* पत्रं/पर्णं पतति। The leaves fall. *patrāṇi/parṇāni patanti.* पत्राणि/पर्णानि पतन्ति।

(94) Light shines. *ālokaḥ/prakāśaḥ/ābhā/prabhā ćakāsti (√ćakās).* आलोकः/प्रकाशः/आभा/प्रभा चकास्ति।

(95) Lion hunts. *simhaḥ/kesarī/mṛgakesarī mṛgayate (√mṛg).* सिंहः/केसरी/मृगकेसरी मृगयते।

(96) The lotus looks beautiful. *kamalaṁ/padmaṁ/aravindaṁ/paṅkajaṁ śobhate (√śobh).* कमलं/पद्मं/अरविन्दं/पङ्कजं शोभते।

(97) The mango falls. *amraphalṁ/āmraṁ patati (√pat).* आम्रफलं/आम्रं पतति।

(98) Monkeys jump. *kapayaḥ/markaṭāḥ/vānarāḥ plavanti (√plu).* कपयः/मर्कटाः/वानराः प्लवन्ति।

(99) The mouse eats seeds. *mūṣakaḥ bījāni khādati (√khād).* मूषकः बीजानि खादति।

(100) The heart pumps blood. *hṛdayaṁ rudhiram/raktam uttulayati (ud√tul).* हृदयं रुधिरम् उत्तुलयति।

LESSON 14

MODES OF SPEAKING

14.1 PARASMAIPADĪ AND ĀTMANEPADĪ VERBS

Unique of the Sanskṛt language, the *ātmanepadam* and *parasmaipadam* denote
To whom the fruit of an action accrues? or who is the intended victim of the action?

(1) *ātmanepada* of a verb indicates that the fruit of an action accrues to the doer (*ātma* आत्म) of action, and thus the action is *ātmanepadī*, eg∘ *nirīkṣe* (Gītā 1.22) 1st∘ sing∘, 'I observe for myself,' (*nirīkṣe;* निरीक्षे, उत्तमपुरुष: एकवचनं लट् भ्वादि: आत्मनेपदी ←निर्√ईक्ष्).

(2) *parasmaipada* of a verb indicates that the fruit of an action accrues to someone other (*para* पर) than the doer of that action. eg∘ *bravīmi* Gītā 1.7, 1st∘ sing∘, 'I am telling you,' (*bravīmi;* ब्रवीमि, उत्तमपुरुष: एकवचनं लट् अदादि: परस्मैपदी ←√ब्रू).

This distinction, however, appears to be not observed strictly in practice. And, therefore, we have verbs which indicate accrual of the fruit of an action to the doer (i.e. *ātmanepadī*) but is sometimes optionally used in the *parasmaipadī* form, as if the action is offered to oneself, as a third person. eg∘

(i) *Saḥ naiva kiñcit karoti* (Gītā 4.20) 'he does not do anything.' स: न एव किञ्चित् करोति। (**करोति** 3rd person, singular लट् तनादि: परस्मैपदी ←√कृ).

(ii) *Saḥ yat pramāṇaṁ kurute* (Gītā 3.21) 'the standard he sets.' स: यत् प्रमाणं कुरुते। (**कुरुते,** 3rd person singular लट् तनादि: आत्मनेपदी ←√कृ).

Of course, in Sanskrit language, when there are dual verb roots, that stand for both the doer as well as the object (*ubhayapadī,* उभयपदी), this distinction of *Parasmaipadī* and *Ātmanepadī* can not always be observed meticulously.

BE CAREFUL :

In order to avoid the common errors, care must be taken not to mix up the distinction between *Parasmaipadī* and Ātmanepadī characterics of the verbs with :

(1) the passive (*karmaṇi* कर्मणि) and active (*kartari* कर्तरि) usage of the voices (*prayogāḥ* प्रयोगा:)

(2) with the intransitive (*akarmakam* अकर्मकम्) and transitive (*sakarmakam* सकर्मकम्) attributes of the verbs (क्रियापदानि)

(3) Many times Ātmanepadī is confused and translated as Middle Voice, but Ātmanepadī is not a voice.

The voices are : कर्तरि, कर्मणि and भावे *kartari* (active), *karmaṇi* (passive) and *bhāve* (abstract).

(i) The verbs such as अटति, करोति, पचति, याचति are transitive of the *parasmaipadī* Active voice (कर्तरि प्रयोग:)

(ii) the verbs अटते, कुरुते, ईक्षते, पचते, लभते, याचते are intransitive of the *ātmanepadī* Active voice. Verb ज्ञायते (9√ज्ञा) is transitive *ātmanepadī.*

(iii) and the verbs अट्यते, ईक्ष्यते, पच्यते, लभ्यते, याच्यते are transitive-intransitive *ātmanepadī* of the Passive voice (कर्मणि प्रयोग:)

(iv) In the Active voice, both Transitive and Intransitive verbs are used, and in the Passive voice only Transitive verbs are used. Therefore, many people misunderstand *ātmanepadī* as 'passive voice.' Ātmanepadī is not a voice, it is characterics of a verb. Voice is a way a verb is used.

(v) In the *Bhāve* voice, only Intransitive verbs are used.

NOTE : Which verb roots are *Parasmaipadī* and which ones are *Ātmanepadī* is to be found through a good Sanskrit Dictionary or from everyday experience. There is no other easy way to determine it. In earlier chapters we have learned and used several *Parasmaipadī* verbs, let us now learn some *Ātmanepadī* vebs and see some Dual verbs.

(i) The verbs like भवति, गच्छति, लिखति ending in ति are *parasmaipadī*;

(ii) The verbs रोचते, ईक्षते, वन्दते ending ते or ए are *ātmanepadī* and

(iii) The verbs करोति/कुरुते, पचति/पचते, याचति/याचते are dual (उभयपदी) verbs.

TYPICAL SUFFIXES OF THE ĀTMANEPADĪ PRESENT TENSE (लट्)

TABLE 12 : (All three genders - m∘, f∘ and n∘)

Person	Singular	Dual	Plural
1p∘	ए. ई *e, ī*	आवहे, वहे *āvahe, vahe*	आमहे, महे *āmahe, mahe*
2p∘	से *se*	आथे, इथे *āthe, ithe*	ध्वे *dhve*
3p∘	ते *te*	आते, इते *āte, ite*	अते, अन्ते *ate, ante*

√क्लृप् to be fit, PRESENT (m∘f∘n∘)

Person	Singular	Plural
I am fit	अहं कल्पे *ahaṁ kalpe*	वयं कल्पामहे *vayaṁ kalpāmahe*
You are fit	त्वं कल्पसे tvaṁ kalpase	यूयं कल्पध्वे *yūyaṁ kalpadhve*
He is fit	स: कल्पते *saḥ kalpate*	ते कल्पन्ते *te/tāḥ/tāni kalpante*

EXAMPLES cum EXERCISE : ĀTMANEPADĪ VERBS

(1) to be fit, to deserve (√क्लृप्) कल्पे/कल्पसे/कल्पते। (2) to see (√ईक्ष्) ईक्षे/ईक्षसे/ईक्षते; ईक्ष्ये/ईक्ष्यसे/ईक्ष्यते।

(3) to be, to exist (√विद्) विद्ये/विद्यसे/विद्यते। (4) to desire (√कम्) कामये/कामयसे/कामयते।

(5) to jump and play	(√कुर्द्) कूर्दे/कूर्दसे/कूर्दते।	(6) to happen	(√घट्) घटे/घटसे/घटते।
(7) to bargain	(√पण्) पणे/पणसे/पणते।	(8) to walk	(√पद्) पद्ये/पद्यसे/पद्यते।
(9) to begin	(आ√रभ्) आरभे/आरभसे/आरभते।	(10) to get	(√लभ्) लभे/लभसे/लभते।
(11) to increase	(√वृध्) वर्धे/वर्धसे/वर्धते।	(12) to look good	(√शुभ्) शोभे/शोभसे/शोभते।

EXERCISE 32 : Fill in Sanskrit Ātmanepadī verbs.

(1) It happens. एतत् --------- (2) It looks good. एतत् ---------

(3) She attains. सा --------- (4) He jumps सः: ---------

(5) I desire अहं --------- (6) He bargains. सः: ---------

ANSWERS : (1) एतत् घटते। (2) एतत् शोभते। (3) सा लभते। (4) सः कूर्दते। (5) अहं कामये। (6) सः पणते।

14.2 THE TRANSITIVE AND INTRANSITIVE VERBS

sakarmakaṁ akarmakaṁ ća

सकर्मकम् अकर्मकं च। सकर्मकमकर्मकञ्च।

(i) Rāma eats. *Rāmaḥ khādati.* रामः खादति। (ii) Rāma sits. *Rāmaḥ upaviśati.* रामः उपविशति।

(1) In the first sentence, when we say Rāma eats, the question arises Rāma eats 'what?' *Rāmaḥ kiṁ khādati?* रामः किं खादति? The answer may be Rāma eats rice. *Rāmaḥ odanaṁ khādati.* रामः ओदनं खादति। Therefore, 'to eat' is a TRANSITIVE VERB (action transferred to an external object).

(2) In second sentence, Rāma sits. There is no 'what' type of question, or there is no answer to such question. Thus, 'to sit' is an INTRANSITIVE VERB (action not transferred to external object, but stays <u>in</u> the subject).

NOTE: As pointed out earlier, there is no relation between *Parasmaipadī*/Ātmanepadī and Transitive/Intransitive attributes of the verbs. However, transitive and intransitive verbs could be *parasmaipadī* or *ātmanepadī*.

EXAMPLES : TRANSITIVE VERBS

(The verbs in examples 1, 3, 5, 7, 9 are Transitive;
the verbs in examples 2, 4, 6, 8 are Intransitive)

(1) The boy throws. *bālakaḥ kṣipati.* बालकः क्षिपति।. The boy throws what? *bālakaḥ kim kṣipati?* बालकः किं क्षिपति? The boy throws a ball. *bālakaḥ kandukaṁ kṣipati.* बालकः कन्दुकं क्षिपति।

(2) The girl laughs. बाला हसति। There is no 'what?' question.

(3) Rāma writes. Rāma writes what? Rāma writes a letter. *Rāmaḥ patraṁ likhati.* रामः पत्रं लिखति।

(4) The bird flies. पक्षी डयते। No 'what?' question.

(5) She flies. She flies what? She flies an airplane. *sā vāyu-yānam uḍḍāyayati.* सा वायुयानम् उड्डाययति।

(6) The stone falls. प्रस्तरं पतति। No 'what?' question.

(7) I bring. I bring what? I bring a book. *ahaṁ pustakam ānayāmi.* अहं पुस्तकम् आनयामि।

(8) The parrot laments. शुकः शोचति। No 'what?' question.

(9) She sings. She sings what? She sings a song. *sā gītaṁ gāyati.* सा गीतं गायति।

EXERCISE 33 : Name the verbs, transitive or intransitive?

(1) सिंहः धावति। siṁhaḥ dhāvati —————— (√धाव् √dhāv)

(2) अजः तृणं खादति। ajaḥ tṛṇaṁ khādati —————— (√खाद् √khād)

(3) बालिका रोदिति। bālikā roditi —————— (√रुद् √rud)

(4) काष्ठः ज्वलयति। kāṣṭhaḥ jvalati —————— (√ज्वल् √jval)

(5) सा जलं पिबति। sā jalaṁ pibati —————— (√पा √pā)

(6) वृश्चिकः दंशति। vṛśćikaḥ daṁśati —————— (√दंश् √daṁs)

(7) सा नृत्यति। sā nṛtyati —————— (√नृत् √nṛt)

(8) ताः पचन्ति। tāḥ paćanti —————— (√पच् √pać)

(9) सः क्लाम्यति । saḥ klāmyati —————— (√क्लम् √klam)

ANSWERS : (1) Intr. (2) Tr. (3) Intr. (4) Intr. (5) Tr. (6) Tr. (7) Intr. (8) Tr. (9) Intr.

THE CAUSATIVE, DESIDERATIVE AND FREQUENTIVE VERBS

prayojaka/iććhārthaka/atirekārthaka/prakriyāḥ प्रयोजक/इच्छार्थक/अतिरेकार्थक-प्रक्रियाः।

14.3 THE CAUSATIVE VERBS

When a verb is (caused to be) performed through someone else, the verb is causative.

Causative means 'getting the work done,' as against 'doing' the work. Generally the causative (ण्यन्त *ṇyanta*) verbs are called णिजन्त *ṇijanta* or प्रयोजक *prayojak* verbs.

Grammatically the causative verbs are णिजन्त *(ṇijanta)* verbs, because they are formed by dding णिच् *(ṇić)* suffix to the √root verbs (णिच् अन्त = णिजन्त).

eg◦ *√paṭh* √पठ् to learn. *paṭhati* पठति learns. *pāṭhayati* पाठयति teaches = causes to learn.

(i) (*√paṭh*)	√पठ् + णिच् + वृद्धिः	= पाठि teaching	
(ii)	पाठि + विकरण अ	= **पाठय to teach**	
(iii)	पाठय + आमि	= पाठयामि I teach	अहं पाठयामि। (पाठय + आमि)
	पाठय + आमः	= पाठयामः We teach	
	पाठय + सि	= पाठयसि You teach	त्वं पाठयसि। (पाठय + सि)

पाठय + ति	= पाठयति He/she teaches	सः, सा, भवान् पाठयति। (पाठय + ति)
पाठय + न्ति	= पाठयन्ति They teach	ते, ताः, भवन्तः पाठयन्ति। (पाठय + अन्ति)

EXAMPLES :

(1) To listen √श्रु + णिच् + वृद्धिः = श्रावि + अ = श्रावय to cause to listen. For causative Sanskrit expressions there are no proper single-word expressions in English language, however, most of the Indian languages do have them.

In Hindi it is सुनाना. Same is true for other Sankkrit causative verbs, viz◦

स्नापय = नहलाना। घातय = मरवाना। दापय = दिलवाना...etc.

There are such causative single-word expressions in the Indian languages, derived from Sanskrit.

(2) To be √भू + णिच् + वृद्धिः = भावि + अ = भावय + सि = भावयसि *bhāvayasi* you cause, you are causing.

(3) To begin आ√रभ् + णिच् + वृद्धिः = आरम्भि + अ = आरम्भय + ति = आरभयति *ārabhayati* he, she, it causes to start.

(4) To kill √हन् + णिच् + वृद्धिः = घाति + अ = घातय *ghātaya* to get killed, to cause to die.

(5) To give √दा + णिच् + वृद्धिः = दापि + अ = दापय *dāpaya* to cause to give

(6) To go √या + णिच् + वृद्धिः = यापि + अ = यापय + आमि = यापयामि *yāpayāmi* I send.

(7) Please give a bath to the baby. *bālakaṁ snāpayatu.* बालकं स्नापयतु।

(8) Having spent (caused to pass) twelve years in the forest, the Pāṇḍavas went to Virāṭa. *dvādaśa-varṣāṇi vane yāpayitvā Pāṇḍavāḥ virāṭa-nagaram agacchan (jagmuḥ).* द्वादशवर्षाणि वने यापयित्वा पाण्डवाः विराटनगरम् अगच्छन् (जग्मुः)।

(9) I caused-to-be-listened (Hindī - सुनाया) a song yesterday. *ahaṁ hyaḥ gītam aśrāvayam.* अहं ह्यः गीतम् अश्रावयम्।

14.4 THE DESIDERATIVE VERBS

When the verb indicates a desire of the doer of an action (subject), the verb is desiderative.

The desiderative verbs are generally called इच्छार्थक *(icchārthak)* verbs.

Grammatically they are सन्नन्त *(sannant)* verbs, because they are formed by adding सन् *(san)* suffix to the √root verbs (सन् अन्त = सन्नन्त).

NOTE : A verb receives the *san* सन् suffix, **only when the doer of that verb is the same as the doer of the desire.**

CHARACTERISTICS :

(i) When *san* सन् suffix is attached to a verb, the first letter of that verb is doubled and only *sa* स of the *san* सन् is added to this modified verb.

(ii) All कृत् suffixes (तव्यत्, अनीयर, यत्, क्त, क्तवतु, क्त्वा, णमुल, णिनि, तुमुन् ...etc.) can form desiderative verbs.

(iii) Desiderative verbs are formed from both *parasmaipadī* and *ātmanepadī* verbs.

(iv) The two specific forms of desiderative verbs formed with सन् suffix are :

(a) ADJECTIVES formed with particle *u* उ

To read √पठ् + सन् = पिपठिष् = desire of reading

पिपठिष् + उ = पिपठिषु = One who desires to read.(adjective)

(b) FEMININE NOUNS formed with particle अ *a*

To read √पठ् + सन् = पिपठिष् = desire of reading

पिपठिष् + अ = पिपठिषा = f◦ the desire to read. (noun)

EXAMPLES :

(1) I desire to read the Gītā. *aham̐ Gītām̐ pipaṭhiṣāmi.* अहं गीतां पिपठिषामि।

(2) You want to read Rāmāyaṇa. *bhavān Rāmāyaṇam̐ pipaṭhiṣati.* भवान् रामायणं पिपठिषति।

(3) She likes to read Mahābhārata. *sā Mahābhāratam̐ pipaṭhiṣati.* सा महाभारतं पिपठिषति।

14.5 THE FREQUENTATIVE VERBS

When a verb indicates repetition or excess of an action, the verb is frequentative. The frequentative अतिरेकार्थक *(atirekārthak)* verbs are called यङन्त *(yan̐ant)* or यङ्लुगन्त *(yan̐lugant)* verbs, because they are formed by adding यङ् *(yan̐)* or यङ्लुक् *(yan̐-luk)* suffixes to the √root verbs (यङ् अन्त = यङन्त। यङ्लुक + अन्त = यङ्लुगन्त).

While यङ् is used as an *ātmanepadi* suffix, and यङ्लुक् is used as a *parasmaipadī* suffix, both of these suffixes impart same meaning to the verb.

All the कृत् suffixes (तव्यत्, अनीयर, यत्, क्त, क्तवतु, क्त्वा, णमुल, णिनि, तुमुन् ...) can form the frequentive verbs.

TO MAKE A FREQUENTIVE VERB

(1) The initial letter of the verb root is doubled, (2) letter अ is added to the initial letter,

(3) य is suffixed to form a यङन्त frequentive verb, (4a) to this frequentive verb, either tense suffixes are attached, after step 3. (4b) or a *kṛt* कृत् suffix is added, after the step 2.

i. to learn √पठ् → पपठ् + अ = पापठ् + य = पापठ्य to read over and over or to read a lot.

ii. पापठ्य + ए = पापठ्ये	I read over and over
पापठ्य + से = पापठ्यसे	You read over and over
पापठ्य + ते = पापठ्यते	He, she reads over and over सः, सा, भवान् पापठ्यते।
पापठ्य + अन्ते = पापठ्यन्ते	They read over and over

LESSON 15

THE CASES

विभक्तय:।

15.1 Use of the Substantives as subject (in active voice)

The nouns, pronouns and adjectives (in active voice) are expressed in the 1st case (Nominative case प्रथमा विभक्ति:). eg. Thers is a boy (boy = *bālaka* बालक). *bālakaḥ asti.* बालक: अस्ति। The most common 25 forms of the 1st case (Nominative case प्रथमा विभक्ति:) are :

NOMINATIVE CASE (प्रथमा विभक्ति:)

	Word ending	Gender	Word	Singular	Dual	Plural
(1)	अ	m◦	राम	राम:	रामौ	रामा:
(2)	अ	n◦	वन	वनम्	वने	वनानि
(3)	आ	f◦	माला	माला	माले	माला:
(4)	इ	m◦	कवि	कवि:	कवी	कवय:
(5)	इ	n◦	वारि	वारि	वारिणी	वारीणि
(6)	इ	f◦	मति	मति:	मती	मतय:
(7)	ई	f◦	नदी	नदी	नद्यौ	नद्य:
(8)	उ	m◦	गुरु	गुरु:	गुरू	गुरव:
(9)	उ	n◦	मधु	मधु	मधुनी	मधूनि
(10)	उ	f◦	धेनु	धेनु:	धेनू	धेनव:
(11)	ऊ	f◦	वधू	वधू	वध्वौ	वध्व:
(12)	ऋ	m◦	पितृ	पिता	पितरौ	पितर:
(13)	ऋ	n◦	धातृ	धातृ	धातृणी	धातृणि
(14)	ऋ	f◦	मातृ	माता	मातरौ	मातर:
(15)	च्	f◦	वाच्	वाक्	वाचौ	वाच:
(16)	ज्	m◦	राज्	राट्	राजौ	राज:
(17)	त्	m◦	मरुत्	मरुत्	मरुतौ	मरुत:
(18)	त्	n◦	जगत्	जगत्	जगती	जगन्ति
(19)	द्	m◦	सुहृद्	सुहृद्	सुहृदौ	सुहृद:
(20)	इन्	m◦	शशिन्	शशी	शशिनौ	शशिन:
(21)	न्	m◦	आत्मन्	आत्मा	आत्मानौ	आत्मान:
(22)	न्	n◦	कर्मन्	कर्म	कर्मणी	कर्माणि
(23)	श्	f◦	दिश्	दिक्	दिशौ	दिश:
(24)	स्	m◦	चन्द्रमस्	चन्द्रमा:	चन्द्रमसौ	चंद्रमस:
(25)	स्	n◦	पयस्	पय:	पयसी	पयांसि

15.2 Use of the Relational Expressions

what (the object)? to where? below, above, between, along, after, towards, in front of, near, around, without.

In the use of the conjunctions : what (he object)? to where? below, above, between, along, after, towards, in front of, near, around, without ...etc., 2nd case (Accusative case द्वितीया विभक्तिः) is used for the object and its adjective. (see the Appendix 2 for the charts of cases)

(a) Rāma eats **rice**. *Rāmaḥ odanaṁ khādati.* रामः **ओदनम्** खादति। Rāma does the action of eating, so Rāma is the subject, thus *Rāmaḥ* रामः is the Nominative (1st) case. To eat is a transitive verb. Rāma eats 'what?' The answer is 'rice.' Rice is the **object**. Therefore, rice ओदनम् is in the Accusative (2nd) Case.

(b) In intransitive actions, the object indicated by 'to where' is in Accusative (2nd) case. To go is an intransitive verb. Rāma goes 'to' **town**, *Rāmaḥ nagaraṁ gaćchati* (रामः नगरं गच्छति).

EXAMPLES :

1. I am going to Now York.	*ahaṁ new-yorkaṁ gaćchāmi* अहं न्यू-यार्कं गच्छामि।
2. Vines are on both sides of the house.	*gṛham ubhayataḥ latāḥ santi.* गृहम् उभयतः लताः सन्ति।
3. Rāma is drinking milk.	*Rāmaḥ dugdhaṁ pibati* रामः दुग्धं पिबति।
4. Sītā wrote a letter.	*Sītā patram alikhat.* सीता पत्रम् अलिखत्।
5. He sees a zebra.	*saḥ rāsabhaṁ paśyati.* सः रासभं पश्यति।
6. You will give money.	*bhavān dhanaṁ dāsyati.* भवान् धनं दास्यति।
7. Gītā will go to Kānpur.	*gītā Kānpuraṁ gamiṣyati.* गीता कानपुरं गमिष्यति।
8. Bālā saw a turtle.	*Bālā kaćhhapaṁ gṛṣṭavān.* बाला कच्छपं दृष्टवान्।
9. She brings a bucket.	*sā droṇīm ānayati.* सा द्रोणीं आनयति।

15.3 Use of the Relational Expressions : with, by, through, because

In the use of the Relational Prepositions : with, by, because of, through ...etc., the 3rd case (Instrumental case तृतीया विभक्तिः) is used for the object that is used as an instrument.

EXAMPLES :

1. Rāma eats rice with a spoon. *Rāmaḥ ćamasena odanaṁ khādati.* रामः चमसेन ओदनं खादति।

   Rice is eaten with (–एन) spoon. The spoon is used as an instrument to eat the rice (the object), therefore, with a spoon चमसेन is the Instrumental (3rd) case.

2. Rolā goes to London by airplane. *Rolā landanaṁ vāyu-yānena gaćchati.* रामः लंदनं वायुयानेन गच्छति।

Airplane (वायुयानम्), being used as an instrument, is in the Instrumental (3rd) case.

3. I am going with Rāma. *aham Rāmeṇa saha gaććāmi.* (अहं रामेण सह गच्छामि), *Rāmeṇa* is 3rd case.

4. Rāvaṇa was killed by Rāma. *Rāmeṇa Rāvaṇaḥ hataḥ (√hna).* रामेण रावण: हत: (√हन्)।

5. I am drinking milk **with him**. *aham* ***tena saha*** *dugdham pibāmi.* अहं **तेन सह** दुग्धं पिबामि।

6. I drink milk **with a cup**. *aham* ***ćaṣakena*** *dugdham pibāmi.* अहं **चषकेन** दुग्धं पिबामि।

7. Sītā is writing letter **with a pen**. *Sītā* ***lekhanyā*** *patram likhati.* सीता **लेखन्या** पत्रं लिखति।

8. He hits the ball **with a bat**. *saḥ laguḍena saha* ***kandukam*** *tāḍayati.* स: **लगुडेन** कन्दुकं ताडयति।

9. You will reply **by letter**. *bhavān* ***patreṇa*** *pratyuttaram dāsyasi.* भवान् **पत्रेण** प्रत्युतरं दास्यसि।

10. I went to London **by boat**. *aham* ***jala-yānena*** *Landanam āgaććham.* अहं **जलयानेन** लन्दनम् अगच्छम्।

11. Rāma will go there **with Sītā**. *Rāmaḥ* ***Sītayā saha*** *tatra gamiṣyati.* राम: **सीतया सह** तत्र गमिष्यति।

12. Knowledge is beautiful **with humility**. *vidyā vinayena śobhate.* विद्या **विनयेन** शोभते।

13. I am writing a letter with a pencil. *aham patram lekhanyā likhāmi.* अहं पत्रं लेखन्या लिखामि।

14. The letter was written by me. *mayā patram likhitam.* मया पत्रं लिखितम्। (passive voice)

15. I am going by car. *aham cārayānena gaćchāmi.* अहं कारयानेन गच्छामि।

EXERCISE 34 : Find the Nominative (1st), Accusative (2nd), Instrumental (3rd) cases :

(1) I caught a ball with my hand. अहं हस्तेन कन्दुकम् गृहितवान्।

(2) He plays a toy with you. स: तेन सह क्रीडनकं खेलति।

(3) She will come here by car. सा कारयानेन अत्र आगमिष्यति।

(4) We will go with you. वयं त्वया सह गमिष्याम:।

(5) They ate rice with us. ते अस्माभि: सह ओदनम् अखादन्।

ANSWERS : (1) अहं हस्तेन कन्दुकम् (2) स: तेन-सह क्रीडनकम् (3) सा कारयानेन (4) वयं त्वया-सह (5) ते अस्माभि:-सह ओदनम् (6) चक्षुषा मनसा वाचा कर्मणा। य:, लोकम्, तम्, लोक:।

EXERCISE 35 : Say it in Sanskrit :

(1) You stitch cloth with a needle. भवान् सूचिकया वस्त्रं सीव्यति।

(2) Ratnakar cuts paper with scissors. रत्नाकर: कर्तरिकया पत्रकं कृन्तति।

(3) I came with my dog. अहं मम कुकुरेण सह आगच्छम्/आगतवान्।

(4) Knowledge grows with education. विद्यया ज्ञानं वर्धते। (√वृध् = grow) (blind = काण:, lame = खञ्ज:)

(5) He is blind with an eye and lame with a leg. स: अक्ष्णा काण: पादेन च खञ्ज:।

(6) Without righteousness one is like an animal. धर्मेण हीन: पशुना समान:।

ANSWERS : (1) सूचिकया (2) कर्तरीकया (3) कुकुरेण सह (4) विद्यया (5) अक्ष्णा पादेन (6) धर्मेण-हीन: पशुना

EXERCISE 36 : Give Sanskrit words for English nouns :

(1) Spoon --------- Boat --------- Lake --------- (2) Night --------- Pot --------- Knife ---------
(3) Scissors --------- Needle --------- Mirror --------- (4) Soap --------- Towel --------- Bed ---------
(5) Table ---------- Paper ---------- Education ----------

ANSWERS : (1) चमसः नौः कासारः (2) रात्रिः कलपः/घटः/कुम्भः छुरिका (3) कर्तरिका/कर्तरी; सूचिः/सूचिका/सेवनी; आदर्शः/दर्पणः/मुकुरः (4) फेनिलः मार्जनवस्त्रं; पर्यङ्कम्/शय्या (5) मञ्चः/फलकः पत्रकम्; विद्या।

15.4 Use of the Relational Expressions : for, to give to, to send to, to show to, salute to.

In order to use the Relational Expressions : for, to give to, to send to, to show to, salute to ...etc., the 4th (Dative case चतुर्थी विभक्तिः) is applied to the 'receiver' of the object, tangible or intangible.

I give rice to Rāma. अहं रामाय ओदनं ददामि। I am giving, so I am the subject. I, *aham* (अहम्) is the Nominative (1st) case. I give what? I give rice. So rice is the object. Rice, *odanam* ओदनम्, is the Accusative (2nd) case. To give is a Transitive verb (√*da, dadāti* √दा, ददाति). Rice is given to whom (कस्मै)? Rice is given to (or for) Rāma, the 'receiver'. Therefore, *Rāmāya* रामाय is DATIVE (4th) case.

EXAMPLES :

1. Mālā gives a letter to Sītā.	*Malā Sītāyai patraṁ dadāti.* (माला सीतायै पत्रं ददाति)
2. Salute to Rāma.	*Rāmāya namaḥ* रामाय नमः।
3. May all be well.	*sarvebhyaḥ svasti* सर्वेभ्यः स्वस्ति।
4. The offering is for the teacher(s).	*gurujanāya svadhā asti.* गुरुजनाय स्वधा अस्ति।
5. The Offering to the Indra.	*indrāya vaṣaṭ.* इन्द्राय वषट्।
6. This is enough for these people.	*etat ebhyaḥ alam.* एतत् एभ्यः अलम्।
7. Fools are hateful of the learned people.	*mūrkhāḥ vijñebhyaḥ asūyanti.* मूर्खाः विज्ञेभ्यः असूयन्ति।
8. Ignorant people are jealous of the virtuous people.	*mūḍhāḥ guṇibhyaḥ īrṣyanti.* मूढाः गुणिभ्यः ईर्ष्यन्ति।
9. Wicked people bother the good people.	*duṣṭāḥ bhadrebhyaḥ druhyanti.* दुष्टाः भद्रेभ्यः द्रुह्यन्ति।
10. Mother does not get angry with the children.	*mātā putrebhyaḥ na krudhyati.* माता पुत्रेभ्यः न क्रुध्यति।
11. The teacher reads the lesson to the students.	*śikṣakaḥ chātrebhyaḥ pāṭhaṁ paṭhati.* शिक्षकः छात्रेभ्यः पाठं पठति।
12. Rāma likes truth.	*Rāmāya satyaṁ rocate.* रामाय सत्यं रोचते।
13. The servant praises the master.	*sevakaḥ svāmine ślāghate.* सेवकः स्वामिने श्लाघते।
14. You owe hundred Repees to Rāma.	*bhavān Rāmaya śatarūpyakāṇi dhārayasi.* भवान् रामाय शतरूप्यकाणि धारयसि।
15. All people desire wealth.	*sarve dhanāya spṛhanti.* सर्वे धनाय स्पृहन्ति।
16. He asks me about you.	*saḥ māṁ tubhyaṁ/bhavate rādhyati (īkṣate).* सः मां तुभ्यं/भवते राध्यति (ईक्षते)।
17. May you live long.	*tubhyaṁ (te) dīrgham āyuṣyaṁ bhūyāt.* तुभ्यं दीर्घम् आयुष्यं भूयात्।

18. May the poor be happy. *akiñćanebhyaḥ madraṁ bhūyāt.* अकिंचनेभ्य: मद्रं भूयात्।

19. May the beings be happy. *bhūtebhyaḥ bhadraṁ bhūyāt.* भूतेभ्य: भद्रं भूयात्।

20. May all be happy. *sarvebhyaḥ kuśalaṁ bhūyāt.* सर्वेभ्य: कुशलं भूयात्।

21. May the children be happy. *śiśubhyaḥ sukhaṁ bhavatu.* शिशुभ्य: सुखं भवतु।

22. May the charitable be prosperous. *dānibhyaḥ arthaḥ bhavet.* दानिभ्य: अर्थ: भवेत्।

23. May all be well. *bhūtebhyaḥ hitaṁ bhūyāt.* भूतेभ्य: हितं भूयात्।

24. Obeisance **to Lord Krishna**. *Kṛṣṇāya devāya namaḥ* कृष्णाय देवाय नम:।

25. I gave **him** money. *ahaṁ tasmai dhanam adadām (dattavān).* अहं तस्मै धनम् अददाम् (दत्तवान्)।

26. Sītā sings **for you**. *Sītā te gāyati.* सीता ते गायति।

27. He plays **for the Raptors**. *saḥ Rāptarebhyaḥ khelati.* स: राप्टरेभ्य: खेलति।

28. You will give **me** the letter. *bhavān me patraṁ dāsyati.* भवान् मे पत्रं दास्यति।

29. I am going **for the meeting**. *ahaṁ sabhāyai gaćchāmi.* अहं सभायै गच्छामि।

30. Sītā! What do you like (**for yourself**)? *Sīte! te kiṁ rośate?* सीते! ते किं रोचते?

EXERCISE 37 : Say in Sanskrit :

(1) I gave him the ball. अहं तस्मै कन्दुकम् अददाम्/दत्तवान्।

(2) He gave a book to (for) me. स: मे पुस्तकम् अददात्/दत्तवान्।

(3) Duryodhana is jealous of Arjuna. दुर्योधन: अर्जुनाय ईर्ष्यति।

(4) Milk is good for a child. बालाय क्षीरं हितम्।

(5) Oblation to the fire. अग्नये स्वाहा।

ANSWERS : (1) तस्मै (2) मे (3) अर्जुनाय (4) बालाय (5) अग्नये

15.5 Use of the Relational Expressions : From, than (comparison between two objects), except, before, after, until, since, without.

In the sentense, Rāma eats rice from the dish. *Rāmaḥ odanaṁ sthālikāyāḥ khādati.* राम: ओदनं स्थालिकाया: खादति। Rāma eats, Rāma (राम:), the subject is in the Nominative (1st) case. Rice (ओदनम्) is eaten, so Rice, the object, is in the Accusative (2nd) case. To eat is a transitive verb. The rice is taken out from the dish (स्थालिकाया:), therefore, the dish is in the 5th case (Ablative case, पंचमी विभक्ति:)

A. FROM :

1. A star falls from the sky. *tārā nabhasaḥ patati.* तारा नभस: पतति।

2. The ripe fruits are falling from the tree. *pakvāni phalāni vṛkṣāt patanti.* पक्वानि फलानि वृक्षात् पतन्ति।

3. The student comes from school. *ćhātraḥ vidyālayāt āgaćchati.* छात्र: विद्यालयात् आगच्छति।

4. My house is 100km from Banāras. *mama gṛhaṁ Vārāṇasītaḥ śatayojanāni asti.* मम गृहं वाराणसीत:

शतयोजनानि अस्ति।

5. I am here from Monday. *aham atra somavāsaratah̤ asmi.* अहम् अत्र सोमवासरतः अस्मि।

B. THAN :

1. Rāma is smarter than Keśava. *Rāmah̤ keśavāt ćaturah̤ asti.* रामः केशवात् चतुरः अस्ति।

The things against which verbs √गुप्, वि√रम् and प्र√मद् are directed, are in the Abaltive (5th) case.

1. The Kauravas loathed Pāṇḍavas. *kauravāh̤ pāṇḍvebhyah̤ ajugupsantah̤.* कौरवाः पाण्डवेभ्यः अजुगुप्सन्तः।
2. Good people stay away from bad things. *sajjanāh̤ kukarmabhyah̤ viramanti.* सज्जनाः कुकर्मभ्यः विरमन्ति।
3. Students should not neglect studies. *ćhātrāh̤ abhyāsāt na pramadyeyuh̤.* छात्राः अभ्यासात् न प्रमद्येयुः।

EXERCISE 38 : Translate the English sentences into Sanskrit. (answers are given in the brackets)

1. The police protects people from thieves. *nagara-rakṣiṇah̤ ćorebhyah̤ janān rakṣanti.* नगररक्षिणः चोरेभ्यः जनान् रक्षन्ति।
2. People are afraid of thieves. *janāh̤ ćorebhyah̤ bibhyati.* जनाः चोरेभ्यः बिभ्यति √भी। (singular बिभेति, pl॰ बिभ्यति)
3. Thief hides from the police. *ćorah̤ nagara-rakṣakebhyah̤ vilīyate.* चोरः नगररक्षेभ्यः विलीयते।
4. Shape of a banana is different than that of a mango. *āmra-phalasya ākārāt kadali-phalasya ākārah̤ bhinnah̤ asti.* आम्रफलस्य आकारात् कदलिफलस्य आकारः भिन्नः अस्ति।
5. The colour of a banana is different than the colour of a mango. *āmra-phala-varṇāt anyavarṇaṁ kadali-phalam.* आम्रफलवर्णात् अन्यवर्णं कदलिफम् (अन्यः कदलिफलवर्णः)।
6. The students are standing near (or away from) the teacher. *ćhātrāh̤ guroh̤ ārāt tiṣṭhanti.* छात्राः गुरोः आरात् तिष्ठन्ति।
7. My book is other than this one. *mama pustakam asmāt (pustakāt) itarat asti.* मम पुस्तकम् अस्मात् (पुस्तकात्) इतरत् अस्ति।
8. Without efforts there is no success. *ṛte prayatnebhyah̤ sāphalyaṁ nāsti.* ऋते प्रयत्नेभ्यः साफल्यं नास्ति।
9. My school is on the other side of the market. *mama vidyālayam āpaṇāt pratyak asti.* मम विद्यालयम् आपणात् प्रत्यक् अस्ति।
10. His house is on the North side of my house. *tasya gṛhaṁ mama gṛhāt udakam asti.* तस्य गृहं मम गृहात् उदकम् अस्ति।
11. His house is before Rāma's house. *tasya gṛhaṁ Rāmasya gṛhāt pūrvam (prāk) asti.* तस्य गृहं रामस्य गृहात् पूर्वम् (प्राक्) अस्ति।
12. Śrīlankā is on the South side of India. *Śrīlaṅkā Bhāratāt dakṣiṇāhi asti.* श्रीलङ्का भारतात् दक्षिणाहि अस्ति।
13. India is on the North side of Śrīlankā. *Bhārataṁ Śrīlaṅkāyāh̤ uttarāhi asti.* भारतं श्रीलङ्कायाः उत्तराहि अस्ति।
14. The drinking water is different than this water. *pānīyaṁ jalam asmāt jalāt pṛthak asti.* पानीयं जलम्

अस्मात् जलात् पृथक् अस्ति।

15. Without desire work is not completed. *iććhāyāḥ vinā kāryaṁ na sidhyati* इच्छाया: विना कार्यं न सिध्यति।

16. Up to evening I will stay. *ā-sandhyāyāḥ ahaṁ sthāsyāmi.* आसन्ध्याया: अहं स्थास्यामि।

17. Up to school I run. *ā-vidyālayāt ahaṁ dhāvāmi.* आविद्यालयात् अहं धावामि।

18. I bring one book from home. *aham ekaṁ pustakaṁ gṛhāt ānayāmi.* अहम् एकं पुस्तकं गृहात् आनयामि।

19. Vāsudeva is smarter than Gopāla. *Vāsudevaḥ Gopālāt ćaturaḥ asti.* वासुदेव: गोपालात् चतुर: अस्ति।

MORE EXAMPLES cum EXERCISE : ABLATIVE (5th) CASE

1. Rāma came **from home**.	*Rāmaḥ gṛhāt āgaććhat (āgatavān).* राम: गृहात् आगच्छत् (आगतवान्)।
2. Rain is falling **from the sky**.	*ākāśāt vṛṣṭiḥ bhavati.* आकाशात् वृष्टि: भवति/पतति (√पत्)।
3. He goes **from here** to there.	*saḥ itaḥ tatra gaććhati.* स: इत: तत्र गच्छति।
4. You will reply **from London**.	*bhavān Landanāt pratyuttaraṁ dāsyati.* भवान् लन्दनात् प्रत्युत्तरं दास्यति।
5. Rāma is taller **than Sitā**.	*Rāmaḥ Sītayāḥ uććataraḥ asti.* राम: सीताया: उच्चतर: अस्ति।

EXERCISE 39 : Say it in Sanskrit :

(1) He stole the ball from the box.	स: पेटिकाया: कन्दुकम् अचोरयत्।
(2) Rāma works from home.	राम: गृहात् एव कार्यं करोति।
(3) Where did you came from?	भवान् कस्मात्/कुत: अगच्छत्/आगतवान्?
(4) We will go from here.	वयं इत: (अत्रत:) गमिष्याम:।
(5) May people be happy.	प्रजाभ्य: स्वस्ति। जना: सुखिन: भवन्तु।
(6) Sītā wants flowers.	सीता पुष्पेभ्य: स्पृहयति।
(7) The Ganges originates in (from) the Himālaya.	गङ्गा हिमालयात् उद्भवति।
(8) There is no rescue without knowledge.	ज्ञानात् विना न मुक्ति:।

ANSWERS : 1. पेटिकाया: 2. गृहात् 3. कस्मात्/कुत: 4. इत:/अत्रत: 5. प्रजाभ्य: 6. पुष्पेभ्य: 7. हिमालयात् 8. ज्ञानात्- विना।

15.6 Use of the Relational Expressions : of, above, below, in front of, behind, beyond, in presense of, comparison among more than two, i.e. superlative.

In the sentence, Rāma eats Sītā's rice. *Rāmaḥ Sītāyāḥ odanaṁ khādati.* राम: सीताया: ओदनं खादति।

Rāma eats, so Rāma (राम:), the subject, is in the Nominative (1st) case. Rice (ओदनम्) is eaten, so Rice, the object, is in the Accusative (2nd) case. Sītā's (of Sītā) is also 6th case (Possessive case षष्ठी विभक्ति:). In English, this relationship is shown by the preposition OF or by an 's.

EXAMPLES cum EXERCISE :

1. Bharata was Rāma's Brother. *Bharataḥ Rāmasya bandhuḥ āsīt.* भरतः रामस्य बन्धुः आसीत्।

2. Rāma was Daśaratha's son. *Rāmaḥ Daśarathasya putraḥ āsīt.* रामः दशरथस्य पुत्रः आसीत्।

3. This is Sītā's book. *idaṁ sītāyaḥ pustakam asti.* इदं सीतायाः पुस्तकम् अस्ति।

4. I saw a gold ring. *ahaṁ suvarṇasya valayaṁ apaśyam/dṛṣṭavān.* अहं सुवर्णस्य वलयं अपश्यम्/दृष्टवान्।

5. You are sitting near them. *bhavān teṣāṁ samīpe upaviśati.* भवान् तेषां समीपे उपविशति।

6. This is my house. *etad mama gṛham asti* एतद् मम गृहम् अस्ति।

7. Where is our car? *asmākaṁ kār-yānaṁ kutra asti?* अस्माकं कार-यानं कुत्र अस्ति?

8. He stole my Rupees. *saḥ mama rūpyakāṇi aćorayat.* सः मम रूप्यकाणि अचोरयत्।

9. Gentleman helps everyone. *sadhuḥ sarveṣām upakaroti.* साधुः सर्वेषाम् उपकरोति।

10. Sītā is standing on the left side of Rāma. *Ramasya vāmataḥ Sītā tiṣṭhati.* रामस्य वामतः सीता तिष्ठति।

11. Bharata is standing on the right side of Rāma. *Ramasya dakṣiṇataḥ Bharataḥ tiṣṭhati* रामस्य दक्षिणतः भरतः तिष्ठति।

12. Lakṣamaṇa is standing behind Rāma. *Ramasya pṛṣṭhataḥ Lakṣamaṇaḥ tiṣṭhati.* रामस्य पृष्ठतः लक्ष्मणः तिष्ठति।

13. There is an umbrella over Rāma. *Ramasya upari ćhatram asti.* रामस्य उपरि छत्रम् अस्ति।

14. Lion is the most powerful animal. पशूनां श्रेष्ठः सिंहः। *paśūnāṁ śreṣṭhaḥ siṁhaḥ.*

15. Duryodhana was the wickedest among the wicked. दुष्टेषु दुर्योधनः। *duṣṭeṣu Duryodhanaḥ.*

16. There is no king like Rāma. *Rāmasya tulyaḥ kaśćit rājā nāsti.* रामस्य तुल्यः कश्चित् राजा नास्ति।

17. May you live long. *tava (te/bhavataḥ)* *dīrgham āyuṣyaṁ bhūyāt.* तव (ते/भवतः) दीर्घम् आयुष्यं भूयात्।

18. May the poor be happy. *akiñćanānāṁ madraṁ bhūyāt.* अकिञ्चनानां मद्रं भूयात्।

19. May the beings be happy. *bhūtānāṁ bhadraṁ bhūyāt.* भूतानां भद्रं भूयात्।

20. May all be happy. *sarveṣāṁ kuśalaṁ bhūyāt.* सर्वेषां कुशलं भूयात्।

21. May the children be happy. *śiśūnāṁ sukhaṁ bhavatu.* शिशूनां सुखं भवतु।

22. May the charitable be prosperous. *dāniṣu arthaḥ bhavet.* दानिषु अर्थः भवेत्।

23. May all be prosperous. *bhūtānāṁ hitaṁ bhūyāt.* भूतानां हितं भूयात्।

24. India is on the North side of Śrīlaṅkā. *Śrīlaṅkāyāḥ uttarataḥ Bhāratam.* श्रीलङ्कायाः उत्तरतः भारतम्।

25. He is sitting in front of me. *saḥ mama purastāt upaviṣṭaḥ asti.* सः मम पुरस्तात् उपविष्टः अस्ति।

15.7 Use of the Relational Expressions : in, on, at, in side, under, upon, among (comparison among a group).

In the sentence, Rāma eats rice in the kitchen on (or at) the table. *Rāmaḥ odanaṁ pāka-gṛhe phalake khādati.* रामः ओदनं पाकगृहे फलके खादति। Rice (ओदनम्) is eaten, so Rice, the object, is in the Accusative (2nd) case. He eats IN the kitchen (*pākagṛhe* पाकगृहे) at the table (*phalake* फलके). So, kitchen and table both are in the 7th case (Locative case सप्तमी विभक्तिः).

EXAMPLES cum EXERCISE : THE LOCATIVE (7th) CASE (cumulative learning)

1. He sat in my car. *saḥ mama yāne upāviśat/upaviṣṭavān.* सः मम याने उपाविशत्/उपविष्टवान्।
2. The bird sits on a wall. *pakṣī bhittau tiṣṭhati.* पक्षी भित्तौ तिष्ठति।
3. Put a cap over your head. *śirasi śirastrāṇaṁ sthāpaya.* शिरसि शिरस्त्राणं स्थापय (स्थापयतु)।
4. The cat is under the chair. *biḍālaḥ viṣṭara-tale asti.* बिडालः विष्टरतले अस्ति।
5. Sitā is cooking rice in a pot. *Sītā pātre odanaṁ pacati.* सीता पात्रे ओदनं पचति।
6. His heart is not in study. *tasya paṭhane icchā nāsti.* तस्य पठने इच्छा (चित्तं) नास्ति।
7. Bad people should not be trusted. *duṣṭa-janeṣu mā viśvaset.* दुष्टजनेषु मा विश्वसेत्।
8. The wind carries the smoke away. *vāyuḥ dhūmaṁ dūre nayati.* वायुः धूमं दूरे नयति।
9. The smoke moves up. *dhūmaḥ upari gacchati.* धूमः उपरि गच्छति।
10. Rāma shot into Rāvaṇa's stomach. *Rāmaḥ Ravaṇasya udare prāharat.* रामः रावणस्य उदरे प्राहरत्।
11. I will eat at seven o'clock. *ahaṁ sapta-vādane khādiṣyāmi.* अहं सप्तवादने खादिष्यामि।
12. Sītā is expert in singing. *Sītā gīta-gāyane pravīṇā asti.* सीता गीतगायने प्रवीणा अस्ति।
13. He has a liking for Sanskrit. *tasya saṁskṛte āsaktiḥ.* तस्य संस्कृते आसक्तिः।
14. In today's world, strength is in unity. *saṅghe śaktiḥ kalau yuge.* संघे शक्तिः कलौ युगे।

15.8 Use of the Vocative Expressions

Suffixes used for addressing or calling someone, are the Vocative Expressions.

(1) O Rāma! *he rāma!* हे राम!
(2) O Sītā! *he sīte!* हे सीते!
(3) O Lord! *he deva! he bhagavan* हे देव! हे भगवन्!
(4) O Sunil! *bhoḥ sunīl!* भोः सुनील!
(5) O Mother! he māta! हे मातः!
(6) O Boys! *he bālakāḥ!* हे बालकाः!
(7) O Girls! *he bālāḥ!; he bālikāḥ!* हे बालाः! हे बालिकाः!
(8) O Teachers! *he guravaḥ!* हे गुरवः!
(9) O Madam! *he śrīmati!* हे श्रीमति! हे भगवति! हे भवति!
(10) O Sir! *he śrīman!* हे श्रीमन्! महोदय!

LESSON 16

16.1 ADJECTIVES

AGREEMENT OF ADJECTIVES WITH NOUNS

(1) In Sanskrit, an adjective (विशेषणम्) does not have its own gender, number or case. It follows the gender, number and case of the noun (विशेष्यम्) to which it is attached (to which it qualifies).

(2) If a pronoun (सर्वनाम) acts as an adjective, it is called a pronominal adjective (सार्वनामिक–विशेषणम्).

MASCULINE GENDER NOUNS

Singular	Plural
अहं शोभनः बालकः *aham̐ śobhanaḥ bālakaḥ*	वयं शोभनाः बालकाः *vayam̐ śobhanāḥ bālakāḥ*
त्वं शोभनः बालकः *tvam̐ śobhanaḥ bālakaḥ*	यूयं शोभनाः बालकाः *yūyam̐ śobhanāḥ bālakāḥ*
सः शोभनः बालकः *saḥ śobhanaḥ bālakaḥ*	ते शोभनाः बालकाः *te śobhanāḥ bālakāḥ*

FEMININE GENDER NOUNS

1. अहं शोभना बालिका *aham̐ śobhanā bālikā*	वयं शोभनाः बालिकाः *vayam̐ śobhanāḥ bālikāḥ*
2. त्वं शोभना बालिका *tvam̐ śobhanā bālikā*	यूयं शोभनाः बालिकाः *yūyam̐ śobhanāḥ bālikāḥ*
3. सा शोभना बालिका *sā śobhanā bālikā*	ताः शोभनाः बालिकाः *tāḥ śobhanāḥ bālikāḥ*

NEUTER GENDER NOUNS

तत् शोभनं गृहम् *tat śobhanam̐ gṛham*	तानि शोभनानि गृहाणि *tāni śobhanāni gṛhāṇi*

EXAMPLES : USE of ADJECTIVES

(A) Masculine gender : (Singular, dual, plural)

1. One good boy. *śobhanaḥ bālakaḥ.* शोभनः बालकः। Two good boys. *śobhanau bālakau.* शोभनौ बालकौ।
2. A white horse. *svetaḥ aśvaḥ.* श्वेतः अश्वः। Two white horses. *śvetau aśvau.* श्वेतौ अश्वौ। The white horses. *śvetāḥ aśvāḥ.* श्वेताः अश्वाः।
3. An old man. *vṛddhaḥ naraḥ.* वृद्धः नरः। Two old men. *vṛddhau narau.* वृद्धौ नरौ। Old men. *vṛddhāḥ narāḥ.* वृद्धाः नराः।
4. A big mountain. *viśālaḥ parvataḥ.* विशालः पर्वतः। Big mountains. *viśālāḥ parvatāḥ.* विशालाः पर्वताः।

(B) Feminine gender : (Singular, dual, plural)

1. One good girl. Two good girls. Good girls. *śobhanā bālikā. śobhane bālike, śobhanāḥ bālikāḥ.* शोभना बालिका। शोभने बालिके। शोभनाः बालिकाः।

2. A white bird. *śvetā ćaṭikā.* श्वेता चटिका। Two white birds. *svete ćaṭike.* श्वेते चटिके। White birds. *svetāḥ ćaṭikāḥ.* श्वेताः चटिकाः।

3. A beautiful woman. *sundarī strī.* सुन्दरी स्त्री। Two beautiful women. *sundaryau striyau.* सुन्दर्यौ स्त्रियौ। Beautiful women. *sundaryaḥ striyaḥ.* सुन्दर्यः स्त्रियः।

(C) Neuter gender : (Singular, dual, plural)

(1) A white flower. *śvetaṁ puṣpam.* श्वेतं पुष्पम्। Two white flowers. *śvete puṣpe.* श्वेते पुष्पे। White flowers. *śvetāni puṣpāṇi.* श्वेतानि पुष्पाणि।

(2) A sweet fruit. *madhuraṁ phalam.* मधुरं फलम्। Two sweet fruits. *madhure phale.* मधुरे फले। Sweet fruits. *madhurāṇi phalāni.* मधुराणि फलानि।

(3) A true saying. *satyaṁ vaćanam.* सत्यं वचनम्। True sayings. *satyāni vaćanāni.* सत्यानि वचनानि।

(4) One boy. *ekaḥ bālakaḥ.* एकः बालकः। One Girl. *ekā bālikā.* एका बालिका। One book. *ekaṁ pustakam.* एकं पुस्तकम्। Three boys. *trayaḥ bālakāḥ.* त्रयः बालकाः। Three girls. *tisraḥ bālikāḥ.* तिस्रः बालिकाः। Three books. *triṇi pustakāni.* त्रीणि पुस्तकानि।

EXERCISE 40 : ADJECTIVES (विशेषणानि)

A. Say it in Sanskrit and find the adjectives in the following sentences :

(1) I have two brothers.	मम द्वौ भ्रातरौ स्तः।
(2) These mangos are yellow.	एतानि आम्राणि पीतानि सन्ति।
(3) We are drinking hot tea.	वयम् उष्णं चायं पिबामः।
(4) Your car is new.	भवतः/तव कारयानं नूतनम् अस्ति।
(5) These flowers are beautiful.	एतानि पुष्पाणि सुन्दराणि।

ANSWERS : A-1 द्वौ 2 पीतानि 3 उष्णं 4 नूतनं 5 सुन्दराणि

B. Fill in the blanks with Sanskrit adjectives:

(1) Rāma's car is red.	रामस्य कारयानं ------------- अस्ति।
(2) The clothes are new.	वस्त्राणि -------------- सन्ति।
(3) He is a smart boy.	सः ------------- बालकः अस्ति।
(4) You speak truth.	भवान् ------------- वदति।
(5) The town is big.	नगरी ------------- अस्ति।

ANSWERS : B- 1. रक्तम् 2. नूतनानि 3. चतुरः 4. सत्यं 5. विशाला

NEW ADJECTIVES TO LEARN :

(A). All numerals are adjectives.

(B). The names of colours are adjectives.

(1) White (श्वेत sveta, धवल dhavala, गौर gaura)
(2) Black (कृष्ण krsna, श्याम śyāma, काल kāla)
(3) Red (रक्त rakta, लोहित lohita, शोण śoṇa)
(4) Yellow (पीत pīta, पीतल pītala)
(5) Blue (नील nīla, श्यामल śyāmala)
(6) Green (हरित harita)
(7) Pink (पाटल pāṭala)
(8) Brown (पिङ्गल piṅgala, कपिल kapila, श्याव śyāva)
(9) Purple (धूमल dhūmala)
(10) Gold (सुवर्ण suvarṇa), Silver (रजत rajata)

(C). The qualitative attributes are adjectives :

(1) Good (भद्र bhadra, साधु sādhu; शोभन śobhana)
(2) Bad (अभद्र abhadra, अशुद्ध aśuddha)
(3) Sweet (मधुर madhura, मिष्ट miṣṭa)
(4) Sour (अम्ल amla, शुक्त śukta)
(5) Cold (शीत sīta, हिम hima)
(6) Hot (उष्ण uṣṇa, तप्त tapta; उग्र ugra, चण्ड ćaṇḍa)
(7) Large (विशाल viśāla, बृहत् bṛhat, महत् mahat)
(8) Heavy (गुरु guru, भारवत् bhāravat)
(9) Light (अल्प alpa, लघु laghu, तरल tarala)
(10) Fat (पीन pīna, पुष्ट puṣṭa, मांसल mam̐sala)
(11) Thin (विरल virala, सूक्ष्म sūkṣma; कृश kṛśa)
(12) Ugly (कुरूप kurūpa, विकृत vikṛta)
(13) Beautiful (सुन्दर sundara, रम्य ramya)
(14) Young (कौमार kaumāra, तरुण taruṇa, बाल bāla)
(15) Old (वृद्ध vṛddha, जरठ jaraṭha, जीर्ण jīrṇa)
(16) Open (अपावृत apāvṛta)
(17) Closed (निमीलित nimīlita, पिहित pihita)
(18) Smart, Clever (कुशाग्र kuśāgra, चतुर ćatura)
(19) Lazy (अलस alasa, जड jaḍa, मन्द manda)
(20) Easy (सुकर sukara, सुगम sugama, सहज sahaja)
(21) Difficult (दुष्कर duṣkara, कठिन kaṭhina)
(22) Little (अल्प alpa, लघु laghu)
(23) Much, More (अधिक adhika, भूयस् bhūyas)
(24) Big (विशाल viśāla, महत् mahat)
(25) Honest (सरल sarala, दक्षिण dakṣiṇa, साधु sādhu)
(26) Dishonest (कुटिल kuṭila, जिह्म jihma)
(27) True (ऋत ṛta, तथ्य tathya, सत्य satya)
(28) False (असत्य asatya, अनृत anṛta, मिथ्या mithyā)
(29) All (अखिल akhila, सकल sakala, सर्व sarva)
(30) Happy (सुखिन् sukhin, तृप्त tṛpta, सन्तुष्ट santuṣṭa)
(31) Sad (दुःखिन् dukhin, खिन्न khinna)
(32) Hard (कठिन kaṭhina; कठोर kaṭhora)
(33) Soft (मृदु mṛdu)
(34) Wise (ज्ञानिन् jñānin, बुद्धिमत् buddhimat)
(35) Foolish (मूर्ख mūrkha, मूढ mūḍha, अज्ञ ajña)
(36) Rich (धनिन् dhanin, धनवत् dhanavat)
(37) Long (चिर ćira, दीर्घ dīrgha)
(38) Poor (अकिञ्चन akiñćana, निर्धन nirdhana)
(39) Short (अल्प alpa, लघु laghu, ह्रस्व hrasva)
(40) Quick (चञ्चल ćañćala, क्षिप्र kṣipra, शीघ्र śighra)
(41) Slow (मन्द manda)
(42) Strong (बलवत् balavat, प्रबल prabala, दृढ़ dṛḍha)
(43) Weak (अशक्त aśakta, बलहीन balahīna)
(44) Tall (उच्च ućća, तुङ्ग tunga, उत्तुङ्ग uttunga)
(45) Wide (विस्तीर्ण vistīrṇa, विशाल viśāla)
(46) Narrow (संवृत sam̐vṛta, निरुद्ध niruddha)
(47) Big, Large (विशाल viśāla)
(48) Sad (विषण्ण viśaṇṇa)

THE DEGREE OF COMPARISON

tulanātmak-viśeṣaṇāni तुलनात्मकविशेषणानि।

COMPARATIVE AND SUPERLATIVE

uttarāvasthā uttamāvasthā ća उत्तरावस्था उत्तमावस्था च।

The adjectives can be used in three degrees for comparing nouns. They are :

(1) The Original state (मूलावस्था), when no suffix is attached.

(2) The Comparative state (उत्तरावस्था), when a comparative suffix तरप् or ईयस् is added to the adjective to suggest which one is comparatively better of two nouns, and

(3) The Superlative state (उत्तमावस्था), where a तमप् or ईष्ठन् suffix is attached to an adjective to indicate which one is the best or worst within a group of more than two.

The suffixes तरप्, ईयस्, तमप् and ईष्ठन् are grouped in the *taddhit* (तद्धित) suffixes.

THE COMPARATIVE ADJECTIVES

Original State मूलावस्था			Comparative state उत्तरावस्था (तर)		Superlative state उत्तमावस्था (तम)	
	Normal		Better, more		Best, most	
1.	अल्प	(small)	अल्पतर	(smaller)	अल्पतम	(smallest)
2.	लघु	(short)	लघुतर	(shorter)	लघुतम	(shortest)
3.	प्रिय	(dear)	प्रियतर	(dearer)	प्रियतम	(dearest)
4.	दीर्घ	(long)	दीर्घ	(longer)	दीर्घतम	(longest)
5.	श्रेष्ठ	(noble)	श्रेष्ठतर	(nobler)	श्रेष्ठतम	(noblest)
6.	गरीयस्	(Most noble)	गरीयान्	(singular)	गरीयांस:	(plural)
7.	श्रेयस्	(Most noble)	श्रेयान्	(singular)	श्रेयांस:	(plural)

EXAMPLES : DEGREE OF COMPARISON

(1) Rāma is taller than Sītā.	*Rāmaḥ sītāyāḥ uććataraḥ asti.* राम: सीताया: उच्चतर: अस्ति।
(2) He is the best man.	*saḥ uttamaḥ manuṣyaḥ asti.* स: उत्तम: मनुष्य: अस्ति।
(3) This night is the longest.	*eṣā rātriḥ dīrghatamā asti.* एषा रात्रि: दीर्घतमा अस्ति।
(4) That area is the largest.	*tat kṣetraṁ mahattamam asti.* तत् क्षेत्रं महत्तमम् अस्ति।
(5) This book is unique in many.	*etat pustakam ekatamam.* एतत् पुस्तकम् एकतमम्।
(6) These flowers are the best.	*etāni puṣpāṇi uttamāni santi.* एतानि पुष्पाणि उत्तमानि सन्ति।

MORE ADJECTIVES TO LEARN:

(1) Whole (पूर्ण pūrṇa, सम्पूर्ण sampūrṇa)
(2) Bound (सीमित sīmita)
(3) Boundless (अनन्त ananta, नि:सीम niḥsīma)
(4) Steady (स्थिर sthira, निश्चल niśćala)
(5) Marvelous (अद्भुत adbhuta, आश्चर्यकर āśćaryakara)
(6) Blind (अन्ध andha)
(7) Deaf (बधिर badhira, अकर्ण akarṇa)
(8) Dumb (मूक mūka)
(9) Lame (पंगु paṅgu, खञ्ज khañja)
(10) Sick (रुग्ण rugṇa, रोगिन् rogin)
(11) Beginningless (अनादि anādi)
(12) Endless (अनन्त anant)
(13) Ancient (पुरातन purātana, पुराण purāṇa)
(14) Modern (आधुनिक ādhunika, नव nava)
(15) Cruel (निष्ठुर niṣṭhura, निर्दय nirdaya)
(16) Loving (सस्नेह sasneha, प्रिय priya)
(17) Ripe (पक्व pakva, परिणत pariṇata)
(18) Raw (अपक्व apakva)
(19) Holy (पवित्र pavitra, पुण्य puṇya, पावन pāvana)
(20) Quiet (शान्त śānta, निश्चल niśćala)

THE PARTICIPLES

PARTICIPLES are derived directly from the verb roots (√) by attaching primary suffixes (कृत् प्रत्यया:)

16.2 PAST PASSIVE PARTICIPLE (ppp∘)

क्त–विशेषणम्। 'DONE'

The *kta* (क्त) suffix is added to the verbs in Passive and Abstract voices in the past tense. When adding a *kta* क्त suffix to a root verb, the *k* क is dropped and only *ta* त is attached.

NOTE : With the roots such as √री, ली, ब्ली, प्ली, धू, पू, लू, ॠ, कॄ, गॄ, जॄ, नॄ, पॄ, भॄ, वॄ, शॄ, स्तॄ and हा, suffix *ta* (त) becomes suffix *na* (न).

Use of this *kta* (क्त) suffix produces adjectives of the past tense, sometimes used as a verb.

sam-ava√i + kta (ta) = samaveta (assembed) सम्–अव√इ + क्त (त) = (सम्+अव+इ+त) समवेत

sam-ā√gam+kta (ta) = samāgata (came together) सम्–आ√गम्+ क्त (त) = समागत

√gam + kta (ta) = gata (gone) √गम् + क्त (त) = गत।

√jṝ + kta (na) = jīrṇa (worn out) √जॄ + क्त (न) = जीर्ण।

sam√pat + kta (na) = sampanna (rich) सम्√पत् + क्त (न) = सम्पन्न।

EXAMPLES : PAST PASSIVE PARTICIPLE (ppp∘) क्त

1. Rāma went. *rāmaḥ agaććat.* रामः अगच्छत् or *rāmaḥ gatavān.* रामः गतवान्, *rāmaḥ gataḥ* रामः गतः।

2. The book seen by Rāma. *Rāmeṇa dṛṣṭaṁ pustakam.* रामेण दृष्टं पुस्तकं।

3. The flowers seen by Sītā in the garden. *Sītayā udyāne dṛṣṭāni puṣpāṇi.* सीतया उद्याने दृष्टानि पुष्पाणि।

4. The bird seen by him. *tena dṛṣṭā ćaṭikā.* तेन दृष्टा चटिका।

5. The Rāvaṇa (was) killed by Rāma. *Rāmeṇa Rāvaṇaḥ hataḥ.* रामेण रावणः हतः।

6. Mahābhārata (was) heard by me. *mayā Mahābhārataṁ śrutam.* मया महाभारतं श्रुतम्।

7. The letter written by her. *tayā likhitaṁ patram.* तया लिखितं पत्रम्।

8. Is my school seen by you? *tvayā/bhavatā mama pāṭhaśālā dṛṣṭā vā?* त्वया/भवता मम पाठशाला दृष्टा वा।

9. I do not eat cold food. *ahaṁ śītam annaṁ na khādāmi.* अहं शीतम् अन्नं न खादामि।

10. अश्रद्धया हुतं दत्तं तपः तप्तं कृतं च यत्। (Gītā 17.28)

PAST PASSIVE PARTICIPLES (ppp∘)

(1) Gone (√गम् – गत)	(7) Killed (√हन् – हत)
(2) Renounced (√त्यज् – त्यक्त)	(8) Heard (√श्रु – श्रुत)
(3) Written (√लिख – लिखित)	(9) Seen (√दृश् – दृष्ट)
(4) Given (√दा – दत्त)	(10) Done (√कृ – कृत)
(5) Stayed (√स्था – स्थित)	(11) Protected (√रक्ष् – रक्षित)
(6) Known (√ज्ञा – ज्ञात)	(12) Obtained (√लभ् – लब्ध)

EXERCISE 41 : (ppp∘) Find the Past Passive Participles in the following word groups :

(1) गच्छामि, खादितम्, भवति, भूतम्, भक्षितम्।

(2) पठितः, पठन्ति, रक्षितः, श्रुतम्, पतिताः।

(3) दृष्टा, करोमि, करोति, कृतम्, कृतानि। (4) पृच्छसि, पृष्टः, लिख्, नीता, नीतः।

ANSWERS : 1 खादितम् भूतम् भक्षितम् 2. पठितः रक्षितः श्रुतम् पतिताः 3. दृष्टा कृतम् कृतानि 4. पृष्टः नीता नीतः

16.3 PAST ACTIVE PARTICIPLE

क्तवतु–विशेषणम्। 'DID'

A Past Active Participle is formed by attaching suffix वत् *vat* to a Past passive participle (ppp∘).

eg∘ गत + वत् → गतवत्। The Past-AP गतवत् becomes गतवान् in Nominative case.

Singular - (m∘) अहं गतवान्। त्वं गतवान्। सः गतवान्। अश्वः गतवान्। (f∘) चटिका गतवती।

Plural - (m∘) वयं गतवन्तः। यूयं गतवन्तः। ते गतवन्तः। अश्वाः गतवन्तः। (f∘) चटिकाः गतवत्यः।

The *ktavat* (क्तवत्) suffix is used for the Active voice in the Past tense. While adding *ktavat* (क्तवत्) to a root verb, the *kta* (क्त) is dropped and only *ta* (वत्) is attached.

TABLE 13 : √खाद् to eat, PAST ACTIVE PARTICIPLE

Verb	Singular		Plural	
1. I ate (m∘)	अहं खादितवान्	*aham̐ khāditavān*	वयं खादितवन्तः	*vayam̐ khāditavantaḥ*
2. You ate (m∘)	भवान् खादितवान्	*bhavān khāditavān*	भवन्तः खादितवन्तः	*bhavantaḥ khāditavantaḥ*
3. He ate (m∘)	सः खादितवान्	*saḥ khāditavān*	ते खादितवन्तः	*te khāditavantaḥ*
4. She ate (f∘)	सा खादितवती	*sā khāditavatī*	ताः खादितवत्यः	*tāḥ khāditavatyaḥ*
5. It ate (n∘)	तत् खादितवत्	*tat khāditavat*	तानि खादितवन्ति	*tāni khāditavanti*

1. Rāma wrote. *Rāmaḥ likhitavān.* रामः लिखितवान्। Sītā went. *Sītā gatavatī.* सीता गतवती।
2. Tree fell. *vṛkṣaḥ patitavān.* वृक्षः पतितवान्। Vine fell. *latā patitavatī.* लता पतितवती। Flower fell. *puṣpam̐ patitavat.* पुष्पं पतितवत्। Flowers fell. *puṣpāṇi patitavanti.* पुष्पाणि पतितवन्ति। Trees Fell. *vṛkṣāḥ patitavantaḥ.* वृक्षाः पतितवन्तः। Vines fell. *latāḥ patitavatyaḥ.* लताः पतितवत्यः।
3. Bharata said. *Bharataḥ uktavān.* भरतः उक्तवान्। Boys went. *kumārāḥ gatavantaḥ.* कुमाराः गतवन्तः।

EXAMPLES : PAST ACTIVE PARTICIPLES (क्तवतु)

Past **Passive** Participle			Past-**Active**-participle	
(1) Gone	(√गम्→ गत→	गतवत्)	गतवान्	I, you, he went
(2) Killed	(√हन्→ हत→	हतवत्)	हतवान्	I, you, he killed
(3) Left	(√त्यज्→ त्यक्त→	त्यक्तवत्)	त्यक्तवान्	I, you, he left
(4) Heard	(√श्रु→ श्रुत→	श्रुतवत्)	श्रुतवान्	I, you, he heard
(5) Written	(√लिख→	लिखितवत्)	लिखितवान्	I, you, he wrote
(6) Seen	(√दृश्→	दृष्टवत्)	दृष्टवान्	I, you, he saw
(7) Given	(√दा→	दत्तवत्)	दत्तवान्	I, you, he gave
(8) Done	(√कृ→	कृतवत्)	कृतवान्	I, you, he did
(9) Stayed	(√स्था→	स्थितवत्)	स्थितवान्	I, you, he stayed
(10) Protected	(√रक्ष्→	रक्षितवत्)	रक्षितवान्	I, you, he protected
(11) Known	(√ज्ञा→	ज्ञातवत्)	ज्ञातवान्	I, you, he knew
(12) Obtained	(√लभ्→	लब्धवत्)	लब्धवान्	I, you, he obtained
(13) Obtained	(प्र√आप्→	प्राप्तवत्)	प्राप्तवान्	I, you, he obtained
(14) Bought	(√क्री→	क्रीतवत्)	क्रीतवान्	I, you, he bought

16.4 PRESENT ACTIVE PARTICIPLES

शतृ–शानच्। 'WHILE DOING' (Gerund)

(A) The *Parasmaipadī* Present Active Participle (PPAP)

śatṛ viśeṣaṇam (शतृ–विशेषणम्)

The *śatṛ* (शतृ) suffix *at* अत् is added to a *parasmaipadī* root to form an adjective of Continuous tense.

How to form a शतृ PPAP adjective from a verb?

(1) first take the desired *parasmaipadī* verb (eg◦ √गम्);

(2) determine the third-person, plural, present tense of that verb (eg◦ गच्छन्ति);

(3) remove the last suffix (eg◦ गच्छन्ति – अन्ति = गच्छ); and then to this modified word,

(4) attach the अत् suffix (eg◦ गच्छ् + अत्), then you get PPAP गच्छत्।

The शतृ adjectives give a (gerund like) meaning with 'ing' attached to the verb. eg◦

गच्छत् = going, while going कुर्वत् = doing, while doing कथयत् = while saying ...etc.

In the Nominative (1st) case :

The Masculine forms of these words will be गच्छन्, गच्छन्तौ, गच्छन्तः। कुर्वन्, कुर्वन्तौ, कुर्वन्तः। कथयन्, कथयन्तौ, कथयन्तः। ... etc (like m◦ भवत् शब्दः see Appendix 2)

The Feminine forms will be गच्छन्ती, गच्छन्त्यौ, गच्छन्त्यः। कुर्वन्ती, कुर्वन्त्यौ, कुर्वन्त्यः। कथयन्ती, कथयन्त्यौ, कथयन्त्यः। (like नदी शब्दः see Appendix), and

The Neuter gender forms will be गच्छत्, गच्छती, गच्छन्ति। कुर्वत्, कुर्वती, कुर्वन्ति। कथयत्, कथयती, कथयन्ति। (like जगत् शब्दः, see Appendix)

EXAMPLES cum EXERCISE : PPAP (शतृ) (answers are given for your help)

1. The man goes. *manuṣyaḥ gacchati.* मनुष्यः गच्छति → गच्छन् मनुष्यः, *gacchan manuṣyaḥ.* the going man, the man that is going (गच्छन् going is a *Parasmaipadī* gerund adjective of the m◦ noun man).

2.(m◦) A tree falls. वृक्षः पतति → पतन् वृक्षः *patan vṛkṣaḥ.* a falling tree.

(m◦) Trees fall वृक्षाः पतन्ति → पतन्तः वृक्षाः *patantaḥ vṛkṣāḥ.* the falling trees.

(f◦) A vine falls लता पतति→ पतन्ती लता *patantī latā.* a falling vine.

(f◦) The vines fall लताः पतन्ति→ पतन्त्यः लताः *patantyaḥ latāḥ.* the falling vines.

(n◦) A flower falls पुष्पं पतति → पतत् पुष्पम् *patat puṣpam.* a falling flower.

(n◦) The flowers fall पुष्पाणि पतन्ति→ पतन्ति पुष्पाणि *patanti puṣpāṇi.* the falling flowers.

PARASMAIPADI PRESENT ACTIVE PARTICIPLES (शतृ)

(1) Going (√गम्→ गच्छत्)
(2) Killing (√हन्→ घ्नत्)
(3) Leaving (√त्यज्→ त्यजत्)
(4) Hearing (√श्रु→ श्रुण्वत्)
(5) Writing (√लिख्→ लिखत्)
(6) Seeing (√दृश्→ पश्यत्)
(7) Giving (√दा→ ददत्)
(8) Doing (√कृ→ कुर्वत्)
(9) Staying (√स्था→ तिष्ठत्)
(10) Protecting (√रक्ष्→ रक्षत्)
(11) Falling (√पत्→ पतत्)
(12) Taking (√नी→ नयत्)

EXERCISE 42 : PAP (शतृ) find Present Active Participles in the following words :

(1) गच्छत्, खादितवान्, भवति, भवत्, भक्षितवन्तः।

(2) पठितः, पठत्, पठितवान्, रक्षितः, श्रुण्वत्, पतिताः।

(3) दृष्टवान्, पश्यत्, करोमि, करोति, कृतवान्, कृर्वत्।

(4) पृच्छसि, पृष्टत्, पृष्टवान्, लिख्, नीता, नयत्, नीतवन्तः।

ANSWERS : (1) गच्छत्, भवत्, भक्षितवन्तः (2) पठत्, श्रुण्वत्, (3) पश्यत्, कृर्वत् (4) पृष्टत्, नयत्, नीतवन्तः।

(B) The Ātmanepadī Present Active Participles (ĀPAP)

śānac-kartari-viśeṣaṇāni शानच्–कर्तरि–विशेषणानि।

The *śānac* (शानच्) suffixes, *māna* (मान) and *āna* (आन), are added to the *ātmanepadī* roots to form adjectives of present continuous tense, same as the शतृ suffix. eg॰

(i) *4√yudh + śānac (māna) = yotsyamāna* (fighter) 4√युध् + शानच् (मान) = योत्स्यमान (Gītā 1.23)

(ii) *7√bhuj + śānac (āna) = bhuñjāna* (enjoying) 7√भुज् + शानच् (आन) = भुञ्जान (Gītā 15.10)

Use of these adjectives is not frequent. Their formation and use is a bit difficult, but they are discussed here for your information only. Ātmanepadī Present Active Participle शानच् is formed by attaching मान or आन suffix to a verb.

(a) If the verb belongs to the FIRST GROUP (1st, 4th, 6th or 10th conjugation गणः), then it takes the मान suffix.

(b) But, if the verb belongs to the SECOND GROUP (2nd, 3rd, 5th, 7th, 8th or 9th conjugation), then it takes the आन suffix.

The शानच् adjectives give a (gerund like) meaning with 'ing' or 'er' attached to the verb. eg॰ √लभ्→ लभमान = attaining; attainer. √कृ→ कुर्वाण = work<u>ing</u>(man); work<u>er</u>.

ĀPAP of the FIRST GROUP

मान-शानच्-विशेषणम्।

How to form a मान-शानच् adjective?

(1) First take the desired *ātmanepadī* verb (eg॰ 1√लभ् to obtain);

(2) determine the third-person, plural, present tense of that verb (eg॰ लभन्ते);

(3) remove the ending न्ते/ते suffix (eg॰ लभन्ते - न्ते = लभ); and then to this modified word,

(4) attach the मान suffix (लभ + मान → लभमान = obtaining).

The verbs belonging to the FIRST GROUP i.e. 1st, 4th, 6th or 10th conjugation गणः, take the मान suffix.

1√लभ्→ लभन्ते→ लभमान = obtaining; 4√मन्→ मन्यते→ मन्यमान = thinking; 6√दिश्→ दिश्यते→ दिश्यमान = showing; 10√गण्→ गण्यते→ गण्यमान = counting ...etc.

All these adjectives, being अकारान्त, they decline like राम in m॰, like माला in f॰ and like वन in n॰ gender. eg॰ लभमानः, लभमानौ, लभमानाः, लभमाना, लभमाने, लभमानाः, लभमानम्, लभमाने, लभमानानि etc.

EXAMPLES cum EXERCISE : ĀPAP (मान-शानच्)

(1) I saw him entering the house. अहं तं गृहं प्रविशमानं दृष्टवान्।

(2) Seeing (while seeing) the child she became happy. बालकं प्रेक्षमाणा सा तुष्टवती।

ĀPAP of the SECOND GROUP

आन-शानच्-विशेषणम्।

To form any आन-शानच् adjective

(1) Take the desired *ātmanepadī* verb (eg॰ 9√ज्ञा to know);

(2) determine the third-person, plural, present tense (जानते);

(3) remove the ending न्ते/ते suffix (eg॰ जानन्ते - न्ते = जान); and then to that word,

(4) add the *ān* आन suffix (जान + आन → जानान = knowing)

Verbs belonging to the SECOND GROUP (2nd, 3rd, 5th, 7th, 8th or 9th conjugation गणः), take आन् suffix. eg॰ 2√ब्रू→ ब्रुवते→ ब्रुवाण = speaking; 3√दा→ ददते→ ददान = giving; 5√वृ→ वृण्वन्ते→ वृण्वान = choosing; 7√भुज्→ भुञ्जन्ते→ भुञ्जान = enjoying; 8√कृ→ कुर्वन्ते→ कुर्वाण doing; 9√ज्ञा→ जानन्ते→ जानान knowing ...etc.

All these participles being अकारान्त adjectives, they decline like राम in m॰, like माला in f॰ and like वन in n gender. eg॰ जानानः, जानानौ, जानानाः। जानाना, जानाने, जानानाः। जानानम्, जानाने, जानानानि। ... etc. Examples :

(1) Men doing sacrifice are rare. त्यागं कुर्वाणाः जनाः दुर्लभाः।

(2) Many are men who talk (talking) too much. अतीव ब्रुवाणाः जनाः सुलभाः।

16.5 THE POTENTIAL PARTICIPLES (pp∘)

तव्य, अनीय, य। 'SHOULD BE DONE'

These pp∘ participle adjectives indicate a meaning of 'something that ought to be done, should be done, proper to do, fit to be done, is worhty of, is a duty, is a precept or is a maxim.' Unfortunately, like most other Sanskrit expressions, the English language does not have single-word expressions for this purpose also.

To form these adjectives we can optionally attach either तव्य, अनीय or य suffix to the verb roots. In all three cases their meaning remains same. However, use of one suffix is more popular for some roots, while the other is used for some other roots. Therefore, what is most popular should be followed.

Use of these adjectives is quite frequent and should be understood properly. Thus, please remember that:

(1) These participles are passive (कर्मणि) and never active (कर्तरि).

(2) These can be formed from almost any verb root, transitive or intransitive.

(3) Here, the subject is always in Instrumental (3rd) case and the object in Nominative (1st) case.

(4) The gender and number of the adjective follows those of the object.

(5) Sometimes, these adjectives are used as regular non-potential adjectives or as nouns also.

(6) These are adjectives. These are not verbs.

(7) If this adjective is not connected with an object (intransitive), it will take neuter gender and singular number. मया/अस्माभिः तत्र गन्तव्यम् *mayā/asmābhiḥ tatra gantavyam.* I/we ought to go there.

Six suffixes are included in this pp∘ category of *kṛtya* suffixes, namely : *tavyat* (तव्यत्), *tavya* (तव्य), *anīyar* (अनीयर्), *yat* (यत्), *kyap* (क्यप्) and *ṇyat* (ण्यत्).

(A) The *tavyat* (तव्यत्) and *tavya* (तव्य) suffixes :

The *tavyat* (तव्यत्) and *tavya* (तव्य) suffixes of Future passive participles produce Potential Adjectives.

(i) √śru + tavyat (tavya) = śrotavya (fit to be heard) √श्रु + तव्यत् (तव्य) = श्रोतव्य

(ii) √śru + anīyar (anīya) = śrvaṇīya (fit to be heard) √श्रु + अनीयर (अनीय) = श्रवणीय

(B) The *yat* (यत्), *kyap* (क्यप्) and *ṇyat* (ण्यत्) suffixes :

The *yat* (यत्), *kyap* (क्यप्) and *ṇyat* (ण्यत्) suffixes produce adjectives with a sense of 'fit for' or 'ought to be' by adding y (य) to the final root.

(i) √jñā + yat (y) = jñeya (to be known) √ज्ञा + यत् (य) = ज्ञेय

(ii) √kṛ + kyap (y) = kṛtya (to be done) √कृ+ क्यप् (य) = कृत्य

(iii) a-vi√kṛ+ ṇyat (y) = avikārya (indistructible) अ–वि√कृ + ण्यत् (य) = अविकार्य

EXAMPLES cum EXERCISE : USE OF POTENTIAL ADJECTIVES

(1) Rama does not study. Rama ought to study. रामः अभ्यासं न करोति। रामेण अभ्यासः कर्तव्यः/करणीयः/कार्यः।

(2) He does not drop bad habits. He should drop the bad habits. सः दुर्वर्तनानि न त्यजति। तेन दुर्वर्तनानि त्यक्तव्यानि/त्यजनीयानि/त्याज्यानि (√त्यज्)।

(3) They do not teach Sanskrit. They should teach Sanskrit. ते संस्कृतं न शासन्ति। तैः संस्कृतं शासितव्यम्/शासनीयम्/शिष्यम् (√शास्)।

(4) He does not give my book. He should give my book. सः मह्यं पुस्तकं न ददाति। तेन मह्यं पुस्तकं दातव्यम्/दानीयम्/देयम् (√दा)।

(5) He does not agree to it. He should agree it. सः एतत् न मन्यते। तेन एतत् मन्तव्यम्/मननीयम्/मान्यम् (√मन्)।

(6) Students should hear the instructions. छात्रैः सूचनाः श्रोतव्याः/श्रवणीयाः/श्राव्याः (√श्रु)।

(7) We should learn history. अस्माभिः इतिहासः अध्येतव्यः/अध्ययनीयः/अध्येयः (अधि√इ)।

(8) Truth must be told. सत्यं वक्तव्यम्/वचनीयम्/वाच्यम्।

(9) One should not wear damp clothes. आर्द्रवस्त्राणि न धारणीयानि/धारितव्यानि/धार्याणि।

(10) They should study. तैः अध्ययनं कर्तव्यम्/करणीयम्/कार्यम्।

THE POTENTIAL ADJECTIVES

(विध्यर्थी विशेषणानि)

√kṛ (to do) → pp∘ karaṇīya, kartavya, kārya = Ought to be done, fit to be done, must be done, good to be done, should be done, worth doing.

Root verb→		Potential Adjectives		
√भू	to become→	भवितव्य,	भवनीय,	भाव्य।
√अस्	to be →	भवितव्य,	भवनीय,	भाव्य।
√त्यज्	to leave →	त्यक्तव्य,	त्यजनीय,	त्याज्य।
√स्था	to stand →	स्थातव्य,	स्थानीय,	स्थेय।
√स्मृ	to remember →	स्मर्तव्य,	स्मरणीय,	स्मार्य।
√वन्द्	to salute →	वन्दितव्य,	वन्दनीय,	वन्द्य।
√दा	to give →	दातव्य,	दानीय,	देय।
√शंस्	to praise →	शंसितव्य,	शंसनीय,	शंस्य।
√ब्रू	to speak →	वक्तव्य,	वचनीय,	वाच्य।
√मन्	to agree →	मन्तव्य,	मननीय,	मान्य।
√श्रु	to hear →	श्रोतव्य,	श्रवणीय,	श्राव्य।
√शक्	to be able →	शक्तव्य,	शकनीय,	शक्य।
√प्रच्छ्	to ask →	प्रष्टव्य,	प्रच्छनीय,	प्रच्छ्य।

The Two Indeclinable Past Participles (ipp◦)

क्त्वा, ल्यप्। 'HAVING DONE'

If same subject does two actions, one after other, one is contingent up on other, then in that case :
In order to indicate completion of a subordinate (first) action, prior to the commencement of the main (second) action, an Indeclinable Past Participle (क्त्वा or ल्यप् = having done) is used, in stead of joining two clauses with the phrase 'and then' ततः च।

These single-word participles (क्त्वा and ल्यप्) imply completion of the specific preceding subordinate action ('having done, or doing' पूर्वकालिक), before the following main action begins.

These participles are widely used in Sanskrit, and should be properly understood.

16.6 The *ktvā* (क्त्वा) suffix

The *tvā* त्वा of the Indeclinable Past Participle *ktvā* क्त्वा may be added only to those verb-root to which any prefix, other than अ, is NOT attached.

The त्वा participle has same **nature** as the त in the Past Passive Participles (ppp◦).

√दा (to give), दत्त (ppp◦ - given), दत्त्वा (ipp◦ - having given)

The *ktvā* suffix is used for forming a Gerund ending in suffix 'ing' that are dependent on some previous event (पूर्वकालिक–क्रिया) *√dṛś+ktvā (tvā) = dṛṣṭvā* (having seen, seeing) √दृश्+ क्त्वा (त्वा) = दृष्ट्वा

The *lyp* (ल्यप्) suffix is attached only to those verb-roots that have any prefix, other than *a* (अ), is attached. The meaning and the nature of a *lyp*-participle remains same as of a *ktvā*-participle.

16.7 The *lyp* (ल्यप्) Suffix

The suffix य or त्य of the Indeclinable Past Participle (ल्यप् lyp-ipp◦) may be added only to that verb-root to which a prefix (other than अ *a*) is already attached.

(i) आ√दा take, आदत्त ppp◦ taken, आदाय ipp◦ having taken.

(ii) *upa-sam√gam + lyp (ya) = upa-saṅgmya* (having approached) √गम् + क्त्वा (त्वा) = गत्वा having gone.
उप–सम्√गम् + ल्यप् (य) = उपसङ्गम्य having approached.

INDECLINABLE PAST PARTICIPLE क्त्वा

Verb-root		ppp∘		ipp∘-क्त्वा	
√दा	(to give)	दत्त	(given)	दत्त्वा	(having given)
√ज्ञा	(to know)	ज्ञात	(known)	ज्ञात्वा	(having known)
√भू	(to become)	भूत	(become)	भूत्वा	(having become)
√कृ	(to do)	कृत	(done)	कृत्वा	(having done)
√दृश्	(to see)	दृष्ट	(seen)	दृष्ट्वा	(having seen)
√वच्	(to speak)	उक्त	(spoken)	उक्त्वा	(having spoken)

INDECLINABLE PAST PARTICIPLE ल्यप्

Verb-root		ppp∘	ipp∘-ल्यप् – meaning	
आ√दा	(to take)	आदत्त	आदाय	having taken
वि√ज्ञा	(to know)	विज्ञात	विज्ञाय	having known
अनु√भू	(to experience)	अनुभूत	अनुभूय	having experienced
द्विधा√कृ	(to duplicate)	द्विधाकृत	द्विधाकृत्य	having duplicated
अ√दृश्	(to disappear)	अदृष्ट	अदृश्य	having dispeared
प्र√वच्	(to tell)	प्रोक्त	प्रोच्य	having told

EXAMPLES cum EXERCISE : INDECLINABLE PAST PARTICIPLES क्त्वा, ल्यप्।

1. Boys go to school. *bālakāḥ pāṭhaśālāṁ gacchanti.* बालकाः पाठशालां गच्छन्ति।
2. Boys go to school having done their study. *bālakāḥ teṣām abhyāsaṁ kṛtvā pāṭhaśālāṁ gacchanti.* बालकाः तेषाम् अभ्यासं कृत्वा पाठशालां गच्छन्ति।
3. We will go to New York. *vayaṁ New-Yorkaṁ gamiṣyāmaḥ.* वयं न्यू-यार्कं गमिष्यामः।
4. Having gone to New York, we will see the University. *New-Yorkaṁ gatvā vayaṃ viśva-vidyālayaṁ drakṣyāmaḥ.* न्यू-यार्कं गत्वा वयं विश्वविद्यालयं द्रक्ष्यामः।
5. Rāma eats a fruit. *Rāmaḥ phalaṁ khādati.* रामः खादति।
6. Having eaten Rāma plays. *khāditvā rāmaḥ khelati.* खादित्वा रामः खेलति।
7. He climbs a tree. *saḥ vṛkṣam ārohati.* सः वृक्षम् आरोहति।
8. Having climbed the tree, he drops the fruits. *saḥ vṛkṣam āruhya phalāni pātayati.* सः वृक्षम् आरुह्य फलानि पातयति।
9. Sītā comes. *Sītā āgacchti.* सीता आगच्छति।
10. Having bought fruit, she came. *sā phalāni vikrīya āgaccht.* फलानि विक्रीय सा आगच्छत्, आगतवती।
11. भवान् खादित्वा भ्रमसि। मित्रं दृष्ट्वा अहं प्रसन्नः। तुभ्यं डालरान् दत्त्वा सः कुत्र गतवान्? सः मां रूप्यकाणि प्रदाय कुत्रचित् गतवान्। सीता जले प्रविश्य कमलम् आनयति। सा विदेशं गत्वा कीर्तिं प्राप्तवान् ...etc.

16.8 THE INFINITIVE

तुमुन्। 'TO DO, FOR DOING'

Another important Indeclinable Participle, the INFINITIVE *tumun* (तुमुन्), is formed by adding the *tum* तुम् suffix directly to any verb-root. As an infinitive, it gives the meaning of 'for doing or to do' the action indicated by the attached verb. eg◦ √दा (to give) → दा + तुम् = दातुम् (for giving, to give).

THE INFINITIVES (तुमुन्)

Verb-root		ipp◦-क्त्वा		Infinitive (तुमुन्)	
√दा	(to give)	दत्त्वा	having given	दातुम्	for giving
√जि	(to win)	जित्वा	having won	जेतुम्	for winning
√ज्ञा	(to know)	ज्ञात्वा	having known	ज्ञातुम	for knowing
*√भू	(to be)	भूत्वा	having been	भवितुम्	for being
√कृ	(to do)	कृत्वा	having done	कर्तुम्	for doing
√दृश्	(to see)	दृष्ट्वा	having seen	द्रष्टुम्	for seeing
√वच्	(to say)	उक्त्वा	having said	वक्तुम्	for saying
√नम्	(to salute)	नत्वा	having saluted	नन्तुम्	for saluting
√रभ्	(to begin)	रब्ध्वा	having begun	रब्धुम्	for begining
*√डी	(to fly)	डयित्वा	having flown	डयितुम्	for flying
√ध्यै	(to meditate)	ध्यात्वा	(having meditated)	ध्यातुम्	for meditating
√स्था	(to stand)	स्थित्वा	(having stood)	स्थातुम्	for standing
√मन्	(to think)	मत्वा	(having thought)	मन्तुम्	for thinking
√श्रु	(to hear)	श्रुत्वा	(having heard)	श्रोतुम्	for hearing
*√चुर्	(to steal)	चोरयित्वा	(having stolen)	चोरयितुम्	for stealing
*√गण्	(to count)	गणयित्वा	(having counted)	गणयितुम्	for counting
√छिद्	(to cut)	छित्त्वा	(having cut)	छेत्तुम्	for cutting
√क्षिप्	(to throw)	क्षिप्त्वा	(having thrown)	क्षेप्तुम्	for throwing
√स्पृष्	(to touch)	स्पृष्ट्वा	(having touched)	स्पर्ष्टुम्	for touching

The * sign indicates that, these are '*seṭ*' सेट् verbs. For *set* and *anit* verbs, see the Book Level - II.

EXAMPLES cum EXERCISE : THE INFINITIVES (तुमुन्)

1. I go to school. *ahaṁ pāṭhaśālāṁ gacchāmi.* अहं पाठशालां गच्छामि।

2. I go to school for learning (to learn). *aham pāṭhaśālām paṭhitum/adhyetum gacchāmi.* अहं पाठशालां पठितुं/अध्येतुं गच्छामि।

3. Rāma wants to speak (desires for speaking). *Rāmaḥ vaktum icchati.* रामः वक्तुम् इच्छति।

4. She came to hear Rāmāyaṇa. *sā Rāmāyaṇam śrotum āgatavatī asti.* सा रामायणं श्रोतुम् आगतवती अस्ति।

5. The child is going to garden to pick fruits. *bālakaḥ phalāni cetum udyānam gacchati.* बालकः फलानि चेतुम् उद्यानं गच्छति।

6. Police are to protect the city. *nagaram saṁrakṣitum saṁrakṣakāḥ santi.* नगरं संरक्षितुं संरक्षकाः सन्ति।

7. I went to the pump to buy gas. *aham śilā-tailam kretum uttolana-yantra-sthānam gatavān.* अहं शिलातैलं क्रेतुम् उत्तोलनयन्त्रस्थानं गतवान्।

8. He brought a knife to cut mangos, wait for eating them. *saḥ āmraphalāni kartitum churikām ānītavān tāni bhoktum pratikṣām karotu.* सः आम्रफलानि कर्तितुं छुरिकाम् आनीतवान् तानि भोक्तुं प्रतीक्षां करोतु।

NOTE : **The Dative (4th) case may alternatively be used in place of the use of infinitives.** eg◦

1. Rāma wants to speak (desires for speaking). *Rāmaḥ vaktum icchati. Rāmaḥ vacanāya icchati.* रामः वक्तुम् इच्छति। रामः वचनाय इच्छति।

2. The police are here to protect (for the protection of) the city. *nagaram saṁrakṣitum rakṣakāḥ santi. nagara-saṁrakṣaṇāya rakṣakāḥ santi.* नगरं संरक्षितुं रक्षकाः सन्ति। नगरसंरक्षणाय रक्षकाः सन्ति।

USE OF TUMUN as POTENTIAL PARTICIPLE ipp◦

A *tumun* infinitive could be used in place of any of the three ipp◦ Indeclinable Potential Participles of अनीयर्, तव्यत्, य।

eg◦ You should not lament.

(i) tumun◦ न त्वं शोचितुम् अर्हसि। (Gītā 2.30). =

(ii) ipp◦ त्वया शोकः न करणीयः। त्वया शोकः न कर्तव्यः। त्वया शोकः न कार्यः।

EXERCISE 43 : Tumun

Match the English words with the corresponding Sanskrit participles.
खादित्वा, स्मर्तुम्, विक्रीय, प्राप्य, उक्त्वा, प्रष्टुम्, खादितुम्, वक्तुम्, स्मृत्वा, ज्ञातुम्, छेतुम्, क्रित्वा।

(1) I go home to eat. Having eaten I go school.

(2) Having said so he kept quiet. He wants to say no more.

(3) Having sold his old house and having bought a new one, he is happy.

(4) I came here for asking you something.

(5) Having remembered you, I am writing the letter.

(6) Having obtained the degree, I got the job.

(7) You will not be able to cut this.

(8) He is not able to remember it.

(9) They are able to know that.

16.9 THE CONDITIONAL EXPRESSIONS

यदि ... तर्हि। 'IF ... THEN'

As in English, the conditional expression - 'if' (*yadi* यदि) is complemented by the expression - 'then' (*tarhi* तर्हि). These two expressions, 'if' (*yadi,* यदि) and 'then' (*tarhi* तर्हि), are used as a pair in a sentence, however, many times one of these two expressions may not actually be written, but is simply understood.

1. If gas (petrol) is there then the car runs. *yadi śilātailam asti tarhi kārayanaṁ ćalati.* यदि शिलातैलम् अस्ति तर्हि कारयानं चलति। *śilātailam asti tarhi cāra-yanaṁ ćalati.* शिलातैलम् अस्ति तर्हि कारयानं चलति।
2. If electricity is not there, the bulb does not light. *yadi vidyut nāsti tarhi dīpaḥ na jvalati.* यदि विद्युत नास्ति तर्हि दीपः न ज्वलति। *vidyut nāsti tarhi dīpaḥ na jvalati.* विद्युत नास्ति तर्हि दीपः न ज्वलति।
3. If it rains, plants grow. *yadi varṣā bhavati, vṛkṣāḥ vardhanti.* यदि वर्षा भवति, वृक्षाः वर्धन्ति।
4. If you will not come, I will not play. *yadi bhavān na āgamiṣyati, ahaṁ na krīdiṣyāmi.* यदि भावान् न आगमिष्यति तर्हि अहं न क्रीडिष्यामि।
5. If you come, we will watch a movie. *yadi bhavān āgamiṣyati, vayaṁ ćalaćitraṁ drakṣyāmaḥ (paṣyāmaḥ).* यदि भावान् आगमिष्यति तर्हि वयं चलचित्रं द्रक्ष्यामः (पश्यामः)।
6. If they have self-confidence, everything will be easy. *yadi tebhyaḥ ātmaviṣvāsaḥ asti tarhi sarvaṁ sulabhaṁ bhaviṣyati.* यदि तेभ्यः आत्मविश्वासः अस्ति तर्हि सर्वं सुलभं भविष्यति।
7. If you use this book, you will learn Sanskrit. *yadi bhavān etat pustakam upaujyati tarhi saṁskṛtam adhigamiṣyati (śikṣiṣyate).* यदि भावान् एतत् पुस्तकम् उपयुज्यति तर्हि संस्कृतम् अधिगमिष्यति/शिक्षिष्यते।

16.10 THE EXPRESSIONS : from - to

तः ... पर्यन्तम्। 'FROM ... UP TO'

1. I walk from home to school. *ahaṁ gṛhataḥ vidyālayaparyantaṁ ćalāmi.* अहं गृहतः विद्यालयपर्यन्तं चलामि।
2. She does exercise from 5.00 O' Clock to 6.00 O' Clock. *sā pañća vādana-taḥ ṣaḍ vādana-paryantaṁ yogāsanaṁ karoti.* स पञ्च वादनतः षड् वादनपर्यन्तं योगासनं करोति।
3. He is in the office up to 7.00 O' Clock. *saḥ sapta vādana-paryantaṁ kāryālaye asti.* सः सप्त वादनपर्यन्तं कार्यालये अस्ति।
4. (Up to) How long will they stay there? *kadā-paryantaṁ te tatra tiṣṭhanti?* कदापर्यन्तं ते तत्र तिष्ठन्ति।
5. From India to America the distance is 10000 km. *Bharatataḥ Amerikāparyantam antaraṁ daśa sahasra-km. asti.* भारततः अमेरिकापर्यन्तम् अन्तरं 10000 किमि. अस्ति।

16.11 THE CONDITIONAL EXPRESSIONS

यदा ... तदा। 'WHEN ... THEN'

As in English, the conditional expression - 'when' (*yadā* यदा) is complemented by expression - 'then' (*tadā* तदा). Usually these two expressions are used as a pair in a sentence.

1. When I went there, he was writing a letter. *yadā aham̊ tarta gatavān tadā saḥ patram̊ likhati sma.* यदा अहं तत्र गतवान् तदा सः पत्रं लिखति स्म।
2. Whenever I go there, he is not there. *yadā yadā aham̊ tarta gaćchāmi tadā tadā saḥ tatra nāsti.* यदा यदा अहं तत्र गच्छामि तदा तदा सः तत्र नास्ति।
3. I will pay you when you do the work. *yadā bhavān kāryam̊ kariṣyati tadā aham̊ dhanam̊ dāsyāmi.* यदा भवान् कार्यं करिष्यति तदा अहं धनं दास्यामि।
4. Where were you when I came to your house? *yadā aham̊ bhavataḥ gṛham āgatavān tadā bhavān kutra āsīt.* यदा अहं भवतः गृहम् आगतवान् तदा भवान् कुत्र आसीत्?

16.12 THE CONDITIONAL EXPRESSIONS

यावत् ... तावत्। 'AS LONG AS ... SO LONG'

The conditional expression - 'as long or as much' (*yāvat* यावत्) is complemented by expression - 'so long or so much' (*tāvat* तावत्).

1. As long as the sun and moon are in the sky, there shall be light in the world. *yāvat gagane ćandra-divākarau tāvat viśve prakāśaḥ bhaviṣyati.* यावत् गगने चन्द्र-दिवाकरौ तावत् विश्वे प्रकाशः भविष्यति।
2. As long as you are working, I have no worry. *yāvat bhavān kāryam̊ karoti, mama ćintā nāsti.* यावत् भवान् कार्यं करोति मम चिन्ता नास्ति।
3. As long as there is water in the town, nobody will die. *yāvat nagare jalam asti tāvat ko'pi na mariṣyati.* यावत् नगरे जलम् अस्ति तावत् कोऽपि न मरिष्यति।
4. As much I like you so much no one does. *yāvat aham̊ bhavantam̊ snihyāmi tāvat bhavantam̊ ko'pi na snihyati.* यावत् अहं भवन्तं स्निह्यामि तावत् भवन्तम् कोऽपि न स्निह्यति।

16.13 THE CONDITIONAL EXPRESSIONS

यथा ... तथा। 'AS ... SO'

The conditional expression - 'as' (*yātha* यथा) is complemented by expression - 'so' (*tathā* तथा). These two expressions are used as a pair in a sentence, however, many times one of these two expressions may not actually be written, but is simply understood.

1. As my friend sings, no one sings so. *yathā mama mitraṁ gāyati tathā ko'pi na gāyati.* यथा मम मित्रं गायति तथा कोऽपि न गायति।
2. Nobody teaches like prof. John does. *yathā prādhyapakaḥ Johnaḥ pāṭhayati tathā ko'pi na pāṭhayati.* यथा प्राध्यापक: जॉन: पाठयति तथा कोऽपि न पाठयति।
3. I do not write like you do. *yathā bhavān likhati tathā ahaṁ na likhami.* यथा भवान् लिखति तथा अहं न लिखामि।
4. Do as you like. *yathā bhavān iććhati tathā eva karotu.* यथा भवान् इच्छति तथा तथा एव करोतु।

16.14 THE CONDITIONAL EXPRESSIONS

चेत् ... नो चेत्। 'IF ... OTHERWISE'

The conditional expression - 'if' (*ćet* चेत्) is complemented by expression - 'otherwise' (*no ćrt* नो चेत्). These two expressions are generally used as a pair in a sentence.

1. Come here if you have time, otherwise do not bother. *avakāśaḥ bhavati ćet āgaććhatu no ćet māstu.* अवकाश: अस्ति चेत् आगच्छतु नो चेत् मास्तु।

2. If you go in time, you get the train otherwise not. *bhavān samayena gaććhati ćet rela-yānaṁ labhyate no ćet na labhyate.* भवान् समयेन गच्छति चेत् रेल-यानं लभ्यते नो चेत् न लभ्यते।

3. If it rains, the crops grow otherwise not. *varṣā bhavati ćet sasyaṁ vardhate no ćet na vardhate.* वर्षा भवति चेत् नो चेत् न वर्धते।

4. If you have money, please give me otherwise do not worry. *dhanam asti ćet dadātu no ćet ćintā māstu.* धनम् अस्ति चेत् ददातु नो चेत् चिन्ता मास्तु।

16.15 THE EXPRESSIONS

सह, विना। 'WITH, WITHOUT'

1. Are you coming with me? *bhavān mayā saha āgacchati vā?* भवान् मया सह आगच्छति वा?
2. Who was with you? *bhavataḥ/bhavatyāḥ saha kaḥ āsīt?* भवत:/भवत्या: सह क: आसीत्?
3. Rāma had battled (with) Rāvaṇa. *Rāvaṇena saha Rāmaḥ yuddhaṁ kṛtavān āsīt.* रावणेन सह राम: युद्धं कृतवान् आसीत्।
4. Lakṣmaṇa had gone to the forest with Rāma. *Rāmeṇa saha Lakṣmaṇaḥ vanaṁ gatavān āsīt.* रामेण सह लक्ष्मण: वनं गतवान् आसीत्।
5. Life is difficult without money. *dhanena vinā jīvanaṁ kaṭhinam.* धनेन विना जीवनं कठिनम्।
6. Car does not run without gas. *śilātailena vinā kāra-yānaṁ na ćalati.* शिलातैलेन विना कारयानं न चलति।
7. I am alone without you. *bhavataḥ vinā aham ekākī.* भवत: विना अहम् एकाकी।
8. Without pen how will you write? *lekhanyā vinā kathaṁ lekhiṣyati.* लेखन्या विना कथं लेखिष्यति भवान्?

16.16 THE EXPRESSIONS

इति, अपि, एव। 'SO, ALSO, ONLY'

1. "I will not go," so he said. *ahaṁ na gamiṣyāmi iti saḥ uktavān.* अहं न गमिष्यामि इति स: उक्तवान।
2. I do not know (that) if she is coming or not. *sā āgamiṣyati vā na vā iti ahaṁ na jānāmi.* सा आगमिष्यति वा न वा इति अहं न जानामि।
3. Rāma also said he will come. *Rāmaḥ api āgamiṣyāmi iti uktavān.* राम: अपि आगमिष्यामि इति उक्तवान्।
4. Today there are only five students in the class. *adya kakṣāyāṁ pañća ćhātrāḥ eva santi.* अद्य कक्षायां पञ्च छात्रा: एव सन्ति।
6. I also have a new car. *mama api nūtanaṁ kārayānam asti.* मम अपि नूतनं कारयानं अस्ति।
7. They are also sick. *te api (te'pi) rugṇāḥ santi.* ते अपि (तेऽपि) रुग्णा: सन्ति।

16.17 THE EXPRESSIONS

अद्यतन, श्वस्तन, ह्यस्तन।

TODAY'S TOMORROW'S YESTERDAY'S

1. Where is today's newspaper? *adyatanavārtāpatraṁ kutra asti?* अद्यतनवार्तापत्रं कुत्र अस्ति?
2. This is yesterday's paper. *etat hyastanasya patram asti.* एतत् ह्यस्तनस्य पत्रम् अस्ति।
3. Is it Sunday tomorrow? *śvastanasya dinaḥ ravivāsaraḥ asti vā?* श्वस्तनस्य दिन: रविवासर: अस्ति वा?

LESSON 17

ADVERBS AND CONJUNCTIONS

kriyāviśeṣaṇāni yaugicśabdāḥ ća क्रियाविशेषणानि यौगिकशब्दा: च।

17.1 ADVERBS

kriyāviśeṣaṇāni क्रियाविशेषणानि।

An Adverb does not take any gender, number, person, tense or case. It does not change with the verb or the adjective it qualifies, thus, it is an INDECLINABLE word (*avyayam* अव्ययम्)

NOTE : Adverbs are not the only indeclinable words, there are many other words that are indeclinables and are used adverbially, such as :

(1) There are nouns of which one conjugation or the Nominative case declension is used as an indeclinable word. eg॰ अस्तम् (*astam* setting, decline), अस्ति (*asti* existence), नास्ति (*nāsti* non-existence), नम: (*namaḥ* salutation), भुवर् (*bhuvar* sky), संवत् (*saṁvat* a year), स्वर् (*svar* heaven), स्वस्ति (*svasti* greeting), सुखम् (*sukham* happily, easily), दु:खम् (*dukham* sadly, painfully), etc.

(2) There are adjectives of which the Accusative Neuter is indeclinable. eg॰ नित्यम् (*nityam* regularly), बहु (*bahu* vaer), भूय: (*bhūyaḥ* again), सत्यम् (*satyam* truly), सुखम् (*sukham* happily), दु:खम् (*dukham* sadly), etc.

(3) There are Pronouns of which Accusative Neuter is indeclinable. eg॰ किम् (*kim* what), तत् (*tat* that), यावत् (*yāvat* as long), तावत् (*tāvat* so long), etc.

(4) There are other substantives of which the Accusative neuter is indeclinable. eg॰ स्वयम् (*svayam* oneself), etc.

(5) There are nouns and adjectives of which Instrumental case is indeclinable, अशेषेण (*aśeṣeṇa* fully), उच्चै: (*uććaiḥ* loudly), चिरेण (*ćireṇa* quickly), तेन (*tena* thus), पुरा (*purā* anciently, formerly), etc.

(6) There are words of which the Dative form is indeclinable. eg॰ अप्रदाय (*apradāya* without sharing), आस्थाय (*āsthāya* for staying), विज्ञाय (*vijñāya* for knowing), etc.

(7) There are nouns and pronouns of which the Ablative form is indeclinable. eg॰ तस्मात् (*tasmāt* therefore), बलात् (*balāt* forcibly), समन्तात् (*samantāt* around), etc.

(8) There are words of which the Locative form is indeclinable. eg॰ अग्रे (*agre* at first), अन्तरे (*antare* inside), ऋते (*ṛte* without), स्थाने (*sthāne* justly), etc.

(9) There are words of which a derivative is indeclinable : eg॰

Affirmative : एव (*eva* only); Negative : न (*na* not), मा (*mā* don't), मा स्म (*mā sma* do not);

Interrogative : कच्चित् (*kaććit* does it), नु (*nu* is it possibe);

Comparative : इव (*iva* as if), एवम् (*evam* thus), तथैव (*tathaiva* as well);

Degree : अतीव (*atīva* very), सर्वथा (*sarvathā* by all means);

Mode : आशु (*āśu* soon), तूष्णीम् (*tūṣṇīm* quietly), नाना (*nānā* various), पुनर् (*punar* again), पृथक् (*pṛthak* differently);

Time : अद्य (*adya* today), जातु (*jātu* ever), प्राक् (*prāk* before), प्रेत्य (*pretya* in the next life), मुहुः (*muhuḥ* frequently);

Place : इह (*iha* here), तत्र (*tatra* there);

Doubt : उत (*uta* whether); Emphasis : अपि (*api* also), हि (*hi* indeed), etc.

EXAMPLES cum EXERCISE : USE of ADVERBS (क्रियाविशेषणानि)

1. Rāma works quickly. *Rāmaḥ kāryaṁ śīghreṇa karoti.* रामः कार्यं शीघ्रेण करोति।
2. Sītā works quickly. *Sītā kāryaṁ śīghreṇa karoti.* सीता कार्यं शीघ्रेण करोति।
3. We work quickly. *vayaṁ kāryaṁ śīghreṇa kurmaḥ.* वयं कार्यं शीघ्रेण कुर्मः
4. They worked quickly. *te/tāḥ kāryaṁ śīghreṇa kurvantaḥ/akurvan.* ते/ताः कार्यं शीघ्रेण कृतवन्तः।
5. He always helps. *saḥ sadā sāhāyyaṁ karoti.* सः सदा साहाय्यं करोति।
6. Please move backward. *kṛpayā pṛṣṭhataḥ saratu.* कृपया पृष्ठतः सरतु।
7. I will come before him. *ahaṁ tasmāt pūrvam āgamiṣyāmi.* अहं तस्मात् पूर्वम् आगमिष्यामि।
8. He wants money now. *saḥ dhanam idānīm ićchati.* सः धनम् इदानीम् इच्छति।
9. Kindly give me ten Rupees. *kṛpayā mahyaṁ daśa-rūpyakāṇi dadātu.* कृपया मह्यं दश रूप्यकाणि ददातु।
10. Otherwise I am going. *anyathā ahaṁ gaćchāmi.* अन्यथा अहं गच्छामि।
11. Where is your friend? *tava/bhavataḥ mitraṁ kutra asti?* तव/भवतः मित्रं कुत्र अस्ति?

EXERCISE 44 : ADVERBS

Fill in the blanks with Sanskrit adverbs

(1) Why did you tell him? त्वं तं ---------- उक्तवान्?

(2) How is your brother now? तव बन्धुः ---------- अस्ति?

(3) I see it clearly. अहं तत् ---------- पश्यामि।

(4) You are very tired. त्वं ---------- क्लान्तः असि।

(5) Enough with (of) talking. ---------- कथनेन।

ANSWERS : (1) किं कारणम् (2) कथम् (3) स्पष्टम् (4) अतीव (5) अलम्

EXAMPLES cum EXERCISE : USING WORDS ADVERBIALLY

(1) Where is your house? *bhavataḥ gṛhaṁ kutra asti?* भवतः गृहं कुत्र अस्ति?

Where is Rāma? *Rāmaḥ kutra asti?* रामः कुत्र अस्ति?

Where are they? *te/tāḥ kutra santi?* ते/ताः कुत्र सन्ति?

(2) Stay quiet, he is here. *tūṣṇīm tiṣṭhatu saḥ atra asti.* तूष्णीं तिष्ठतु सः अत्र एव अस्ति।

(3) Happiness is where peace is. *yatra śāntiḥ, tatra sukham,* यत्र शान्तिः तत्र सुखम्।

Where there is a will there is a way. *yatra icchā, tatra mārgaḥ.* यत्र इच्छा तत्र मार्गः।

(4) Somehow he got a job. *katham-api tena vyavasāyaḥ prāptaḥ.* कथमपि तेन व्यवसायः प्राप्तः। Please say it again. *punaḥ vadtu.* पुनः वदतु।

(5) How can you not know this? *etat kathaṁ na jānāti bhavān?* एतत् कथं न जानाति भवान्?

(6) Be kind to the poor. *dīnaṁ prati dayāṁ karotu.* दीनं प्रति दयां करोतु।

(7) I drink milk, nothing else. *ahaṁ kevalaṁ dugdhaṁ pibāmi, anyat kim/api na.* अहं केवलं दुग्धं पिबामि अन्यत् किमपि न।

(8) Knowledge indeed comes slowly. *jñānaṁ khalu śanaiḥ śanaiḥ prāpyate.* ज्ञानं खलु शनैः शनैः प्राप्यते।

(9) Do not tell a lie, otherwise you will be punished. *mithyā mā vadatu, no cet daṇḍaṁ prāpsyati.* मिथ्या मा वदतु नो चेत् दण्डं प्राप्स्यति।

(10) From here my house is near. *itaḥ mama gṛhaṁ samīpe asti.* इतः मम गृहं समीपे अस्ति। How about your? *bhavataḥ.* भवतः?

(11) The sun rises in the morning. *sūryaḥ prage udayati.* सूर्यः प्रगे उदयति।

(12) As long as the moon and the sun are there. *yāvat candra-divākarau.* यावत् चन्द्रदिवाकरौ।

(13) Long ago there was a righteous king named Rāma. *purā Rāmaḥ nāma sāttvikaḥ rājā āsīt.* पुरा रामः नाम सात्त्विकः राजा आसीत्।

(14) He is cunning like a fox. *saḥ sṛgālaḥ iva dhūrtaḥ asti.* सः शृगालः इव धूर्तः अस्ति।

(15) The sky is high. *nabhaḥ uccaiḥ asti.* नभः उच्चैः अस्ति। The lion roars loudly. *siṁhaḥ uccaiḥ garjati.* सिंहः उच्चैः गर्जति।

(17) What is the use of pouring oil into the lamp that has been extinguished?

nirvāṇa-dīpe kimu tailam? निर्वाणदीपे किमु तैलम्?

(18) Who is clever, you or he? *kaḥ caturaḥ bhavān vā saḥ vā?* कः चतुरः भवान् वा सः वा? कः चतुरः त्वम् अथवा सः?

(19) No pains no gains. *yatnaṁ vinā kimapi na labhyate.* यत्नं विना किमपि न लभ्यते।

(20) You are certainly a gentleman. *nūnaṁ/avaśyaṁ/niścayena bhavān satpuruṣaḥ.*
नूनं/अवश्यं/निश्चयेन भवान् सत्पुरुषः।

(21) Although he is rich, he is not happy. *yadyapi saḥ dhanī saḥ sukhī nāsti asti.*
यद्यपि सः धनी अस्ति सः सुखी नास्ति।

(22) Do not do anything suddenly. *sahasā ikm-api mā karotu.* सहसा किमपि मा करोतु।

(23) Animals do not enter the mouth of a sleeping lion indeed. *na hi suptasya simhasya praviśanti mukhe mṛgāḥ.* न हि सुप्तस्य सिंहस्य प्रविशन्ति मुखे मृगाः।

17.2 CONJUNCTIONS

Words like - and, or, but, for, if, that, where, either, neither, nor, still, till, only, else, after, before ...etc. which make a connection or conjunction between two parts of a sentence are called CONJUNCTIONS.

EXAMPLES cum EXERCISE : We have already learned some of these words, let us learn new ones now.

1. Rāma AND Sunīl are brothers. *Rāmaḥ Sunīlaḥ ća bandhū staḥ.* रामः सुनीलः च बन्धू स्तः।
2. Bring mango AND a knife. *āmram evam ćhurikām ānayatu.* आम्रम् एवं छुरिकाम् आनयतु।
3. He works day AND night. *saḥ divā naktam ća kāryam karoti.* सः दिवा नक्तं च कार्यं करोति।
4. He AS WELL AS Neil were there. *saḥ tathaiva Neilaḥ tatra āstām.* सः तथैव नीलः तत्र आस्ताम्।
5. Give me a mango OR a banana. *mahyam āmram kadalīm vā dadātu.* मह्यं आम्रं कदलीं वा ददातु।
6. Speak in Sanskrit OR English. *Samskṛtena athavā Englisha-bhāṣayā vadatu.* संस्कृतेन अथवा इंग्लिशभाषया वदतु।
7. EITHER speak Sanskrit, OR speak English. *Samskṛtena vā Englisha-bhāṣayā vā vadatu.* संस्कृतेन वा इंग्लिश-भाषया वा वदतु।
8. It is NEITHER good, NOR beautiful. *etat na śobhanam na ća sundaram. etat na śobhanam na vā sundaram.* एतत् न शोभनं न च सुन्दरम्। एतत् न शोभनं न वा सुन्दरम्।
9. WHETHER he does it OR NOT, I will do it. *saḥ etat akariṣyat vā na akariṣyat, aham etat kariṣyāmi eva.* स एतत्करोतु न करिष्यत् वा न अकरिष्यत् अहम् एतत् करिष्यामि एव।
10. I do not know WHETHER he is here OR there. *aham na jānāmi saḥ (api) atra asti tatra ut. aham na jānāmi yat saḥ atra asti tatra vā.* अहं न जानामि सः (अपि) अत्र अस्ति तत्र उत। अहं न जानामि यत् सः अत्र अस्ति तत्र वा।
11. Sit down OR ELSE leave. *upaviśatu anyathā gaććhatu.* उपविशतु अन्यथा गच्छतु।
12. Give me money if you have, OTHERWISE I am going. *yadi asti mahyam dhanam dadātu anyathā aham gaććhāmi.* मह्यं धनं ददातु अन्यथा अहं गच्छामि। *dhanam asti ćet dadātu no ćet aham gaććhāmi.* धनं अस्ति चेत् ददातु नो चेत् अहं गच्छामि।
13. He told me THAT Sītā was not there. *saḥ mām uktavān yat Sītā tatra nāsti iti.* सः माम् उक्तवान् यत् सीता तत्र नास्ति इति।
14. He is rich BUT he is not charitable. *saḥ dhanī asti kintu dānī nāsti.* सः धनी अस्ति किन्तु सः दानी नास्ति। Not only I told him, BUT I wrote him too. *na kevalam aham tam uktavān aham tam*

likhitavān api. न केवलम् अहं तम् उक्तवान् अहं तं लिखितवान् अपि।

15. I run FROM 'a' TO 'b'. *aham A taḥ B patyantaṁ dhāvāmi.* अहं अ तः ब पर्यन्तम् धावामि।

16. She is slow BUT will win. *sā mandagatiḥ paraṁ jeṣyati.* सा मन्दगतिः परं जेष्यति।

17. I have eaten, BUT I am still hungry. *ahaṁ khāditavān tathāpi kṣudhitaḥ asmi.* अहं खादितवान् तथापि क्षुधितः अस्मि।

18. Even though he is in pain, YET he is quiet. *yadyapi saḥ dukhitaḥ asti tathāpi saḥ śāntaḥ asti.* यद्यपि सः दुःखितः अस्ति तथापि सः शान्तः अस्ति।

19. ALTHOUGH he did not ask, I gave him money. *yadyapi saḥ na yāćitavān, ahaṁ tasmai ḍālarān/rūpyakāṇi/mudrāḥ dattavān.* यद्यपि सः न याचितवान् अहं तस्मै डालरान्/रूप्यकाणि/मुद्राः दत्तवान्।

20. IN SPITE OF what I said, (s)he did not do that. *yadyapi aham uktavān, saḥ tat na kṛtavān (sā tat na kṛtavatī).* यद्यपि अहम् उक्तवान्, सः तत् न कृतवान् (सा तत् न कृतवती)।

21. Notice was posted IN ORDER THAT everyone might be aware. *sūćanā-patraṁ sthāpitam āsīt yena sarve api sāvadhānāḥ syuḥ.* सूचनापत्रं स्थापितम् आसीत् येन सर्वे अपि सावधानाः स्युः।

22. AS SOON AS the bell rang, I went inside. *yāvat ghaṇṭā nāditavatī, tāvat aham abhyantare gatavān/gatavatī.* यावत् घण्टा नादितवती तावत् अहम् अभ्यन्तरे गतवान्/गतवती।

23. He is walking AS THOUGH he is lame. *saḥ panguḥ iva ćalati.* सः पंगुः इव चलति।

24. He was alright, EXCEPT he was tired. *saḥ svasthaḥ paraṁ klāntaḥ āsīt.* सः स्वस्थः परं क्लान्तः आसीत्।

25. Something certainly fell down, FOR I heard the noise. *kim/api niśćitaṁ patitaṁ yataḥ ahaṁ śabdaṁ/dhvaniṁ śrutavān.* किमपि निश्चितं पतितं यतः अहं शब्दं/ध्वनिं श्रुतवान्।

26. He sat down BECAUSE he was tired. *saḥ upāviśat yatah saḥ klāntaḥ āsīt.* सः उपाविशत् यतः सः क्लान्तः आसीत्।

27. WHEN I was young, I used to work very hard. *yadā ahaṁ taruṇaḥ āsaṁ tadā ahaṁ praćuraṁ karma karomi sma.* यदा अहं तरुणः आसम् तदा अहं प्रचुरं कर्म करोमि स्म।

28. His watch is WHERE he had kept it. *tasya ghaṭikā tatra eva asti yatra tena sthāpitā āsīt.* तस्य घटिका तत्र एव अस्ति यत्र तेन स्थापिता आसीत्।

29. Let us give charity, WHILE we have money. *yāvat dhanam asti tāvat dānaṁ kuryāma.* यावत् धनम् अस्ति तावत् दानं कुर्याम।

30. WHENEVER I see him, he becomes happy. *yadā yadā hi ahaṁ taṁ paśyāmi saḥ ānanditaḥ bhavati.* यदा यदा हि अहं तं पश्यामि सः आनन्दितः भवति। WHEREVER the rain falls, the water goes to the ocean. *yatra yatra eva varṣā bhavati, tataḥ tataḥ jalaṁ sāgaraṁ prati eva gaććhati.* यत्र यत्र एव वर्षा भवति ततः ततः जलं सागरं प्रति एव गच्छति।

31. Rāma is taller THAN Hari. *Rāmaḥ hareḥ apekṣayā unnataḥ.* रामः हरेः अपेक्षया उन्नतः।

32. He said yes, THEREFORE I went there. *saḥ ām uktavān tasmāt ahaṁ tatra gatavān.* सः आम् उक्तवान् तस्मात् अहं तत्र गतवान्।

EXERCISE 45 : Fill in the blanks with suitable Sanskrit conjunctions.

(1) Mangos AND Bananas are fruits. आम्राणि ———————— कदलीफलानि फलानि सन्ति।

(2) Give me paper AND a pencil. मह्यं पत्रं लेखनीं ———————— देहि।

(3) He buys and sells books. सः पुस्तकानि क्रीणाति ———————— विक्रीणाति ————

(4) Give me a pen AS WELL AS paper. मह्यं लेखनीं ——— पत्रकं देहि।

(5) Pay the fine OR go to jail. दण्डधनं ददातु ——— कारागृहं गच्छतु।

(6) Come by bus OR car. बसयानेन कारयानेन ——— आगच्छतु।

(7) It is NEITHER bad, NOR good. एतत् ——— अभद्रं ——— भद्रम् अस्ति।

(8) He said THAT it is difficult. सः उक्तवान् ——— एतत् कठिनम् अस्ति।

(9) Eat it OR ELSE stay hungry. एतत् खादतु ——— क्षुधितः तिष्ठतु।

(10) Take an umbrella, OTHERWISE you will get wet. छत्रं नयतु ——— भवान् क्लेदिष्यति।

(11) I told her BUT she did not listen. अहं तम् उक्तवान् ——— सः न श्रुतवान्।

(12) It is thin BUT strong. एतत् श्लक्ष्णं ——— दृढम् अस्ति।

(13) He does not like it, YET he is quiet. एतत् तस्मै न रोचते ——— सः किमपि न वदति।

(14) ALTHOUGH he did ask, I did not give it to him. ——— सः याचितवान् अहं तस्मै न दत्तवान्।

(15) THOUGH he did pay, he did not take the thing. ——— सः रूप्यकाणि दत्तवान् सः वस्तुं न नीतवान्।

(16) The milk was boiled IN ORDER THAT it may not get spoiled. दुग्धम् उष्णीकृतम् आसीत् ——— तत् न नश्येत्।

(17) AS SOON AS the door opened, the dog got out. ——— द्वारम् अपावृतं ——— कुकुरः बहिर्गतवान्।

(18) He walked slowly AS THOUGH he was a turtle. सः शनैःशनैः कूर्मः —— चलति स्म।

(19) I do not trust you, FOR you are stupid. अहं त्वयि विश्वासं न करोमि ——— त्वं मूर्खः असि।

(20) I did not go there, BECAUSE I forgot. अहं तत्र न गतवान् ——— अहं विस्मृतवान्।

(21) WHEN your letter came, I was already gone. ——— भवतः पत्रम् आगतम् अहं गतवान् आसम्।

(22) My office is THERE, WHERE your old house was. मम कार्यालयः ——— अस्ति ——— तव पुरातनं गृहम् आसीत्।

(23) WHILE he was sick, I was there. ——— सः रुग्णः आसीत् ——— अहं ——— ——— आसम्।

(24) WHENEVER I win, he becomes happy. ——— ——— अहं जयामि सः आनन्दितः भवति।

(25) WHEREVER God is worshipped, only Krishna gets worshipped. ——— ——— ईश्वरः पूज्यते केवलं कृष्णः एव पूजितः भवति।

(26) Grapes were sweet, THEREFORE, I ate them. द्राक्षाः मधुराः आसन् ——— अहं ताः खादितवान्।

ANSWERS : (1) आम्राणि एवं (2) पत्रं लेखनीं च। (3) क्रीणाति च विक्रीणाति च। (4) लेखनीं तथैव पत्रकम् (5) अथवा (6) बसयानेन कारयानेन वा। (7) न च अभद्रं न वा भद्रम्। (8) यत् (9) अन्यथा क्षुधितः तिष्ठतु। (10) अन्यथा। (11) परन्तु (12) परम् (13) तथापि। (14) यद्यपि सः याचितवान्। (15) यद्यपि सः (16) येन (17) यावत् – तावत् (18) कूर्मम् इव (19) यतः (20) यतः अहं (21) यदा (22) तत्र – यत्र (23) यावत् – तावत्, तत्र एव (24) यदा यदा (25) यत्र यत्र (26) तस्मात्।

LESSON 18

trimśaḥ abhyāsaḥ त्रिंश: अभ्यास:।

THE PREPOSITIONS

aupasargika-śabdāḥ औपसर्गिकशब्दा:।

The preposition (उपसर्ग: *upasargaḥ*) is an indeclinable word (*avyayam* अव्ययम्), having an independent meaning, prefixed to a verb (*kriyāpadam* क्रियापदम्) or its derivative (*sādhita-śabdaḥ* साधित-शब्द:).

It can be seen that the 22 prepositional prefixes listed by Pāṇini and Varadāćārya do intensify, modify, alter, change or make no change in the sense of the root verb.

(1) *ati* (अति) over, beyond. (i) क्रम: a step, pace → अतिक्रम: aransgression. (ii) रिक्त empty → अतिरिक्त remaining; supreme.

(2) *adhi* (अधि) power, right. (i) कार: causer → अधिकार: the right, power. (ii) क्षिप: casting away → अधिक्षेप: censure.

(3) *anu* (अनु) along, after, behind; each, every. (i) कम्प: shaking, a tremor → अनुकम्पा compassion. (ii) √कृ to do → अनुकृति: imitation.

(4) *antar* (अन्तर्) with interval, within, inner. (i) याम: restraint, control → अन्तर्याम: inner control. (ii) धानम् a seat → अन्तर्धानम् disappearance.

(5) *apa* (अप) away, away from. (i) शकुनम् a good omen → अपशकुनम् a bad omen. (ii) कार: doer, causer → अपकार: Harm.

(6) *api* (अपि) also; over, near, near to; indeed, also. (i) अयनम् entrance → अप्ययनम् junction, union. (ii) हितम् benefit → अपिहितम् openly, visibly.

(7) *abhi* (अभि) towards, near. (i) मुखम् mouth, face → अभिमुखम् In front of. (ii) मान: pride → अभिमान: ego, self-pride.

(8) *ava* (अव) away, off, down. (i) √स्था to stay → अवस्था condition, state. (ii) गुण: quality, character → अवगुण: a bad quality

(9) *ā* (आ) up to, towards, from, around; a little. (i) गमनम् going → आगमनम् coming. (ii) जन्म birth → आजन्म from the birth.

(10) prefixes *ut, ud* (उत्, उद्) over, superior, higher; facing. (i) √स्था to stay → उत्थानम् Getting up, rising. (ii) भव: Existence → उद्भव: Birth.

(11) *upa* (उप) secondary; towards, near to, by the side of. (i) √विश् to enter → उपविश to sit. (ii) √स्था to stay → उपस्थम् the middle part.

(12) *dur, dus,* (दुर्, दुस्) hard to do, difficult. (i) √लभ् to get, obtain → दुर्लभम् difficult to attain. (ii) बुद्धि:

mind → दुर्बुद्धिः malignity, evil mind.

(13) *ni* (नि) in, into; great; opposed to, without. (i) बन्धः A bond, tie → निबन्धः an essay. (ii) दानम् a gift, giving → निदानम् a cause, diagnosis.

(14) *nir* (निर्) out of, away from, without, ◦less, un◦ eg◦ मलम् dirt → निर्मलम् a clean thing.

(15) *nis* (निस्) out of, away from, without, ◦less, un◦ eg◦ √चल् to move → निश्चलम् steady.

(16) *parā* (परा) away, back, opposed to. (i) क्रमः a step, pace → पराक्रमः bravery. (ii) भवः existence → पराभवः Defeat.

(17) *pari* (परि) about, around. (i) भाषा language → परिभाषा definition. (ii) नाम name → परिणामः effect, result.

(18) *pra* (प्र) good, opposite, excess, progress. (i) कृतिः action, doing → प्रकृतिः nature. (ii) वदनम् mouth → प्रवदनम् announcement.

(19) *prati* (प्रति) towards, back, in return, in opposition; each. (i) √ज्ञा to know → प्रतिज्ञा vow. (ii) दिनम् day → प्रतिदिनम् every day.

(20) *vi* (वि) reverse of, apart, separate from. (i) कृतिः action, doing → विकृतिः disorder. (ii) क्रमः a step, pace → विक्रमः bravery.

(21) *sam* (सम्) together with, full, excellent. (i) बन्धः A bond, tie → सम्बन्धः relationship. (ii) योगः union → संयोगः bondage.

(22) *su* (सु) very, good, well, easily (i) रूपम् Form → सुरूपम् beauty. (ii) कृतम् done → सुकृतम् done well.

EXERCISE 46 : Find the prefixes in the following words :

(1) अतिसारः, अधिक्षेपः, अनुक्रमणम्, अनुचराः।

(2) अन्तर्यामी, अपहारः, उपहारः, अपकारः, उपकारः।

(3) अपिधानम्, अभिरुचिः, अभिरामः, अवमानः।

(4) अवतारः, अवसादः, आकाशः, आकारः, उद्यमः, उत्सर्गः।

(5) उद्गमः, उपस्थानम्, उपगमः, दुराचारः, दुस्सहः।

(6) निकेतम्, निश्चयः, निर्दोषः।

(7) पराजयः, प्रतिकारः, प्रतिबिम्बम्।

(8) विक्रयः, विशेषः, विकारः।

(9) संस्कारः, सङ्गमः, सुभाषितम्, सुकृतम्।

ANSWERS : (1) अति, अधि, अनु, अनु। (2) अन्तर्, अप, उप, अप, उप। (3) अपि, अभि, अभि, अव। (4) अव, अव, आ, आ, उद्, उत्। (5) उद्, उप, उप, दुर्, दुस्। (6) नि, निस्, निर्। (7) परा, प्रति, प्रति। (8) वि, वि, वि। (9) सम्, सम्, सु, सु।

EXERCISE 47 : Identify the prefixes in the following words:

सुशिक्षितः प्रहारः संहारः विहारः आहारः उद्योगः आभासः अपघातः सन्तोषः प्रचारः अनुचरः पराक्रमम् प्रबलम् प्रख्यातः दुश्चरित्रम् विशेषम् उत्कर्षः अभिलाषा उत्कण्ठा उत्तमम् अटला अधोगतिः विमल अमृतम् प्रत्युपकारः उपसर्गः अतीव अतीतः आघातः दुर्दैवम् दुर्गतिः दुरुपयोगः दुस्तरम् परित्राणम् परिच्छेदः विक्षेपः विपरीतम् व्यवस्थिता वियोगः आचरणम्

अभेद्यम् आजीवनम् अहिंसा समाचरत् अनुभवः प्रतिजानामि प्रतिगच्छति उपसङ्गम्य प्राप्स्यसि अवाप्स्यसि विरमति विसरति परिहारः अनुवर्तते उपपदम् विस्मृतिः।

ANSWERS : सु, प्र, सम्, वि, आ, उद्, आ, अप, सम्, प्र, अनु, परा, प्र, प्र, दुस्, वि, उत्, अभि, उत्, उत्, अ, अ, वि, अ, प्रति, उप, अति, अति, आ, दुर्, दुर्, दुर्, दुस्, परि, परि, वि, वि, वि, वि, आ, अ, आ, अ, सम्, अनु, प्रति, प्रति, उप, प्र, अव, वि, वि, परि, अनु, उप, वि।

WHAT WE LEARNED SO FAR

EXERCISE 48 :

Following sentences are in various tenses, moods and cases. Translate the English sentences into Sanskrit. The √Root Verbs are shown in brackets. For your help, the Answers are given in *italized transliteration* and in Devanāgarī (देवनागरी) Sanskrit.

(1) Rāma writes letters. *Rāmḥ patrāṇi likhati (√likh).* रामः पत्राणि लिखति। Rāma wrote letters. *Rāmḥ patrāṇi alikhat/likhitavān.* रामः पत्राणि अलिखत्/लिखितवान्।

(2) The ants are walking. *pipīlikāḥ ćalanti (√ćal).* पिपीलिकाः चलन्ति (चलन्त्यः सन्ति)।

(3) She will eat apples. *sā ātāphalāni/sevāni khādiṣyati (√khā).* सा आताफलानि/सेवानि खादिष्यति।

(4) They worshiped Krishna. *te kriṣṇam ārćan/arćitavantaḥ. (√arć).* ते कृष्णम् आर्चन्/अर्चितवन्तः।

(5) Rītā was throwing a ball. *Rītā kandukaṁ kṣipati sma (√kṣip).* रीता कन्दुकं क्षिपति स्म।

(6) The cart is brought by Viśāl. *Viśālena yānam ānītaṁ (ā√nī).* विशालेन यानम् आनीतम्।

(7) Yes, Rānī will cut the beans. *ām! Ranī simbāḥ kartiṣyati.* आम्! रानी सिम्बाः कर्तिष्यति।

(8) The bears run freely in the forest. *bhallāḥ/bhallukāḥ vane svairaṁ dhāvanti (√dhāv).* भल्लाः/भल्लुकाः वने स्वैरं धावन्ति। (स्वैरम् = freely)

(9) They must not kill the dog. *taiḥ kukkuraḥ/bhaṣakaḥ/śunakaḥ/śvānaḥ na hantavyaḥ (√han).* तैः कुक्कुरः/भषकः/शुनकः/श्वानः न हन्तव्यः।

(10) He may steal the money. *kadāćit saḥ mudrāḥ/dhanaṁ ćorayet (√ćur).* कदाचित् सः मुद्राः/धनं चोरयेत्।

(11) The black bird flew to the nest. *kṛṣṇaḥ khagaḥ/ćaṭakaḥ/pakṣī/vihaṅgaḥ nīḍam aḍayata (√ḍī).* कृष्णः खगः/चटकः/पक्षी/विहङ्गः नीडम् अडयत।

(12) The barber works in his shop. *nāpitaḥ tasya āpaṇe/kartanālaye kāryaṁ karoti (karma√kṛ).* नापितः तस्य आपणे/कर्तनालये कार्यं करोति।

(13) Gopāl will come here to wash his hands. *Gopālaḥ tasya hastau kṣālayitum atra āgamiṣyati (√kṣal).* गोपालः तस्य हस्तौ क्षालयितुम् अत्र आगमिष्यति।

(14) Ramesh should burn the dry grass in the fields. *Rameshaḥ kṣetreṣu śuṣkaṁ ghāsaṁ dahet (√dah).* रमेशः क्षेत्रेषु शुष्कं घासं दहेत्।

(15) The cocoanut should not fall from the tree on your head. *nārikelaḥ vṛkṣāt bhavataḥ śirasi na patet (√pat).* नारिकेलः वृक्षात् भवतः शिरसि न पतेत्।

(16) When the time comes you will not stay here. *yadā samayaḥ āgamiṣyati/bhaviṣyati bhavān atra na sthāsyati (ā√gam, √bhū).* यदा समयः आगमिष्यति/भविष्यति भवान् अत्र न स्थास्यति।

(17) The animals should roam <u>freely</u>. *jantavaḥ/jīvāḥ/prāṇinaḥ/paśavaḥ svecchayā (yathā icchā asti tatha) aṭantu (√aṭ).* जन्तवः/जीवाः/प्राणिनः/पशवः <u>स्वेच्छया</u> (यथा इच्छा अस्ति तथा) अटन्तु।

(18) You all should read that book. *bhavantaḥ tat pustakaṁ paṭhantu (√paṭh).* भवन्तः तत् पुस्तकं पठन्तु।

(19) The baby will cry. *bālakaḥ/śiśuḥ krandiṣyati (√krand).* बालकः/शिशुः क्रन्दिष्यति।

(20) The girl played. *bālikā/bālā akhelat/akrīḍat (√khel, √krīḍ).* बालिका/बाला अखेलत्/अक्रीडत्। The girls played. *bālikāḥ/bālāḥ akhelan/akrīḍan (√khel, krīḍ).* बालिकाः/बालाः अखेलन्/अक्रीडन्।

(21) Sītā is not cooking bread/breads. *Sītā roṭikām/roṭikāḥ na pacati (√pac).* सीता रोटिकां/रोटिकाः न पचति।

(22) The honey-bee bites. *madhu-makṣikā daṁśayate (√daṁś).* मधुमक्षिका दंशयते। The honey-bee will bite. *madhu-makṣikā daṁśyiṣyate (√daṁś).* मधुमक्षिका दंशयिष्यते।

(23) We should give charity. *vayaṁ dānaṁ kuryāma (√kṛ).* वयं दानं कुर्याम।

(24) Blood rushes to the heart. *rudhiraṁ hṛdayaṁ prati dhāvati (√dhāv).* रुधिरं हृदयं प्रति धावति।

(25) The blood flows in the veins. *raktaṁ/rudhiraṁ/śoṇitaṁ/lohitaṁ nāḍīṣu pravahati (pra√vah).* रक्तं/रुधिरं/शोणितं/लोहितं नाडीषु प्रवहति।

(26) Two boats are floating on the water. *dve jalayāne/nāvau/nauke jale tarataḥ. (√tṝ).* द्वे जलयाने/नावौ/नौके जले तरतः।

(27) Does Sonia bring the box? *Sonia peṭikāṁ/samudrakaṁ/mañjuṣām ānayati vā? (ā√ni).* सोनीया पेटिकाम्/समुद्रकम्/मञ्जूषाम् आनयति वा।

(28) Are you buying a brecelet from the market? *api/kiṁ bhavān āpaṇāt valayaṁ/kaṅkaṇaṁ krīṇāti? (√kṛ)* अपि/किं भवान् वलयं/कङ्कणम् आपणात् क्रीणाति?

(29) Ramesh is going to the building belonging to Govind. *Rameshaḥ Govindasya bhavanaṁ gacchati (√gam).* रमेशः गोविन्दस्य भवनं गच्छति।

(30) Rādhā makes butter from milk. *Rādhā dhgdhāt navanītaṁ/ghṛtaṁ sādhayati (√sādh).* राधा दुग्धात् नवनीतं/घृतं साधयति।

(31) Rājā cooked Cauliflower yesterday and tomorrow he may cook Okras. *Rājā hyaḥ*

gojihvam apacat svaḥ ca saḥ bhiṇḍakān pacet (√pac). राजा ह्यः गोजिह्वाम् अपचत् श्वः च सः भिण्डकान् पचेत्।

(32) The camels are drinking water from the pond. *ūṣṭrāḥ jalaṁ/udakaṁ/nīraṁ/toyaṁ jalāśayāt pibatni (√pā).* ऊष्ट्राः जलं/उदकं/नीरं/तोयं जलाशयात् पिबन्ति (पिबन् सन्ति)।

(33) When I went to Mālā's home, she was sewing a shirt for her mother. *Yadā ahaṁ Mālāyaḥ gṛhaṁ gatavān tadā sā tasyāḥ matre ekaṁ colaṁ/niculaṁ/yutakaṁ sīvyati sma (√siv).* यदा अहं मालायाः गृहं गतवान् तदा सा तस्याः मात्रे एकं चोलं/निचुलं/युतकं सीव्यति स्म।

(35) One day she drove a car from Bombay (Mumbāpurī, Mumbaī) to Nagpur. *ekadā sā Mumbāpurītaḥ Nagpura-paryantaṁ cārayānam acālayat (√cāl).* एकदा सा मुम्बापुरीतः नागपुर-पर्यन्तं कारयानम् अचालयत्।

(36) That car is painted by John. *tat car-yānaṁ Johnena raṅgaliptam asti (raṅga√lip).* तत् कारयानं जॉनेन रङ्गलिप्तम् अस्ति।

(37) Rekhā counted Rupees/Dollars quickly. *Rekhā rūpyakāṇi śīghram agaṇayat/gaṇitavatī (√gaṇ).* रेखा रूप्यकाणि/डालरान् शीघ्रम् अगणयत्/गणितवती।

(38) She will eat chick-peas with a roṭī. *saḥ roṭyā saha chaṇakān bhakṣayiṣyati/khādiṣyati (√bhakṣ).* सः रोटया सह चणकान् भक्षयिष्यति/खादिष्यति।

(39) Sunītā will dry Chillies in the sun. *Sunītā maricān ātape śuṣkī-kariṣyati (śuṣki√kṛ).* सुनीता मरीचान् आतपे शुष्कीकरिष्यति। Chillies will dry in the sun. *marīcāni ātape śokṣyanti (√śuṣ).* मरीचानि आतपे शोक्ष्यन्ति।

(40) Ajīt gives a comb to Rādhā. *Ajītaḥ prasādhanīṁ/kaṅkatikāṁ Rādhāyai dadāti (√dā).* अजीतः कङ्कतिकां/प्रसाधनीं राधायै ददाति।

(41) We cooked rice but did not eat it. *vayam odanam apacāma paraṁ na akhādama/khaditavantaḥ (√pac, √khād).* वयम् ओदनम्/भक्तम् अपचाम परं न अखादम/खादितवन्तः।

(42) The crow is dead. *kākaḥ/vāyasaḥ mṛtaḥ asti (√mṛ).* काकः/वायसः मृतः अस्ति। The dead crow. *mṛtaḥ kākaḥ/vāyasaḥ (√mṛ).* मृतः काकः/वायसः।

(42) The dancing peacock sings. *nṛtyan mayūraḥ gāyati (√nṛt; √gā).* नृत्यन् मयूरः गायति।

(43) Child sleeps with his mother. *bālakaḥ matrā saha svapiti (√svap).* बालकः मात्रा सह स्वपिति।

(44) The devotees worship Krishna. *bhaktāḥ kṛṣṇaṁ pūjayanti (√pūj).* भक्ताः कृष्णं पूजयन्ति। The devotees were worshiping Krishna. *bhaktāḥ kṛṣṇaṁ pūjayanti sma.* भक्ताः कृष्णं पूजयन्ति स्म।

(45) The trees in the forest do not fall with wind. *vaneṣu vṛkṣāḥ/taravaḥ/drumāḥ/pādapāḥ vāyunā na patatni (√pat).* वनेषु वृक्षाः/तरवः/द्रुमाः/पादपाः वायुना न पतन्ति।

(46) The wind blows the leaves. *anilaḥ/marut/vātaḥ/vāyuḥ/pavanaḥ parṇāni vahati (√vah).* अनिलः/मरुत्/वातः/वायुः/पवनः पर्णानि वहति।

(47) The corn grows in the fields of the farmers. *kiṇaḥ/śasyaṁ kṛṣakānāṁ kṣetreṣu sphuṭati*

(√sphuṭ). किण:/शस्यं कृषकानां क्षेत्रेषु स्फुटति।

(48) The red and yellow flowers bloom in that garden. *tasmin udyāne raktāni pītāni ća puṣpāṇi vikasanti (√vikas).* तस्मिन् उद्याने रक्तानि पीतानि च पुष्पाणि विकसन्ति।

(48) All cows give white milk *(√dā).* *sarvāḥ dhenavaḥ/gāvaḥ śvetaṁ dugdhaṁ/kṣīraṁ/payaḥ dadati.* सर्वाः धेनवः/गावः श्वेतं दुग्धं/क्षीरं/पयः ददति।

(49) She did not win the cup. *sā ćaṣakaṁ na vijitavatī (vi√ji).* सा चषकं न अजयत्/विजितवती।

(50) Simā was riding Sītā's bicycle. *Sīmā Sītāyāḥ dvi-ćakrikām ārohati sma (ā√ruh).* सीमा सीतायाः द्विचक्रिकाम् आरोहति स्म।

(51) The deers jump while running. *mṛgāḥ dhāvantaḥ utpatatni (ud√pat).* मृगाः धावन्तः उत्पतन्ति।

(52) She wants gold for her mother. *sā tasyāḥ mātre kanakam/kāñćanam/bharma/ suvarṇam/svarṇam/hema ićchati/vāñćhati/kāṅkṣati (√ićch, √vāñćh, √kāṅkṣ).* सा तस्याः मात्रे कनकम्/काञ्चनम्/भर्म/सुवर्णम्/स्वर्णम्/हेम इच्छति/वाञ्छति/कांक्षति।

(53) Cows suffer in the hot sun. *dhenavaḥ uṣṇe ātape khidyante (√khid).* धेनवः उष्णे आतपे खिद्यन्ते।

(54) The doors will close at seven O'Clock. *dvārāṇi sapta vādane saṁvartsyante (sam√vṛt).* द्वाराणि सप्तवादने संवर्त्स्यन्ते।

(55) Rīnā drinks tea in the morning and evening. *Rīnā uṣā/prage sāyaṁ ća ćāyapānaṁ karoti (√pā).* रीना उषा/प्रगे सायं च चायपानं करोति।

(56) The ducks and swans swim in the lake. *kadambāḥ haṁsāḥ ća taḍāge/sarovare taranti/plavante (√tṝ, √plu).* कदम्बाः हंसाः च तडागे/सरोवरे तरन्ति/प्लवन्ते।

(57) Eagles soar in the sky to look for mice on the ground. *bhūmau mūṣakān draṣṭuṁ garuḍāḥ ākāśe uḍḍīyante (ud√ḍī).* भूमौ मूषकान् द्रष्टुं गरुडाः आकाशे उड्डीयन्ते।

(58) I will buy diamonds for you. *ahaṁ tubhyaṁ ratnāni/hīrakāḥ kreṣyāmi (√krī).* अहं तुभ्यं रत्नानि/हीरकाः क्रेष्यामि। I bought diamonds for you all. *ahaṁ yuṣmabhyaṁ ratnāni/hīrakān akrīṇām/krītavān (√krī).* अहं युष्मभ्यं रत्नानि/हीरकान् अक्रीणाम्/क्रीतवान्।

(59) She brings Sanskrit dictionary from the library. *sā pustakālayāt Saṁskṛta-shabda-kośam ānayati (ā√ni).* सा पुस्तकालयात् संस्कृतशब्दकोशम् आनयति।

(60) A father should teach Sanskrit to his son. *pitā/janakaḥ/tātaḥ putraṁ Saṁskṛtam adhyāpayet (adhi√i).* पिता/जनकः/तातः पुत्रं संस्कृतम् अध्यापयेत्।

(61) Fire burnt a house on the farm. *agniḥ/analaḥ/pāvakaḥ kṣetre ekaṁ gṛham adahat/dagdhavān (√dah).* अग्निः/अनलः/पावकः क्षेत्रे एकं गृहम् अदहत्/दग्धवान्।

(62) Having seen a fish the boy cried. *jhaṣaṁ/matsyaṁ/mīnaṁ dṛṣṭvā bālakaḥ arodīt/ruditavān (√dṛś, √rud)* झषं/मत्स्यं/मीनं दृष्ट्वा बालकः अरोदीत्/रुदितवान्।

(63) The hen lays eggs. *kukkuṭī aṇḍāni sūyate (√sū).* कुक्कुटी अण्डानि सूयते।

(64) The earth turns day and night. *bhūḥ/bhūmiḥ/pṛthvī/pṛthivī/mahī/dharā/dharaṇī/medinī ahorātraṁ parivartate (pari√vṛt).* भूः/भूमिः/पृथ्वी/पृथिवी/मही/धरा/धरणी/मेदिनी अहोरात्रं परिवर्तते।

(65) Ranī orders food. *Rānī annam/aśanam/khādyam/khādanam/bhaktam/ bhakṣaṇam/ bhakṣyam/ bhojanam/ āhāram ājñāpayati (ā√jñā).* रानी अन्नम्/अशनम्/खाद्यम्/खादनम्/भक्तम्/ भक्षणम्/भक्ष्यम्/भोजनम्/आहारम् आज्ञापयति।

(66) The elephant picked the wood for cutting. *gajaḥ kāṣṭhaṁ ćhettum auddharat/udhṛtavān (√ćhid, ud√dhṛ).* गजः छेत्तुं काष्ठम् औद्धरत्/उद्धृतवान्।

(67) Rāma said. *Rāmaḥ abhaṇat/agadat/uvāća = bhaṇitavān/gaditavān/uktavān (√vać, √bhaṇ, √gad, √brū).* रामः अभणत्/अगदत्/उवाच = भणितवान्/गदितवान्/उक्तवान् ।

(68) Monīkā wanted to send the books. *Monīkā pustakāni sampreṣayitum iććhati sma (sam√preṣ).* मोनीका पुस्तकानि सम्प्रेषयितुम् इच्छति स्म।

(69) Mīnā writes letters in Hindī. *Mīnā hindyāṁ patrāṇi likhati (√likh).* मीना हिन्द्यां पत्राणि लिखति।

(70) They went to forest for hunting. *te mṛgayāṁ kartuṁ vane/kānane/vipine agaććan/gatavantaḥ (mṛgayā√kṛ).* ते मृगयां कर्तुं वने/कानने/विपिने अगच्छन्/गतवन्तः।

(71) The friend loves friend. *mitraṁ/bandhuḥ/suhṛd/sakhā/sakhī mitraṁ/bandhuṁ/ suhṛdaṁ/sakhāyaṁ/sakhīṁ snihyati (√snih).* मित्रं/बन्धुः/सुहृद्/सखा/सखी मित्रं/बन्धुं/सुहृदं/ सखायं/ सखीं स्निह्यति।

(72) We will go to Mathurā for Diwālī-festival. *vayaṁ dīpāvalī-utsavāya Mathurāṁ gaććhāmaḥ (√gam).* वयं दीपावली-उत्सवाय मथुरां गच्छामः।

(73) The frog catches the flies with his tongue. *maṇḍūkaḥ/darduraḥ jihvayā makṣikāḥ gṛhṇāti (√grah).* मण्डूकः/दर्दुरः जिह्वया मक्षिकाः गृह्णाति।

(74) The fruits are ripe. *phalāni paripakvāṇi santi (pari√pać).* फलानि परिपक्वाणि सन्ति।

(75) The garlic stinks. *laśuṇaṁ durgandhaṁ janayati (√kṛ).* लशुनं दुर्गन्धं जनयति।

(76) The goats eat almost anything. *ajāḥ īṣadapi/stokamapi adanti/khādanti (√ad).* अजाः ईषदपि/स्तोकमपि अदन्ति/खादन्ति।

(77) Tūlikā thinks very properly. *Tūlikā atīva suṣṭhu/samyak/bāḍhaṁ ćintayati (√ćint).* तूलिका अतीव सुष्ठु/सम्यक्/बाढं चिन्तयति।

(78) Sunīl deserves a prize. *Sunīlaḥ pāritoṣakam arhati (√arh).* सुनीलः पारितोषकम् अर्हति।

(79) God exists everywhere. *Devaḥ/īśvaraḥ sarvatra asti (√as).* देवः/भगवान्/ईश्वरः सर्वत्र अस्ति।

(80) Oil is a fuel. *tailam indhanam/edhaḥ asti (√as).* तैलम् इन्धनम्/एधः अस्ति।

(81) Are you jealous of me. *bhavān mām īrṣyati vā (√īrṣ).* भवान् माम् ईर्ष्यति वा?

(82) She is getting angry with you. *sā tubhyaṁ kupyati/krudhyati (√kup, √krudh).* सा तुभ्यं कुप्यति/क्रुध्यति।

(83) She digs the field and sows the seeds. *sā kṣetraṁ khanati bijāni ća vapati (√khan, √vap).* सा क्षेत्रं खनति बीजानि च वपति।

(84) The clouds that thunder do not rain. *ye meghāḥ garjanti te na varṣanti (√garj, √varṣ).* ये मेघा: गर्जन्ति ते न वर्षन्ति।

(85) Having listened the tape, he sings songs. *dhvani-mudrikāṁ śrutvā saḥ gItāni gāyati (√gai).* ध्वनिमुद्रिकां श्रुत्वा स: गीतानि गायति।

(86) She is walking alone. *sā ekākinī ćalantī asti (√ćal).* सा एकाकिनी चलन्ती अस्ति।

(87) The hare will eat grass and leaves. *śaśakaḥ tṛṇaṁ/ghāsaṁ parṇāni ća khādiṣyati (√khād).* शशक: तृणं/घासं पर्णानि च खादिष्यति।

(88) The hermit worships Goddess Kālī. *tāpasaḥ/tapasvī/muniḥ/yatiḥ kālyai devyai arćati (√tap).* तापस:/तपस्वी/मुनि:/यति: काल्यै देव्यै अर्चति।

(89) Having seen a toy the granddaughter became happy. *krīḍanakaṁ dṛṣṭvā pautrī ahṛṣyat/hṛṣṭavatī (√tuṣ).* क्रीडनकं दृष्ट्वा पौत्री अहृष्यत्/हृष्टवती।

(90) Those grapes were sweeter than the plums. *tāḥ drākṣāḥ badarebhyaḥ miṣṭāḥ āsan (√as).* ता: द्राक्षा: बदरेभ्य: मिष्टा: आसन्।

(91) The horse is taller than the cow. *aśvaḥ/turaṅgaḥ/hayaḥ goḥ/dhenoḥ uććataraḥ asti (√as).* अश्व:/तुरङ्ग:/हय: गो:/धेनो: उच्चतर: अस्ति।

(92) The devotee sings hymns for Lord Rāma. *bhaktaḥ Rāmāya/devāya ślokāḥ gāyati (√gai).* भक्त: रामाय/देवाय श्लोका: गायति।

(93) The insects ate all the fruits. *kīṭāḥ/kṛmayaḥ sarvāṇi phalāni akhādan/khāditavantaḥ (√khād).* कीटा:/कृमय: फलानि अखादन्/खादितवन्त:।

(94) The sun shines in the world. *sūryasya ālokaḥ/prakāśaḥ/bhā/ābhā/prabhā sarvasmin viśve ćakāsti (√ćakās).* सूर्यस्य आलोक:/प्रकाश:/भा/आभा/प्रभा सर्वस्मिन् विश्वे चकास्ति।

(95) The lion hunts animals. *siṁhaḥ mṛgayate (√mṛg).* सिंह:/केसरी मृगयते।

(96) The lotus looks beautiful in the water. *kamalaṁ/padmaṁ/aravindaṁ/paṅkajaṁ jale śobhate (√śobh).* कमलं/पद्मं/अरविन्दं/पङ्कजं जले शोभते।

(97) The ripe mango falls. *pakvam amraphalṁ patati (√pat).* पक्वम् आम्रफलं पतति।

(98) The monkey jumps from tree to tree. *kapiḥ/markaṭaḥ/vānaraḥ vṛkṣāt vṛkṣaṁ plavate (√plu).* कपि:/मर्कट:/वानर: वृक्षात् वृक्षं प्लवते।

(99) The mouse is eaten by a cat. *mūṣakaḥ biḍālena khaditaḥ (√khād).* मूषक: बिडालेन खादित:।

The cat ate the mouse. *biḍālaḥ mūṣakaṁ khāditavān √khād).* बिडाल: मूषकम् अखादत्/खादितवान्।

(100) The heart pumps the blood. *hṛdayaṁ raktam uttulayati (ud√tul).* हृदयं रक्तम् उत्तुलयति।

LESSON 19

CONVERSATIONS

vārtālāpāḥ वार्तालापा:।

1. Hello! नमस्ते! नमस्कार:! स्वस्ति! जयराम! सीताराम! साईराम! हरि ओम्! *namaste! namaskāraḥ! jayarāma! sītārām! sāīrām! hari om!*

2. Good monring. सुप्रभातम्। *suprabhātam!*

3. Good night शुभरात्रि: *śubha-rātriḥ!*

4. How are you? भवान् कथम् अस्ति? त्वं कथमसि? *bhavān katham asti? tvaṁ kathamasi?*

5. Is everything ok? सर्वं कुशलं वा? *sarvaṁ kuśalaṁ vā?* Yes. *ām* आम्।

6. Sir! How are you? आर्य! भवान् कथमस्ति? *ārya! bhāvān kathamasti?*

7. Madam! How are you? आर्ये! भवती कथमस्ति? *ārye bhavatī kathamasti?*

8. Are you well (m∘)? *kuśalī vā?* (f∘) *kuśalinī vā* कुशली वा? कुशलिनी वा?

9. Welcome. *svāgatam* स्वागतम्।

10. You are welcome स्वागतं ते/भवत:/भवत्या:। *svāgataṁ (m∘f∘) te / (m∘) bhavatḥ / (f∘) bhavatyāḥ.*

11, Please come in. कृपया अभ्यन्तरम् आगच्छतु। अन्त: आस्यताम्।
kṛpayā abhyantaram āgaćchatu. antaḥ āsyatām.

12. Have a seat. उपविशतु। *upaviśatu.*

13. Where should I sit? कुत्र उपविशानि? *kutra upaviśāni?*

14. Sit wherever you wish. यत्र भवान् इच्छति तत्र उपविशतु। *yatra bhavān ićchati tatra upaviśatu.*

15. Who is he (this person)? एष: क:? *eśaḥ kaḥ?* अत्रभवान् क:? *atrabhavān kaḥ?*

16. Who is she (this lady)? एषा का? *eśā kā?* अत्रभवती का? *atrabhavatī kā?*

17. What is the news? क: समाचार:? का वार्ता? किं वृत्तम्? *kaḥ samāćāraḥ? kā vātrā? kiṁ vṛttam?*

18. I hope you are well. (m∘f∘) अपि नाम भवान्/भवती कुशली/कुशलिनी अस्ति। *api nāma bhavān/bhavatī kuśalī/kuśalinī asti.*

19. Is everything ok at home? गृहे सर्वं कुशलं वा। *gṛhe sarvaṁ kuśalaṁ vā?*

20. Are you not well? (m∘f∘) अपि भवान्/भवती न स्वस्थ:/स्वस्था? *api bhavān/bhavatī na svasthaḥ/svasthā?*

21. Yes. I am alright. आम्। अहं कुशली/कुशलिनी। मम सर्वं सम्यक् अस्ति। *ām. ahaṁ kuśalī/kuśalinī. mama sarvaṁ samyak asti.*

22. Thank you very much. बहुश: धन्यवादा:। *bahuśaḥ dhanyavādāḥ.*

23. Best wishes for the New Year. नववर्षस्य शुभेच्छा:। *nava-varṣasya śubhećchāḥ.*

24. See! I brought something special for you. पश्य! मया त्वदर्थं/भवते किमपि विशेषम् आनीतम्। अहं ते

किमपि विशिष्टम् आनीतवान्। *paśya mayā tvadarthaṁ/bhavate kimapi ānītam. ahaṁ te kim/api viśiṣṭam ānītavān.*

25. Is it really? एवम्? *evam?* एवम् वा? *evaṁ vā?*

26. Very good. साधु साधु। *sādhu sādhu!*

27. It is really nice, Sir! Madam!. इदं शोभनं खलु श्रीमन्! श्रीमति! *idaṁ śobhanaṁ khalu, śrīman! śrīmati!.*

28. I am grateful. (m◦f◦) अहम् उपकृतः/उपकृता अस्मि। *aham upakṛtaḥ/upakṛtā asmi.*

29. Congratulations. अभिनन्दनम्। *abhinandanam.*

30. Friend! What is your name? (m◦f◦) मित्र! तव/भवतः/भवत्याः नाम किम्? *mitra! tava/bhavataḥ/bhavatyāḥ nāma kim?*

31. Sir! what is your name? आर्य/महोदय/भगवन्! भवतः शुभनाम/नामधेयं किम्? *ārya/mahodaya/bhagavan! bhavataḥ śubhanāma/nāmadheyaṁ kim?*

32. Madam! What is your name? आर्ये/महोदये/भगवति! भवत्याः शुभनाम/नामधेयं किम्? *ārye/mahaedye/bhagavati! bhavatyāḥ śubhanāma/nāmadheyaṁ kim?*

33. My name is Rāma. मम नाम रामः अस्ति। *mama nāma Rāmaḥ asti.*

34. My name is Sītā. मम नाम सीता अस्ति। *mama nāma Sītā asti.*

35. Where do you live? क्व निवससि त्वम्। क्व निवसति भवान्/भवती। कुत्र विद्यते तव (भवतः भवत्याः) निवासः? *kva nivasasi tvam? kva nivasati bhavān? kutra vidyate tava (bhavataḥ/bhavatyāḥ) nivasaḥ?*

36. I live near Modern High School. अहं नूतनविद्यालयस्य निकटे/समीपे निवसामि। *ahaṁ nūtana-vidyālayasya nikaṭe/samīpe nivasāmi.*

37. I live in Kingston. अहं किंग्स्टन-नगरे निवसामि। *ahaṁ Kingston nagare nivasāmi.*

38. I live in Downtown. अहम् अधःशहरे निवसामि। *aham adhaḥ-śahare nivasāmi.*

39. How far is it from here? इतः कियत् दूरम् अस्ति? *itaḥ kiyat dūram asti?*

40. Not far away. नाति दूरम्। समीपे एव। *nāti dūram. samīpe eva.*

41. It may be about 4 miles from here. इतः प्रायेण क्रोशद्वयं स्यात्। *itaḥ prāyeṇa krośa-dvayaṁ syāt.*

42. By car it takes only ten minutes. कारयानेन मात्रं दशक्षणानां मार्गः। *cāra-yānena mātraṁ daśa-kṣaṇānāṁ mārgaḥ.*

43. What do you do? त्वं किम् उद्योगं करोषि? भवान्/भवती किम् उद्योगं करोति? *tvaṁ kim udyogaṁ karoṣi? bhavān/bhavatī kim udyogaṁ karoti?*

44. I am a teacher in a high school. अहं महाविद्यालये अध्यापकः/अध्यापिका अस्मि। *ahaṁ mahāvidyālaye adhyāpakaḥ/adhyāpikā asmi.*

45. What do you teach there? भवान्/भवती तत्र किम् अध्यापयति? *bhavān/bhavatī tatra kim adhyāpayati?*

46. I teach Hindī there. तत्र अहं हिन्दीम् अध्यापयामि। *tarta ahaṁ Hindīm adhyāpayāmi?*

47. Don't you teach Sanskrit also? किं भवान् संस्कृतम् अपि न अध्यापयति? *kiṁ bhavān saṁskṛtam api na adhyāpayati?*

48. No! I don't teach Sanskrit there, but at my home I teach Sanskrit to some students.
नहि। अहं तत्र संस्कृतं न अध्यापयामि परं मम गृहे एव कतिपय छात्रान् संस्कृतम् अध्यापयामि। *nahi! aham̐ tatra sam̐skṛtam̐ na adhyāpayāmi, param̐ mama gṛhe eva katipaya ćhātrān sam̐skṛtam adhyāpayāmi.*

49. Do you like teaching Sanskrit? भवते/भवत्यै संस्कृताध्यापनं रोचते वा? *bhavate/bhavatyai sam̐skṛta-adhyāpanam̐ roćate vā?*

50. Yes. I like Sanskrit very much. आम्। मह्यं संस्कृतम् अतीव रोचते।
ām! mahyam̐ sam̐skṛtam atīva roćate.

51. Why so? किमर्थम् इति? *kimartham iti?*

52. Because, of all languages, Sanskrit language is the most poetic, sweetest and the best.
यत: सर्वासु भाषासु संस्कृतभाषा काव्यमयी मधुरा मुख्या च अस्ति। *yataḥ sarvāsu bhāṣāsu sam̐skṛta-bhāṣā kāvya-mayī, madhurā mukhyā ća asti.*

53. What do you want? तव/भवत:/भवत्या: किम् आवश्यकम्? *tava/bhavataḥ/bhavatyāḥ kim āvaśyakam?*

54. What does he/she want? तस्य/तस्या: किम् आवश्यकम्? *tasya/tasyāḥ kim āvaśyakam?*

55. What is he doing? स: किं करोति? स: किं कुर्वन् अस्ति? *saḥ kim̐ karoti? saḥ kim̐ kurvan asti?*

56. What for? किं कारणम्? केन हेतुना? किमर्थं? *kim̐ kāraṇam? kena hetunā? kimartham?*

57. What did you say? (m∘f∘) त्वं/भवान्/भवती किम् उक्तवान्/उक्तवती? *tvam̐/bhavān/bhavatī kim uktavān/uktavatī?*

58. What do you mean? (m∘f∘) तव/भवत:/भवत्या: कथनस्य आशय: क: अस्ति? *tava/bhavataḥ/bhavatyāḥ kathanasya āśayaḥ kaḥ asti?*

59. What do you desire? त्वं किं चिकीर्षसि? भवान्/भवती किं चिकीर्षति? *bhavān/bhavatī kim̐ ćikīrṣati?*

60. What should you do? भवान्/भवती किं कर्तुम् अर्हति? *bhavān/bhavatī kim̐ kartum arhati?* भवता/भवत्या किं करणीयम्? *bhavatā/bhavatyā kim̐ karaṇīyam?* भवान्/भवती किं कुर्यात्? *bhavān/bhavatī kim̐ kutyāt?*

61. What will you do? भवान्/भवती किं करिष्यति? *bhavān/bhavatī kim̐ kariṣyati?*

62. What happened? किं जातम्? किम् अभवत्? *kim̐ jātam? kim abhavat?*

63. Nothing. न किमपि। *na kimapi.*

64. What more? किंबहुना? *kim̐bahunā?*

65. Why are you quiet? (m∘f∘) त्वं/भवान्/भवती तूष्णीं किमर्थं? *tvam̐/bhavān/bhavatī tūṣṇīm̐ kimartham?*

66. Why don't you keep quiet? भवान् तूष्णीं किमर्थं न तिष्ठति? *bhavān tūṣṇīm̐ kimartham̐ na tiṣṭhati?*

67. Why don't you speak? भवान् किंकारणं न वदति? *bhavān kin̐kāraṇam̐ na vadati?*

68. Why did you not answer? त्वया/भवता/भवत्या प्रत्युत्तरं केन हेतुना न दत्तम्? *tvayā/bhavatā/bhavatyā pratyuttaram̐ kena hetunā na dattam?*

69. Why should I go there? अहं तत्र किन्निमित्तं गच्छेयम्? *mayā tatra kinnimittam̐ gaććheyam?* मया तत्र किंकारणं गन्तव्यम्? *mayā tatra kin̐kāraṇam̐ gantavyam?*

70. Why should he/she not go there? तेन/तया तत्र किं हेतुना न गन्तव्यम्/गमनीयम्/गम्यम्? *tena/tayā tatra*

kiṁ hetunā na gantavyaṁ/gamanīyaṁ/gamyam?

71. Why may it happen? एतत् कस्मात्/कथं भवेत्? *etat kasmāt/kathaṁ bhavet?*

72. Why may it not happen? एतत् कस्मान्न भवेत्? एतत् कुतः न भवेत्? *etat kasmānna bhavet? etat kutaḥ na bhavet?*

73. When will he/she come? सः/सा कदा आगमिष्यति? *saḥ/sā kadā āgamiṣyati?*

74. When you will give him permission, then only he/she will come here. यदा भवान्/भवती तस्मै अनुमतिं दास्यति तदा एव सः/सा अत्र आगमिष्यति। *yadā bhavān/bhavatī tasmai anumatiṁ dāsyati tadā eva saḥ/sā atra āgamiṣyati.*

75. Whenever he comes, I become very happy. यदा यदा हि सः आगच्छति, अहम् अतीव हृष्यामि। *yadā yadā hi saḥ āgaćchati, aham atīva hṛṣyāmi.*

76. Where are you? त्वं कुत्र असि? भवान्/भवती कुत्र अस्ति? *tvaṁ kutra asi? bhavān/bhavatī kutra asti?*

77. Where are you coming from? भवान्/भवती कुतः आगच्छति? *bhavān/bhavatī kutaḥ āgaćchati?*

78. Wherever there is light there is shadow. यत्र कुत्रापि प्रकाशः अस्ति तत्रैव छाया अपि भवति। *yatra kutrāpi prakāśaḥ asti tatraiva ćhāyā api bhavati.*

79. Whenever you come, we feel happy. यदा कदाचित् भवान्/भवती आगच्छति वयं हृष्यामः। *yadā kadāćit bhavān/bhavatī āgaćchati vayaṁ hṛṣyāmaḥ.*

80. What should we do to protect our health? अस्माकं स्वास्थ्यस्य रक्षायै वयं किं कुर्याम? *asmākaṁ svāsthyasya rakṣāyai vayaṁ kiṁ kuryāma?*

81. One should exercise regularly. नियमतः व्यायामं कुर्यात्। *niyamataḥ vyāyāmaṁ kuryāt.*

82. Should the old people also exercise? किं वृद्धाः अपि व्यायामं कुर्युः? *kiṁ vṛddhāḥ api vyāyāmaṁ kuryuḥ?*

83. Yes, as possible they should exercise too. आम्, ते अपि यथाशक्ति व्यायायमं कुर्युः। *ām! te api yathā-śaktiḥ vyāyāmaṁ kuryuḥ?*

84. One should eat healthy food. स्वास्थ्यवर्धकानि खाद्यानि खादेयुः *svāsthya-vardhakāni khādyāni khādeyuḥ.*

85. And one should not eat too much, or again and again. अधिकं च मुहुर्मुहुः वा न खादेयुः। *adhikaṁ ća muhurmuhuḥ vā na khādeyuḥ.*

86. Shall I go to the market? किम् अहम् आपणं गच्छानि? *kim aham āpaṇaṁ gaććāni?* They should go. ते गच्छन्तु। *te gaćchantu.*

87. Stay in the house! *gṛhe tiṣṭha/tiṣṭhatu.* गृहे तिष्ठ/तिष्ठतु।

88. Do you remember that he was here yesterday? किं भवान्/भवती स्मरति यत् सः ह्यः अत्र आसीत्? *kiṁ bhavān/bhavatī smarati yat saḥ hyaḥ atra āsīt.*

89. Do this right now! एतत् अधुना/इदानीम् एव कुरु/करोतु। *etat adhunā/idānīm eva kuru/karotu.*

90. Be happy! सुखी/सुखिनी भवतु। *sukhī/sukhinī bhavatu.*

91. Do not talk unnecessarily! व्यर्थं मा वदतु। *vyarthaṁ mā vadatu.*

92. Excuse me. *kṣamyatām.* क्षम्यताम्।

93. Do not make noise! कोलाहलं मा करोतु। *kolāhalaṁ mā karotu.*

94. Stand properly! सम्यक् तिष्ठतु। *samyak tiṣṭhatu.*

95. Don't worry! चिन्ता मास्तु। *ćintā māstu.*

96. I do not want what you want. तत् अहं न इच्छामि यत् भवान्/भवती इच्छति। *tat ahaṁ na iććhāmi yat bhavān/bhavatī iććhati.*

97. Does any of you know her name? किं युष्मासु कोऽपि तस्याः नाम जानाति? *kiṁ yuṣmāsu ko'pi tasyāḥ nāma jānāti?*

98. She lives somewhere else. सा अन्यत्र कुत्रापि निवसति। *sā anyatra kutrāpi nivasati.*

99. Go if you want to go. गन्तुम् इच्छति चेत् गच्छतु। *gantum iććhati ćet gaććhatu.*

100. He is really a gentleman. सः नूनं भद्रपुरुषः। *saḥ nūnaṁ bhadra-puruṣaḥ.*

101. I have seen you somewhere. अहं भवन्तं/भवतीं कुत्रचित् दृष्टवान्/दृष्टवती। *ahaṁ bhavantaṁ/bhavatīṁ kutraćit dṛṣṭavān/dṛṣṭavatī.*

102. Do not waste time! समयनाशं मा करोतु। समयं मा नाशयतु। *samaya-nāśaṁ mā karotu! samayaṁ mā nāśayatu!*

103. Don't try to be smart! चातुर्यं मा करोतु। *ćāturyaṁ mā karotu.*

104. Don't tease! उपहासं मा करोतु। *upahāsaṁ mā karotu.*

105. Don't shout! चीत्कारं मा करोतु। *ćitkāraṁ mā karotu.*

106. Don't be shy संकोचं मा करोतु। *saṁkoćaṁ mā karotu.*

107. Don't be stubborn. हठं मा करोतु। *haṭhaṁ mā karotu.*

108. Please don't mind! मनसि मा करोतु। *manasi mā karotu.*

109. Have no doubt! सन्देहं मा धारयतु। *sandehaṁ mā dhārayatu.*

110. Help me! मम साहाय्यं कुरु/करोतु। मम सहायः/सहाया भव/भवतु। *mama sāhāyyaṁ kuru/karotu. mama sahāyaḥ/sahāyā bhava/bhavatu.*

111. It was good luck. सौभाग्यम् आसीत्। *saubhāgyam āsīt.*

112. Good idea! साधु विचारः। *sādhu vićāraḥ.* 113. Well done! साधु कृतम्। *sādhu kṛtam.*

114. Nice day! रमणीयं दिनम्। *ramaṇīyaṁ dinam.* 115. It depends. सापेक्षम् इदम्। *sāpekṣam idam.*

116. See you पुनर् दर्शनाय। *punar darśanāya.* 117. Alright, OK, Well. अस्तु। *astu.* सम्यक्! *samyak!*

118. How surprising. *aho āśćaryam.* अहो आश्चर्यम्।

119. where is my book? *mama pustakaṁ kutra asti?* मम पुस्तकं कुत्र अस्ति? It is where your glasses are, please look. यत्र भवतः/भवत्याः उपनेत्रम् अस्ति तत्र एव तद् अस्ति, पश्यतु। *yatra bhavataḥ/bhavatyāḥ upanetram asti tatra eva tad asti, paśyatu.* You keep things at one place and search elsewhere. *tvam ekatra ekaṁ sthāpayasi anyatra ća anveṣaṇaṁ karoṣi.* त्वम् एकत्र एकं स्थापयसि अन्यत्र च अन्वेषणं करोषि।

122. Found it. *prāptam.* प्राप्तम्। Good! *samīćīnam.* समीचीनम्।

LESSON 20

GENERAL KNOWLEDGE

20.1 NAMES OF THE DAYS OF THE WEEK

The names of the seven days of the week are :

(1) Sunday	*Ravivāraḥ*	*Ravivāsaraḥ*	रविवार:	रविवासर:
(2) Monday	*Somavāraḥ*	*Somavāsaraḥ*	सोमवार:	सोमवासर:
(3) Tuesday	*Maṅgalvāraḥ*	*Maṅgalvāsaraḥ*	मंगलवार:	मंगलवासर:
(4) Wednesday	*Budhavāraḥ*	*Budhavāsaraḥ*	बुधवार:	बुधवासर:
(5) Thursday	*Guruvāraḥ*	*Guruvāsaraḥ*	गुरुवार:	गुरुवासर:
(6) Friday	*Śukravāraḥ*	*Śukravāsaraḥ*	शुक्रवार:	शुक्रवासर:
(7) Saturday	*Śanivāraḥ*	*Śanivāsaraḥ*	शनिवार:	शनिवासर:

There are 30 days in a month. मासे त्रिंशत् दिनानि सन्ति। There are two bi-weekly periods in each month, namely Kṛṣṇa-pakṣaḥ and Śukla-pakṣaḥ. प्रतिमासे द्वौ पक्षौ भवत: नामनी कृष्णपक्ष: शुक्लपक्ष: च। In each biweekly period there are 15 days. प्रतिपक्षे पञ्चदश तिथय: भवन्ति।

Their names : (1) प्रतिपदा (2) द्वितीया (3) तृतीया (4) चतुर्थी (5) पञ्चमी (6) षष्ठी (7) सप्तमी (8) अष्टमी (9) नवमी (10) दशमी (11) एकादशी (12) द्वादशी (13) त्रयोदशी (14) चतुर्दशी (15) अमावस्या अथवा पौर्णिमा।

20.2 NAMES OF THE MONTHS OF THE YEAR

The names of the twelve months are:

(1) March-April	*Caitraḥ*	चैत्र:	(2) April-May	*Vaiśākhaḥ*	वैशाख:
(3) May-June	*Jyeṣṭhaḥ*	ज्येष्ठ:	(4) June-July	*Āṣāḍhaḥ*	आषाढ:
(5) July-August	*Śrāvaṇaḥ*	श्रावण:	(6) Aug.-Sept.	*Bhādrapadaḥ*	भाद्रपद:
(7) Sept.- Oct.	*Āśvinaḥ*	आश्विन:	(8) Oct.-Nov.	*Kārtikaḥ*	कार्तिक:
(9) Nov.-Dec.	*Mārgaśīrṣaḥ*	मार्गशीर्ष	(10) Dec.-Jan.	*Pauṣaḥ*	पौष:
(11) Jan.-Feb.	*Māghaḥ*	माघ:	(12) Feb.-March	*Phālgunaḥ*	फाल्गुन:

THE SIX SEASONS :

(1) Spring	*Vasantaḥ*	वसन्त:	(2) Summer	*Grīṣmaḥ*	ग्रीष्म:
(3) Rainy-season	*Varṣā*	वर्षा	(4) Autumn	*Sharad*	शरद्
(5) Winter (Nov-Jan)	*Hemantaḥ*	हेमन्त:	(6) Winter(Jan-Mar)	*Śiśiraḥ*	शिशिर:

20.3 THE NAMES OF THE DIRECTIONS

East	पूर्वदिश्, पूर्वा, प्राची, ऐन्द्री।
West	पश्चिमा, प्रतीची, वारुणी।
North	उत्तरा, उदीची, कौबेरी।
South	दक्षिणा, अवाची, याम्या।

20.4 TIME ELEMENTS

Second	क्षण:, निमिष:, विपलम्।	Minute	पलम्, कला।
Hour	घटि।	Day	अहन्, दिनम्, दिवस:, वार:, वासर:, तिथि:।
Night	रात्रि:, रात्री, निशा।	Dawn	उष:, उषा, प्रभातम्।
Noon	मध्यदिनम्, मध्याह्न:।	Afternoon	अपराह्ण:, पराह्ण:, विकाल:।
Midnight	मध्यरात्र:, अर्धरात्र:, निशीथ:।	Week	सप्ताह:, सप्तदिनम्।
Year	वर्ष:, वत्सर:, अब्द:, समा।	Age	कल्प:, युगम्।
Time	समय:, काल:, वेला।	Day-before-yesterday	परह्य:।
Yesterday	ह्य:, पूर्वेद्यु:।	Today	अद्य।
Now	अधुना, इदानीम्, सम्प्रति।	Tomorrow	श्व:, परेद्यु:।
Day-after-tomorrow	परश्व:।	Always	सदा, सर्वदा, सततम्, सन्तत, निरन्तरम्।
Periodically	समयत:, काले काले।	Sometime	एकदा, पुरा, प्राक्।
Sometimes	क्वचित्, कदाचित्।	Maybe	कदाचित्।
Never	न कदापि, न जातु।	Eever	जातु, एकदा।

* What time is it now? क: समय:? इदानीं क: समय: सञ्जात:? *idānīṁ kaḥ samayaḥ sañjātaḥ?*

1. It is one O' clock. *eka-vādanam.* एकवादनम्। 2. It is 5 minutes past 1 O' clock. *pañćādhika-eka-vādanam, pañćādhikaika-vādanam* पञ्चाधिक-एकवादमन्, पञ्चाधिकैकवादनम्।

3. It is 5 to 3. *pañća-nyūna-tri-vādanam.* पञ्चन्यूनत्रिवादनम्।

4. It is four-thirty. *sārdha-ćatur-vādanam, triṁśādhika-ćatur-vādanam.* सार्धचतुर्वादनम्, त्रिंशाधिकचतुर्वादनम्।

5. It is 7 o'clock. *sapta-vādanam.* सप्तवादनम्। 6. It is 12 o'clock. *dvādaśa-vādanam.* द्वादशवादनम्।

7. 4. It is quarter to five. *pādona-pañća-vādanam.* पादोनपञ्चवादनम्।

APPENDIX

1. THE TEN CONJUGATIONAL CLASSES OF VERBS

Roots of the verbs (*dhātavaḥ* धातवः), having aims of self service (*ātmanepadī* आत्मनेपदी), service to others (*parasmaipadī* परस्मैपदी) or dual service (*ubhayapadī* उभयपदी), are arranged under a group of Ten classes of Conjugations of Verbs (*gaṇāḥ* गणाः), namely :

*1st	भ्वादि **bhvādi*	√भू–आदि	√*bhū*	(to be)	भवामि, भवसि, भवति
2nd	अदादि *adādi*	√अद्–आदि	√*ad*	(to eat)	अद्मि, अत्सि, अत्ति
3rd	ह्वादि *juhvādi*	√हु–आदि	√*hu*	(to offer)	जुहोमि, जुहोषि, जुहोति
*4th	दिवादि **divādi*	√दिव्–आदि	√*div*	(to shine)	दीव्यामि, दीव्यसि, दीव्यति
5th	स्वादि *svādi*	√सु–आदि	√*su*	(to bathe)	सुनोमि, सुनोषि, सुनोति
*6th	तुदादि **tudādi*	√तुद्–आदि	√*tud*	(to hurt)	तुदामि, तुदसि, तुदति
7th	रुधादि *rudhādi*	√रुध्–आदि	√*rudh*	(to inhibit)	रुणध्मि, रुणत्सि, रुणद्धि
8th	तनादि *tanādi*	√तन्–आदि	√*tan*	(to spread)	तनोमि, तनोषि, तनोति
9th	क्र्यादि *krayādi*	√क्री–आदि	√*krī*	(to buy)	क्रीणामि, क्रीणासि, क्रीणाति
*10th	चुरादि **ćurādi*	√चुर्–आदि	√*ćur*	(to steal)	चोरयामि, चोरयसि, चोरयति

NOTES : Some people prefer using the numerical system (1st gaṇa, 2nd gaṇa etc.) for identifying the *gaṇas*, while others prefer their nominclature (भ्वादि, अदादि etc.)

(i) The popular 10 classes of conjugations are divided in two GROUPS.

(ii) roots of 1st, 4th, 6th and 10th class marked with * fall under the **FIRST GROUP** and

(iii) the remaining roots of the 2nd, 3rd, 5th, 7th, 8th and 9th class fall under **SECOND GROUP.**

(iv) Amost all roots are monosyllables, some of them are even uniletters (eg◦ √i, √ī, √u, √ṛ, √ṝ), most of them end in a consonant. Only just over a dozen are ploysyllabelic. eg◦ √apās, √āndol, √bhiṣaj, √ćakās, √ćulump, √daridrā, √gaveśa, √hillol, √kumār, √kuṭumb, √lumāl, √oland, √palyul, √pampas, √prenkhol, √sabhaj, √sangrām, √viḍamb.

THE PROCESS OF CONGUGATION

(i) The process of attaching a tense terminations (लकारः) to an original basic verb root stems, to form a single worded verb, is called **congugation**. The original basic form of the verb is called the **Verbal-root** or **Root-verb** (*dhātuḥ* धातुः) eg◦ √*bhū* (√भू) to become.

(ii) A √verb undergoes modification before it takes a conjugational suffix (लकारः). The form of the √verb before it takes a suffix, is called **Verbal Base** (*aṅgam* अङ्गम्)

(iii) The initial vowel of the root verb is called the **Radical Vowel** (*maulik-svaraḥ* मौलिकस्वरः). eg◦ ई of √ई; अ of √अद्

(iv) The end vowel of the √verb is **Final Vowel** (*antya-svaraḥ* अन्त्यस्वर:) eg॰ ऊ of √भू

(v) The vowel between two consonants of a √verb is **Medial Vowel** *madhya-svaraḥ* मध्यस्वर:

eg॰ the short vowel अ between consonants ग् and म् in √गम्; or long vowel आ in √खाद्

(vi) The vowel that is followed by a compound consonants is counted as a **Long Vowel**. eg॰ NOTE : the अ in √रक्ष् (र् + अ + क् + ष्) is considered as if it were the long vowel आ (ā).

(vII) The First Degree of modification (strengthening) of the vowel is called ***guṇaḥ*** (गुण:),

(viii) Second Degree of modification (strengthening) of the vowel is called ***vṛddhiḥ*** (वृद्धि:).

(ix) Simple vowels (short + long) of the √root take **Two-fold Strengthening** with *guṇa* and *vṛddhi*

.

THE SCHEME OF TWO FOLD STRENGTHENING

Simple vowels	अ, आ	इ, ई	उ, ऊ	ऋ, ॠ	ऌ
1. guṇaḥ	अ	ए	ओ	अर्	अल्
2. vṛddhiḥ	आ	ऐ	औ	आर्	आल्

(x) The specific letter that is added to the verbal base before attachment of a tense suffix is called ***vikaraṇam*** (विकरणम्). Each class of the verbs has its own characteristic *vikaraṇam.* A *vikaraṇam* is added to the verbal base **only in** the Present tense (लट्), Imperfect past tense (लङ्), Imperative mood (लोट्) and the Potential mood (विधिलिङ्).

THE SCHEME OF VIKARAṆA

Class	Class-name	√root	*vikaraṇam*	Present-tense
1*	भ्वादि:	भू	अ	भवामि
2	अदादि:	√अद्	–	अद्मि
3	जुहोत्यादि:	√हु	द्वित्व	जुहोमि
4*	दिवादि :	√दिव्	य (य्)	दीव्यामि
5	स्वादि :	√सु	नु (नो)	सुनोमि
6*	तुदादि:	√तुद्	अ	तुदामि
7	रुधादि:	√रुध्	न (न्)	रुणध्मि
8	तनादि:	√तन्	उ (ओ)	तनोमि
9	क्र्यादि:	√क्री	ना	क्रीणामि
10*	चुरादि:	√चुर्	अय	चोरयामि

NOTE : You will need this information (i-v) in the following sections :

(i) Present tense suffixes are मि व: म: सि थ: थ ति त: अन्ति। (ii) The suffixes begining with म् are मि and म:। (iii) The suffix ending in व् is व:। (iv) The suffix beginning in अ is अन्ति। (v) The अङित् suffixes are मि, सि, ति, अस्, अत् and तु।

THE FIRST CLASS

bhvādiḥ gaṇaḥ भ्वादिः गणः।

The first and the biggest of the eleven classes of the verbs is the भ्वादिः *(bhvādi)* class. It includes 1035 of the 2000 verbs of Sanskrit language. The most typical example of this class is the verb √भू (√*bhū* to become), therefore, this class is called *bhvādiḥ gaṇaḥ* भ्वादिः गणः (भू + आदि = भ्वादि '*bhū* etc.' class).

FORMATION OF THE **VERBAL BASE** for भ्वादिः गणः।

1. The Final vowel (eg॰ ऊ in √भू) and the short Medial vowel (eg॰ अ in √गम्) take *guṇa.* to form a verbal base. eg॰ √भू → भ् + ऊ + अ = भो; and √बुध् → ब + उ + अ + ध् = बोध्। etc॰
2. *Vikaraṇa* अ is added to this **verbal base** before adding any tense suffix.
   eg॰ भो + अ = भव। बोध् + अ = बोध। etc.
3. This *vikaraṇa* अ becomes आ before the tense suffixes that begin with म् or व्।
   eg॰ भव् + आ + मि = भवामि; भव् + आ + मः = भवामः। बोध + आ + मि = बोधामि, बोध् + आ + मः = बोधामः। etc.
4. This *vikaraṇa* अ is dropped before tense suffixes that begin with अ।
   eg॰ भव् + अ – अ + अन्ति = भवन्ति। बोध् + अ – अ + अन्ति = बोधन्ति। etc.

Scheme of Conjugations for the First Class - verb root √भू to become

(1) Present Tense : लट् (सामान्य-वर्तमाने) *Parasmaipadī :* **He becomes**

	Singular	Dual	Plural	Singular	Dual	Plural
1p॰	भवामि (आमि)	भवावः (आवः)	भवामः (आमः)	*bhavāmi*	*bhavāvaḥ*	*bhavāmaḥ*
2p॰	भवसि (सि)	भवथः (थः)	भवथ (थ)	*bhavasi*	*bhavathaḥ*	*bhavatha*
3p॰	भवति (ति)	भवतः (तः)	भवन्ति (अन्ति)	*bhavati*	*bhavataḥ*	*bhavanti*

(2) Past imperfect Tense : लङ् (अनद्य-भूते) *Parasmaipadī :* **He became**

1p॰	अभवम्	अभवाव	अभवाम	*abhavam*	*abhavāva*	*abhavāma*
2p॰	अभवः	अभवतम्	अभवत	*abhavaḥ*	*abhavatam*	*abhavata*
3p॰	अभवत्	अभवताम्	अभवन्	*abhavat*	*abhavatām*	*abhavan*

(3) Perfect Past Tense : लिट् (परोक्ष-भूते) *Parasmaipadī :* **He had become**

1p॰	बभूव	बभूविव	बभूविम	*babhūva*	*babhūviva*	*babhūvima*
2p॰	बभूविथ	बभूवथुः	बभूव	*babhūvitha*	*babhūvathuḥ*	*babhūva*
3p॰	बभूव	बभूवतुः	बभूवुः	*babhūva*	*babhūvatuḥ*	*babhūvuḥ*

(4) Indefinite Past Tense : लुङ् (दूरवर्ति-भूते) *Parasmaipadī :* **He had become**

1p॰	अभूवम्	अभूव	अभूम	*abhūvam*	*abhūva*	*abhūma*
2p॰	अभूः	अभूतम्	अभूत	*abhūḥ*	*abhūtam*	*abhūta*
3p॰	अभूत्	अभूताम्	अभूवन्	*abhūt*	*abhūtām*	*abhūvan*

(5) Definite Future : लुट् (सामान्य-भविष्यति) *Parasmaipadī :* He will become

1p◦	भवितास्मि	भवितास्वः	भवितास्मः	*bhavitāsmi*	*bhavitāsvaḥ*	*bhavitāsmaḥ*
2p◦	भवितासि	भवितास्थः	भवितास्थ	*bhavitāsi*	*bhavitāsthaḥ*	*bhavitāstha*
3p◦	भविता	भवितारौ	भवितारः	*bhavitā*	*bhavitārau*	*bhavitāraḥ*

(6) Indefinite Future : लृट् (अपूर्ण-भविष्यति) *Parasmaipadī :* He shall become

1p◦	भविष्यामि	भविष्यावः	भविष्यामः	*bhaviṣyāmi*	*bhaviṣyāvaḥ*	*bhaviṣyāmaḥ*
2p◦	भविष्यसि	भविष्यथः	भविष्यथ	*bhaviṣyasi*	*bhaviṣyathaḥ*	*bhaviṣyatha*
3p◦	भविष्यति	भविष्यतः	भविष्यन्ति	*bhaviṣyati*	*bhaviṣyataḥ*	*bhaviṣyanti*

(7) Conditional Mood : लृङ् (भविष्यति क्रियातिपत्तौ) *Parasmaipadī :* If he becomes

1p◦	अभविष्यम्	अभविष्याव	अभविष्याम	*abhaviṣyam*	*abhaviṣyāva*	*abhaviṣyāma*
2p◦	अभविष्यः	अभविष्यतम्	अभविष्यत	*abhaviṣyaḥ*	*abhaviṣyatam*	*abhaviṣyata*
3p◦	अभविष्यत्	अभविष्यताम्	अभविष्यन्	*abhaviṣyat*	*abhaviṣyatām*	*abhaviṣyan*

(8) Imperative Mood : लोट् (आज्ञार्थे; प्रश्नार्थे; विध्यादौ) *Parasmaipadī :* He should become. Please become.

1p◦	भवानि	भवाव	भवाम	*bhavāni*	*bhavāva*	*bhavāma*
2p◦	भव	भवतम्	भवत	*bhava*	*bhavatam*	*bhavata*
3p◦	भवतु	भवताम्	भवन्तु	*bhavatu*	*bhavatām*	*bhavantu*

(9) Potential or Subjunctive Mood : विधिलिङ् (विध्यादौ) *Parasmaipadī :* He may become

1p◦	भवेयम्	भवेव	भवेम	*bhaveyam*	*bhaveva*	*bhavema*
2p◦	भवेः	भवेतम्	भवेत	*bhaveḥ*	*bhavetam*	*bhaveta*
3p◦	भवेत्	भवेताम्	भवेयुः	*bhavet*	*bhavetām*	*bhaveyuḥ*

(10) Benedictive or Optative Mood : आशीर्लिङ् (आशिषि) *Parasmaipadī :* May he become!

1p◦	भूयासम्	भूयास्व	भूयास्म	*bhūyāsam*	*bhūyāsva*	*bhūyāsma*
2p◦	भूयाः	भूयास्तम्	भूयास्त	*bhūyāḥ*	*bhūyāstam*	*bhūyāsta*
3p◦	भूयात्	भूयास्ताम्	भूयासुः	*bhūyāt*	*bhūyāstām*	*bhūyāsuḥ*

EXAMPLES Cum EXERCISE : 1st भ्वादिः class

1. I become.	*ahaṁ bhavāmi.* अहं भवामि (√भू)। (Present)
2. He becomes a teacher.	*saḥ ācāryaḥ bhavati.* सः आचार्यः भवति।
3. He became a doctor.	*saḥ vaidyaḥ abhavat.* सः वैद्यः अभवत्। (Past tense)
4. They will become surgeons.	*te śalyacikitsakāḥ bhaviṣyanti.* ते शल्यचिकित्सकाः भविष्यन्ति। (Future)
5. She eats a mango.	*sā āmraphalaṁ khādati.* सा आम्रफलं खादति (√खाद्)।
6. You are drinking milk.	*bhavān dugdhaṁ pibati.* भवान् दुग्धं पिबति (√पा)।
7. I drank tea.	*ahaṁ cāyapeyam apibam.* अहं चायपेयम् अपिबम्।
8. They will drink cold water.	*te śītaṁ jalaṁ pāsyanti.* ते शीतं जलं पास्यन्ति। (*śīta* शीत = cold)
9. We hear melodious songs.	*vayaṁ madhurāṇi gānāni śruṇumaḥ.* वयं मधुराणि गानानि श्रुणुमः (√श्रु)।

10. They heard songs. *te gānāni śrutavantaḥ .* ते गानानि श्रुतवन्तः।

11. I will go to school. *ahaṁ pāṭhaśālāṁ gamiṣyāmi.* अहं पाठशालां गमिष्यामि (√गम्)।

12 Kaṁsa stole Krishṇa's cows *Kaṁsaḥ Kṛṣṇasya gāḥ aharat* कंसः कृष्णस्य गाः अहरत् (√हृ) (गाम् गावौ गाः)

13. Please hold my hand (लोट्). *kṛpayā mama hastaṁ dhara (dharatu).* कृपया मम हस्तं धर-धरतु (√धृ)।

14. He takes away the books. *saḥ pustakāni nayati.* सः पुस्तकानि नयति (√नी)।

15. They cooked in the evening. *te sāyam apacan.* ते सायम् अपचन् (√पच्)। सायम् = in the evening.

THE SECOND CLASS

adādiḥ gaṇaḥ अदादिः गणः।

The second class of the verbs is अदादि *(adādi).* The typical example of this class is root √अद् (√*ad* to eat), therefore, this class is called अदादि गणः (अद् + आदि = अदादि, *ad* अद् etc. class). There are 72 verbs in the अदादि (second) class.

The conjugations of the अदादि (2nd) class are simpler, because the अ विकरणम् added (between the root and tense suffix) in the भ्वादिः (1st) class is not added in this class.

Scheme of Conjugations for the Second Class - Root √अद् to eat

(1) Present Tense : लट् (सामान्य-वर्तमाने) *Parasmaipadī :* **He eats**

	Singular	Dual	Plural	Singular	Dual	Plural
1p∘	अद्मि (मि)	अद्वः (वः)	अद्मः (मः)	*admi*	*advaḥ*	*admaḥ*
2p∘	अत्सि (सि)	अत्थः (थः)	अत्थ (थ)	*atsi*	*atthaḥ*	*attha*
3p∘	अत्ति (ति)	अत्तः (तः)	अदन्ति (अन्ति)	*atti*	*attaḥ*	*adanti*

(2) Past imperfect Tense : लङ् (अनद्य-भूते) *Parasmaipadī :* **He ate**

1p∘	आदम्	आद्व	आद्म	*ādam*	*ādva*	*ādma*
2p∘	आदः	आत्तम्	आत्त	*ādaḥ*	*āttam*	*ātta*
3p∘	आदत्	आत्ताम्	आदन्	*ādat*	*āttām*	*ādan*

(3) Perfect Past Tense : लिट् (परोक्ष-भूते) *Parasmaipadī :* **He had eaten**

1p∘	जघास	जक्षिव	जक्षिम	*jaghās*	*jakṣiva*	*jakṣima*
2p∘	जघसिथ	जघथुः	जक्ष	*jaghasitha*	*jaghathuḥ*	*jakṣa*
3p∘	जघास	जक्षतुः	जक्षुः	*jaghāsa*	*jakṣatuḥ*	*jakṣuḥ*

(4) Indefinite Past Tense : लुङ् (दूरवर्ति-भूते) *Parasmaipadī :* **He had eaten**

1p∘	अघसम्	अघसाव	अघसाम	*aghasam*	*aghasāva*	*aghasāma*
2p∘	अघसः	अघसतम्	अघसत	*aghasaḥ*	*aghasatam*	*aghasata*
3p∘	अघसत्	अघसताम्	अघसन्	*aghasat*	*aghasatām*	*aghasan*

(5) Definite Future : लुट् (सामान्य-भविष्यति) *Parasmaipadī :* He will eat

1p∘	अत्तास्मि	अत्तास्वः	अत्तास्मः	*attāsmi*	*attāsvaḥ*	*attāsmaḥ*

2p◦ अत्तासि	अत्तास्थ:	अत्तास्थ	*attāsi*	*attāsthaḥ*	*attāstha*
3p◦ अत्ता	अत्तारौ	अत्तार:	*attā*	*attārau*	*attāraḥ*

(6) Indefinite Future : लृट् (अपूर्ण-भविष्यति) *Parasmaipadī :* **He shall eat**

1p◦ अत्स्यामि	अत्स्याव:	अत्स्याम:	*atsyāmi*	*atsyāvaḥ*	*atsyāmaḥ*
2p◦ अत्स्यसि	अत्स्यथ:	अत्स्यथ	*atsyasi*	*atsyathaḥ*	*atsyatha*
3p◦ अत्सति	अत्सत:	अत्स्यन्ति	*atsyati*	*atsyataḥ*	*atsyanti*

(7) Conditional Mood : लृङ् (भविष्यति क्रियातिपत्तौ) *Parasmaipadī :* **If he eats**

1p◦ आत्स्यम्	आत्स्याव	आत्स्याम	*ātsyam*	*ātsyāva*	*ātsyāma*
2p◦ आत्स्य:	आत्स्यतम्	आत्स्यत	*ātsyaḥ*	*ātsyatam*	*ātsyata*
3p◦ आत्स्यत्	आत्स्यताम्	आत्स्यन्	*ātsyat*	*ātsyatām*	*ātsyan*

(8) Imperative Mood : लोट् (आज्ञार्थे; प्रश्नार्थे; विध्यादौ) *Parasmaipadī :* **He should eat. Please eat.**

1p◦ अदानि	अदाव	अदाम	*adāni*	*adāva*	*adāma*
2p◦ अद्धि	अत्तम्	अत्त	*addhi*	*attam*	*atta*
3p◦ अत्तु	अत्ताम्	अदन्तु	*attu*	*attām*	*adantu*

(9) Potential or Subjunctive Mood : विधिलिङ् (विध्यादौ) *Parasmaipadī :* **He may eat.**

1p◦ अद्याम्	अद्याव	अद्याम	*adyām*	*adyāva*	*adyāma*
2p◦ अद्या:	अद्यातम्	अद्यात	*adyāḥ*	*adyātam*	*adyāta*
3p◦ अद्यात्	अद्याताम्	अद्यु:	*adyāt*	*adyātām*	*adyuḥ*

(10) Benedictive or Optative Mood : आशीर्लिङ् (आशिषि) *Parasmaipadī :* **May he eat!**

1p◦ अद्यासम्	अद्यास्व	अद्यास्म	*adyāsam*	*adyāsva*	*adyāsma*
2p◦ अद्या:	अद्यास्तम्	अद्यास्त	*adāḥ*	*adyāstam*	*adyāsta*
3p◦ अद्यात्	अद्यास्ताम्	अद्यासु:	*adyāt*	*adyāstām*	*adyāsuḥ*

EXAMPLES cum EXERCISE : (cumulative exercise)

(1) Cruel people kill animals. *duṣṭāḥ paśūn ghnanti.* दुष्टा: पशून् घ्नन्ति (√हन्)।

(2) Please take this money. *kṛpayā etat dhanaṁ svīkarotu.* कृपया एतत् धनं स्वीकरोतु (स्वी√कृ)।

(3) He understands the meaning of life. *saḥ jīvanasya arthaṁ vetti.* स: जीवनस्य अर्थं वेत्ति (√विद्)।

(4) He was my friend. *saḥ mama mitram āsīt.* स: मम मित्रम् आसीत्। They were my friends. *te mama mitrāṇi āsan.* ते मम मित्राणि आसन्। (√अस् to be)

(5) Please tell me. *māṁ vadatu.* मां वदतु। He said. *saḥ uktavān.* स: उक्तवान्।

THE THIRD CLASS

juhotyādiḥ gaṇaḥ जुहोत्यादि: गण:।

The third class of the verbs is जुहोत्यादि *(juhotyādi)* or जुवादि *(juvādi)* class. The typical example of this class is the verb root √हु (√*hu* to offer oblation). There are 24 verbs in the जुहोत्यादि (third) class.

(i) The अ विकरणम् that comes between the root verb and the tense suffix of the Present (लट्), Imperfect past (लङ्), Imperative (लोट्) and Potential (विधि) tenses in the भ्वादि: class, gets negated in the जुहोत्यादि: (3rd) class. हु + अ – अ = हु

(ii) And, in stead, in this (3rd) class, duplication and modification of the root takes place. eg॰ हु + हु + आ + मि = जु + हु + आ + मि → जुहोमि, जुहोषि, जुहोति।

Scheme of Conjugations for the Third Class - Root √अद् to eat

(1) Present Tense : लट् (सामान्य-वर्तमाने) *Parasmaipadī :* **He sacrifices**

	Singular	Dual	Plural	Singular	Dual	Plural
1p॰	जुहोमि (ओमि)	जुहुव: (व:)	जुहुम: (म:)	*juhomi*	*juhuvaḥ*	*juhumaḥ*
2p॰	जुहोषि (सि)	जुहुथ: (थ:)	जुहुथ (थ)	*juhoṣi*	*juhuthaḥ*	*jihutha*
3p॰	जुहोति (ति)	जुहुत: (त:)	जुह्वति (ति)	*juhoti*	*juhutaḥ*	*juhvati*

(2) Past imperfect Tense : लङ् (अनद्य-भूते) *Parasmaipadī :* **He sacrificed**

1p॰	अजुहवम्	अजुहुव	अजुहुम	*ajuhavam*	*ajuhuva*	*ajuhuma*
2p॰	अजुहो:	अजुहुतम्	अजुहुत	*ajuhoḥ*	*ajuhutam*	*ajuhuta*
3p॰	अजुहोत्	अजुहुताम्	अजुहवु:	*ajuhot*	*ajuhutām*	*ajuhavuḥ*

(3) Perfect Past Tense : लिट् (परोक्ष-भूते) *Parasmaipadī :* **He had sacrificed**

1p॰	जुहाव	जुहुविव	जुहुविम	*juhāva*	*juhuviva*	*juhuvima*
2p॰	जुहुविथ	जुहुवथु:	जुहुव	*juhuvitha*	*juhuvathuḥ*	*juhuva*
3p॰	जुहाव	जुहुवतु:	जुहुवु:	*juhāva*	*juhuvatuḥ*	*juhuvuḥ*

(4) Indefinite Past Tense : लुङ् (दूरवर्ति-भूते) *Parasmaipadī :* **He had sacrificed**

1p॰	अहौषम्	अहौष्व	अहौष्म	*ahauṣam*	*ahauṣva*	*ahauṣma*
2p॰	अहौषी:	अहौष्टम्	अहौष्ट	*ahauṣīḥ*	*ahauṣṭam*	*ahauṣṭa*
3p॰	अहौषीत्	अहौष्टाम्	अहौषु:	*ahauṣīt*	*ahauṣṭām*	*ahauṣuḥ*

(5) Definite Future : लुट् (सामान्य-भविष्यति) *Parasmaipadī :* **He will sacrifice**

1p॰	होतास्मि	होतास्व:	होतास्म:	*hotāsmi*	*hotāsvaḥ*	*hotāsmaḥ*
2p॰	होतासि	होतास्थ:	होतास्थ	*hotāsi*	*hotāsthaḥ*	*hotāstha*
3p॰	होता	होतारौ	होतार:	*hotā*	*hotārau*	*hotāraḥ*

(6) Indefinite Future : लृट् (अपूर्ण-भविष्यति) *Parasmaipadī :* **He shall sacrifice**

1p॰	होष्यामि	होष्याव:	होष्याम:	*hoṣyāmi*	*hoṣyāvaḥ*	*hoṣyāmaḥ*
2p॰	होष्यसि	होष्यथ:	होष्यथ	*hoṣyasi*	*hoṣyathaḥ*	*hoṣyatha*
3p॰	होष्यति	होष्यत:	होष्यन्ति	*hoṣyati*	*hoṣyataḥ*	*hoṣyanti*

(7) Conditional Mood : लृङ् (भविष्यति क्रियातिपत्तौ) *Parasmaipadī :* **If he sacrifices**

1p॰	अहोष्यम्	अहोष्याव	अहोष्याम	*ahoṣyam*	*ahoṣyāva*	*ahoṣyāma*
2p॰	अहोष्य:	अहोष्यतम्	अहोष्यत	*ahoṣyaḥ*	*ahoṣyatam*	*ahoṣyata*
3p॰	अहोष्यत्	अहोष्यताम्	अहोष्यन्	*ahoṣyat*	*ahoṣyatām*	*ahoṣyan*

(8) Imperative Mood : लोट् (आज्ञार्थे; प्रश्नार्थे; विध्यादौ) *Parasmaipadī :* **He Should sacrifice. Please sacrifice**

1p◦ जुहवानि	जुहवाव	जुहवाम	*juhavāni*	*juhavāva*	*juhavāma*
2p◦ जुहुधि	जुहुतम्	जुहुत	*juhudhi*	*juhutam*	*juhuta*
3p◦ जुहोतु	जुहुताम्	जुह्वतु	*juhotu*	*juhutām*	*juhvatu*

(9) Potential or Subjunctive Mood : विधिलिङ् (विध्यादौ) *Parasmaipadī :* **He may sacrifice**

1p◦ जुहुयाम्	जुहुयाव	जुहुयाम	*juhuyām*	*juhuyāva*	*juhuyāma*
2p◦ जुहुयाः	जुहुयातम्	जुहुयात	*juhuyāḥ*	*juhuyātam*	*juhuyāta*
3p◦ जुहुयात्	जुहुयाताम्	जुहुयुः	*juhuyāt*	*juhuyātām*	*juhuyuḥ*

(10) Benedictive or Optative Mood : आशीर्लिङ् (आशिषि) *Parasmaipadī :* **May he sacrifice!**

1p◦ हूयासम्	हूयास्व	हूयास्म	*hūyāsam*	*hūyāsva*	*hūyāsma*
2p◦ हूयाः	हूयास्तम्	हूयास्त	*hūyāḥ*	*hūyāstam*	*hūyāsta*
3p◦ हूयात्	हूयास्ताम्	हूयासुः	*hūyāt*	*hūyāstām*	*hūyāsuḥ*

EXAMPLES :

(1) He will be afraid. *saḥ bheṣyati.* सः भेष्यति (√भी)।

(2) I give food. *aham annaṁ dadāmi.* अहम् अन्नं ददामि (√दा)।

(3) You are giving money. *bhavān dhanaṁ dadāti.* भवान् धनं ददाति।

(4) She gave an advice. *sā upadeśaṁ dattavān.* सा उपदेशम् दत्तवान्।

(5) I will give an advice. *aham upadeśaṁ dāsyāmi.* अहम् उपदेशं दास्यामि।

THE FOURTH CLASS

divādi gaṇaḥ दिवादिः गणः।

The fourth class of the verbs is दिवादि *divādi* class. The typical example of this class is the verb √दिव् (√*div* to shine). There are 140 verbs in the दिवादि (fourth) class.

Like the *parasmaipadī* Present (लट्), Imperfect past (लङ्), Imperative (लोट्) and Potential (विधि) tenses of the भ्वादिः (1st) class, the दिवादिः (4th) class also has विकरणम् अ between the √verb and tense suffixes. In addition, in the दिवादिः class, य् is also added to this अ

1. *Vikaraṇa* य् and अ are added to the verbal base before adding the tense suffix. दिव् + य् + अ = दिव्य
2. This *vikaraṇa* अ becomes आ before the tense suffixes that begin with म् or व्। → दिव्य + आ + मि = दिव्यामि, दिव्यावः, दिव्यामः।
3. The इ in दिव्यामि becomes ई because it is followed by the ङित् हलादि suffix य। Thus, दिव्यामि → दीव्यामि, दीव्यावः, दीव्यामः।
4. *Vikaraṇa* अ is dropped before the tense suffixes that begin with अ। and the इ is changed to ई। Thus, दिव् + अ – अ + य + अन्ति = दिव्यन्ति → दीव्यन्ति।

Scheme of Conjugations for the Fourth Class - verb root √दिव् to shine, to play

(1) Present Tense : लट् (सामान्य-वर्तमाने) *Parasmaipadī :* **He plays**

	Singular	Dual	Plural	Singular	Dual	Plural
1p◦	दीव्यामि (आमि)	दीव्याव: (व:)	दीव्याम: (म:)	*dīvyāmi*	*dīvyāvaḥ*	*dīvyāmaḥ*
2p◦	दीव्यसि (सि)	दीव्यथ: (थ:)	दीव्यथ (थ)	*dīvyasi*	*dīvyathaḥ*	*dīvyatha*
3p◦	दीव्यति (ति)	दीव्यत: (त:)	दीव्यन्ति (अन्ति)	*dīvyati*	*dīvyataḥ*	*dīvyanti*

(2) Past imperfect Tense : लङ् (अनद्य-भूते) *Parasmaipadī :* **He played**

1p◦	अदीव्यम्	अदीव्याव	अदीव्याम	*adīvyam*	*adīvyāva*	*adīvyāma*
2p◦	अदीव्य:	अदीव्यतम्	अदीव्यत	*adīvyaḥ*	*adīvyatam*	*adīvyata*
3p◦	अदीव्यत्	अदीव्यताम्	अदीव्यन्	*adīvyat*	*adīvyatām*	*adīvyan*

(3) Perfect Past Tense : लिट् (परोक्ष-भूते) *Parasmaipadī :* **He had played**

1p◦	दिदेव	दिदिविव	दिदिविम	*dideva*	*didiviva*	*didivima*
2p◦	दिदेविथ	दिदिवथु:	दिदिव	*didevitha*	*didivathuḥ*	*didiva*
3p◦	दिदेव	दिदिवतु:	दिदिवु:	*dideva*	*didivatuḥ*	*didivuḥ*

(4) Indefinite Past Tense : लुङ् (दूरवर्ति-भूते) *Parasmaipadī :* **He had played**

1p◦	अदेविषम्	अदेविष्व	अदेविष्म	*adeviṣam*	*adeviṣva*	*adeviṣma*
2p◦	अदेवी:	अदेविष्टम्	अदेविष्ट	*adevīḥ*	*adeviṣṭam*	*adeviṣṭa*
3p◦	अदेवीत्	अदेविष्टाम्	अदेविषु:	*adevīt*	*adeviṣṭām*	*adeviṣuḥ*

(5) Definite Future : लुट् (सामान्य-भविष्यति) *Parasmaipadī :* **He will play**

1p◦	देवितास्मि	देवितास्व:	देवितास्म:	*deviāsmi*	*devitāsvaḥ*	*devitāsmaḥ*
2p◦	देवितासि	देवितास्थ:	देवितास्थ	*devitāsi*	*devitāsthaḥ*	*devitāstha*
3p◦	देविता	देवितारौ	देवितार:	*devitā*	*devitārau*	*devitāraḥ*

(6) Indefinite Future : लृट् (अपूर्ण-भविष्यति) *Parasmaipadī :* **He shall play**

1p◦	देविष्यामि	देविष्याव:	देविष्याम:	*deviṣyāmi*	*deviṣyāvaḥ*	*deviṣyāmaḥ*
2p◦	देविष्यसि	देविष्यथ:	देविष्यथ	*deviṣyasi*	*deviṣyathaḥ*	*deviṣyatha*
3p◦	देविष्यति	देविष्यत:	देविष्यन्ति	*deviṣyati*	*deviṣyataḥ*	*deviṣyanti*

(7) Conditional Mood : लृङ् (भविष्यति क्रियातिपत्तौ) *Parasmaipadī :* **If he plays**

1p◦	अदेविष्यम्	अदेविष्याव	अदेविष्याम	*adeviṣyam*	*adeviṣyāva*	*adeviṣyāma*
2p◦	अदेविष्य:	अदेविष्यतम्	अदेविष्यत	*adeviṣyaḥ*	*adeviṣyatam*	*adeviṣyata*
3p◦	अदेविष्यत्	अदेविष्यताम्	अदेविष्यन्	*adeviṣyat*	*adeviṣyatām*	*adeviṣyan*

(8) Imperative Mood : लोट् (आज्ञार्थे; प्रश्नार्थे; विध्यादौ) *Parasmaipadī :* **He Should play. Please play**

1p◦	दीव्यानि	दीव्याव	दीव्याम	*dīvyāni*	*dīvyāva*	*dīvyāma*
2p◦	दीव्य	दीव्यतम्	दीव्यत	*dīvya*	*dīvyatam*	*dīvyata*
3p◦	दीव्यतु	दीव्यताम्	दीव्यन्तु	*dīvyatu*	*dīvyatām*	*dīvyantu*

(9) Potential or Subjunctive Mood : विधिलिङ् (विध्यादौ) *Parasmaipadī :* **He may play**

1p◦	दीव्येयम्	दीव्येव	दीव्येम	*dīvyeyam*	*dīvyeva*	*dīvyema*

2p∘ दीव्ये:	दीव्येतम्	दीव्येत	*dīvyeḥ*	*dīvyetam*	*dīvyeta*
3p∘ दीव्येत्	दीव्येताम्	दीव्येयु:	*dīvyet*	*dīvyetām*	*dīvyeyuḥ*

(10) Benedictive or Optative Mood : आशीर्लिङ् (आशिषि) *Parasmaipadī* : May he play!

1p∘ दीव्यासम्	दीव्यास्व	दीव्यास्म	*dīvyāsam*	*dīvyāsva*	*dīvyāsma*
2p∘ दीव्या:	दीव्यास्तम्	दीव्यास्त	*dīvyāḥ*	*dīvyāstam*	*dīvyāsta*
3p∘ दीव्यात्	दीव्यास्ताम्	दीव्यासु:	*dīvyāt*	*dīvyāstām*	*dīvyāsuḥ*

EXAMPLES cum EXERCISE : (cumulative learning)

(1) Fire destroyed the house yesterday. *hyaḥ agniḥ gṛham anaśyat.* ह्य: अग्नि गृहम् अनष्यत् (√नश्)।

(2) You are wasting time. *bhavān samayaṁ naśyati.* भवान् समयं नश्यति।

(3) The soul neither takes birth nor dies. *ātmā na jāyate na mriyate.* आत्मा न जायते न म्रियते (√जन्, √मृ)।

(4) Now the doubt does not exist. *ataḥ saṁśayaḥ na vidyate.* अत: संशय: न विद्यते (√विद्)।

(5) You are fighting for truth. *bhavān satyāya yudhyate.* भवान् सत्याय युध्यते (√युध्)।

(6) Arjuna said, O Krishṇa! I shall not fight (लृट्). *Arjunaḥ uvāća, Bhoḥ Kṛṣṇa! ahaṁ na yotsye.* अर्जुन: उवाच, भो: कृष्ण! अहं न योत्स्ये।

(7) The Lord pardons you. *devaḥ tvāṁ mṛṣyati.* देव: त्वां मृष्यति (√मृष्)

THE FIFTH CLASS

svādiḥ gaṇaḥ स्वादि: गण:।

The fifth class of the verbs is the स्वादि: (*svādi*) class. The most typical example of this class is the verb root √सु (√*su* to bathe). There are 35 verbs in the स्वादि (fifth) class.

The स्वादि: (5th) class takes न and उ विकरण, as well as it takes अ *guṇaḥ* (गुण:) before the अङित् suffixes of Present (लट्), Imperfect past (लङ्), Imperative (लोट्) and Potential (विधि) tenses. eg∘

सु + न + उ + अ + मि = सुनोमि, सुनोषि, सुनोति। *su + na + u + a + mi = sunomi, sunoṣi, sunoti.*

Scheme of Conjugations for the Fifth Class - verb root √सु (to bathe)

(1) Present Tense : लट् (सामान्य-वर्तमाने) *Parasmaipadī* : He bathes

Singular	Dual	Plural	Singular	Dual	Plural
1p∘ सुनोमि (मि)	सुनुव: (व:)	सुनुम: (म:)	*sunomi*	*sunuvaḥ*	*sunumaḥ*
2p∘ सुनोषि (सि)	सुनुथ: (थ:)	सुनुथ (थ)	*sunoṣi*	*sunuthaḥ*	*sunutha*
3p∘ सुनोति (ति)	सुनुत: (त:)	सुन्वन्ति (अन्ति)	*sunoti*	*sunutaḥ*	*sunvanti*

(2) Past imperfect Tense : लङ् (अनद्य-भूते) *Parasmaipadī* : He bathed

1p∘ असुनवम्	असुनवाव	असुनवाम	*asunavam*	*asunavāva*	*asunavāma*
2p∘ असुनो:	असुनुतम्	असुनुत	*asunoḥ*	*asunutam*	*asunuta*
3p∘ असुनोत्	असुनुताम्	असुन्वन्	*asunot*	*asunutām*	*asunvan*

(3) Perfect Past Tense : लिट् (परोक्ष-भूते) *Parasmaipadī :* **He had bathed**

1p◦	सुषाव	सुषुविव	सषुविम	*suṣāva*	*suṣuviva*	*suṣuvima*
2p◦	सुषुविथ	सुषुवथुः	सुषुव	*saṣuvitha*	*suṣuvathuḥ*	*suṣuva*
3p◦	सुषाव	सुषुवतुः	सुषुवुः	*suṣāva*	*suṣuvatuḥ*	*suṣuvuḥ*

(4) Indefinite Past Tense : लुङ् (दूरवर्ति-भूते) *Parasmaipadī :* **He had bathed**

1p◦	असाविषम्	असाविष्व	असाविष्म	*asāviṣam*	*asāviṣva*	*asāviṣma*
2p◦	असावीः	असाविष्टम्	असाविष्ट	*asāvīḥ*	*asāviṣṭam*	*asāviṣṭa*
3p◦	असावीत्	असाविष्टाम्	असाविषुः	*asāvīt*	*asāviṣṭām*	*asāviṣuḥ*

(5) Definite Future : लुट् (सामान्य-भविष्यति) *Parasmaipadī :* **He will bathe**

1p◦	सोतास्मि	सोतास्वः	सोतास्मः	*sotāsmi*	*sotāsvaḥ*	*sotāsmaḥ*
2p◦	सोतासि	सोतास्थः	सोतास्थ	*sotāsi*	*sotāsthaḥ*	*sotāstha*
3p◦	सोता	सोतारौ	सोतारः	*sotā*	*sotārau*	*sotāraḥ*

(6) Indefinite Future : लृट् (अपूर्ण-भविष्यति) *Parasmaipadī :* **He shall bathe**

1p◦	सोष्यामि	सोष्यावः	सेष्यामः	*soṣyāmi*	*soṣyāvaḥ*	*soṣyāmaḥ*
2p◦	सोष्यसि	सोष्यथः	सोष्यथ	*soṣyasi*	*soṣyathaḥ*	*soṣyatha*
3p◦	सोष्यति	सोष्यतः	सोष्यन्ति	*soṣyati*	*soṣyataḥ*	*soṣyanti*

(7) Conditional Mood : लृङ् (भविष्यति क्रियातिपत्तौ) *Parasmaipadī :* **If he bathes**

1p◦	असोष्यम्	असोष्याव	असोष्याम	*asoṣyam*	*asoṣyāva*	*asoṣyāma*
2p◦	असोष्यः	असोष्यतम्	असोष्यत	*asoṣyaḥ*	*asoṣyatam*	*asoṣyata*
3p◦	असोष्यत्	असोष्यताम्	असोष्यन्	*asoṣyat*	*asoṣyatām*	*asoṣyan*

(8) Imperative Mood : लोट् (आज्ञार्थे; प्रश्नार्थे; विध्यादौ) *Parasmaipadī :* **He Should bathe. Please bathe**

1p◦	सुनवानि	सुनवाव	सुनवाम	*sunavāni*	*sunavāva*	*sunavāma*
2p◦	सुनु	सुनुतम्	सुनुत	*sunu*	*sunutam*	*sunuta*
3p◦	सुनोतु	सुनुताम्	सुन्वन्तु	*sunotu*	*sunutām*	*sunvantu*

(9) Potential or Subjunctive Mood : विधिलिङ् (विध्यादौ) *Parasmaipadī :* **He may bathe**

1p◦	सुनुयाम्	सुनुयाव	सुनुयाम	*sunuyām*	*sunuyāva*	*sunuyāma*
2p◦	सुनुयाः	सुनुयातम्	सुनुयात	*sunuyāḥ*	*sunuyātam*	*sunuyāta*
3p◦	सुनुयात्	सुनुयाताम्	सुनुयुः	*sunuyāt*	*sunuyātām*	*sunuyuḥ*

(10) Benedictive or Optative Mood : आशीर्लिङ् (आशिषि) *Parasmaipadī :* **May I bathe!**

1p◦	सूयासम्	सूयास्व	सूयास्म	*sūyāsam*	*sūyāsva*	*sūyāsma*
2p◦	सूयाः	सूयास्तम्	सूयास्त	*sūyāḥ*	*sūyāstam*	*sūyāsta*
3p◦	सूयात्	सूयास्ताम्	सूयासुः	*sūyāt*	*sūyāstām*	*sūyāsuḥ*

EXAMPLES :

(1) I am taking a bath. *ahaṁ sunomi.* अहं सुनोमि (√सु)।

(2) You take a bath. *bhavān sunoṣi.* भवान् सुनोति। She is taking a bath. *sā sunoti.* सा सुनोति।

(3) They took bath. *te asunvan.* ते असुन्वन्।

(4) I choose you as a friend. *ahaṁ bhavantaṁ mitraṁ ćinomi.* अहं भवन्तं मित्रं चिनोमि (√चि)। May we choose. *vayaṁ ćinuyama.* वयं चिनुयाम।

THE SIXTH CLASS

tudādiḥ gaṇaḥ तुदादिः गणः।

The sixth class of the verbs is the तुदादिः (*tudādi*) class. The most typical example of this class is the verb root √तुद् (√*tud* to inflict). There are 157 verbs in तुदादि (sixth) class.

Like the भ्वादिः (1st) class, the तुदादिः (6th) class also takes अ विकरण in the Present (लट्), Imperfect past (लङ्), Imperative (लोट्) and Potential (विधि) tenses. eg॰ तुद् + अ + अ + मि = तुदामि, तुदामः, तुदामः।

Scheme of Conjugations for the Sixth Class - verb root √तुद् (to inflict, to hurt)

(1) Present Tense : लट् (सामान्य-वर्तमाने) *Parasmaipadī* : **He inflicts**

	Singular	Dual	Plural	Singular	Dual	Plural
1p॰	तुदामि (आमि)	तुदावः (आवः)	तुदामः (आमः)	*tudāmi*	*tudāvaḥ*	*tudāmaḥ*
2p॰	तुदसि (सि)	तुदथः (थः)	तुदथ (थ)	*tudasi*	*tudathaḥ*	*tudatha*
3p॰	तुदति (ति)	तुदतः (तः)	तुदन्ति (अन्ति)	*tudati*	*tudataḥ*	*tudanti*

(2) Past imperfect Tense : लङ् (अनद्य-भूते) *Parasmaipadī* : **He inflicted**

1p॰	अतुदम्	अतुदाव	अतुदाम	*atudam*	*atudāva*	*atudāma*
2p॰	अतुदः	अतुदतम्	अतुदत	*atudaḥ*	*atudatam*	*atudata*
3p॰	अतुदत्	अतुदताम्	अतुदन्	*atudat*	*atudatām*	*atudan*

(3) Perfect Past Tense : लिट् (परोक्ष-भूते) *Parasmaipadī* : **He had inflicted**

1p॰	तुतोद	तुतुदिव	तुतुदिम	*tutoda*	*tutudiva*	*tutudima*
2p॰	तुतोदिथ	तुतुदथुः	तुतुद	*tutoditha*	*tutudathuḥ*	*tutuda*
3p॰	तुतोद	तुतुदतुः	तुतुदुः	*tutoda*	*tutudatuḥ*	*tutuduḥ*

(4) Indefinite Past Tense : लुङ् (दूरवर्ति-भूते) *Parasmaipadī* : **He had inflicted**

1p॰	अतौत्सम्	अतौत्स्व	अतौत्स्म	*atautsam*	*atautsva*	*atautsma*
2p॰	अतौत्सीः	अतौत्तम्	अतौत्त	*atautsīḥ*	*atauttam*	*atautta*
3p॰	अतौत्सीत्	अतौत्ताम्	अतौत्सुः	*atautsīt*	*atauttām*	*atautsuḥ*

(5) Definite Future : लुट् (सामान्य-भविष्यति) *Parasmaipadī* : **He will inflict**

1p॰	तोत्तास्मि	तोत्तास्वः	तोत्तास्मः	*tottāsmi*	*tottāsvaḥ*	*tottāsmaḥ*
2p॰	तोत्तासि	तोत्तास्थः	तोत्तास्थ	*tottāsi*	*tattāsthaḥ*	*tottāstha*
3p॰	तोत्ता	तोत्तारौ	तोत्तारः	*tottā*	*tottārau*	*tottāraḥ*

(6) Indefinite Future : लृट् (अपूर्ण-भविष्यति) *Parasmaipadī* : **He shall inflict**

1p॰	तोत्स्यामि	तोत्स्यावः	तोत्स्यामः	*totsyāmi*	*totsyāvaḥ*	*totsyāmaḥ*

2p॰ तोत्स्यसि	तोत्स्यथ:	तोत्स्यथ	*totsyasi*	*totsyathaḥ*	*totsyatha*
3p॰ तोत्स्यति	तोत्स्यत:	तोत्स्यन्ति	*totsyati*	*totsyataḥ*	*totsyanti*

(7) Conditional Mood : लृङ् (भविष्यति क्रियातिपत्तौ) *Parasmaipadī :* If he inflicts

1p॰ अतोत्स्यम्	अतोत्स्याव	अतोत्स्याम	*atotsyam*	*atotsyāva*	*atotsyāma*
2p॰ अतोत्स्य:	अतोत्स्यतम्	अतोत्स्यत	*atotsyaḥ*	*atotsyatam*	*atotsyata*
3p॰ अतोत्स्यत्	अतोत्स्यताम्	अतोत्स्यन्	*atotsyat*	*atotsyatām*	*atotsyan*

(8) Imperative Mood : लोट् (आज्ञार्थे; प्रश्नार्थे; विध्यादौ) *Parasmaipadī :* He Should inflict. Please inflict

1p॰ तुदानि	तुदाव	तुदाम	*tudāni*	*tudāva*	*tudāma*
2p॰ तुद	तुदतम्	तुदत	*tuda*	*tudatam*	*tudata*
3p॰ तुदतु	तुदताम्	तुदन्तु	*tudatu*	*tudatām*	*tudantu*

(9) Potential or Subjunctive Mood : विधिलिङ् (विध्यादौ) *Parasmaipadī :* He may inflict

1p॰ तुदेयम्	तुदेव	तुदेम	*tudeyam*	*tudeva*	*tudema*
2p॰ तुदे:	तुदेतम्	तुदेत	*tudeḥ*	*tudetam*	*tudeta*
3p॰ तुदेत्	तुदेताम्	तुदेयु:	*tudet*	*tudetām*	*tudeyuḥ*

(10) Benedictive or Optative Mood : आशीर्लिङ् (आशिषि) *Parasmaipadī :* May he inflict!

1p॰ तुद्यासम्	तुद्यास्व	तुद्यास्म	*tudyāsam*	*tudyāsva*	*tudyāsma*
2p॰ तुद्या:	तुद्यास्तम्	तुद्यास्त	*tudyāḥ*	*tudyāstam*	*tudyāsta*
3p॰ तुद्यात्	तुद्यास्ताम्	तुद्यासु:	*tudyāt*	*tudyāstām*	*tudyāsuḥ*

EXAMPLES cum EXERCISE : (cumulative learning)

(1) He meets me.	*saḥ māṁ milati.* स: माम् मिलति (√मिल्)।
(2) He met me yesterday.	*saḥ māṁ hyaḥ amilat.* स: मां ह्य: अमिलत्।
(3) Please meet me tomorrow.	*kṛpayā māṁ śvaḥ milatu.* कृपया मां श्व: मिलतु।
(4) He attains peace.	*saḥ śāntiṁ vindati (āpnaoti).* स: शान्तिं विन्दति–आप्नोति (√विद् √आप्)
(5) The Yogi attains liberation.	*yogī nirvāṇaṁ ṛcchati.* योगी निर्वाणम् ऋच्छति (√ऋच्छ्)।
(6) I want it.	*aham etat icchāmi.* अहम् एतत् इच्छामि (√इष्) ।
(7) He does not want it.	*saḥ etat na icchati.* स: एतत् न इच्छति।
(8) What do you want?	*bhavān kim icchasi?* भवान् किम् इच्छति?
(9) Why does she want it?	*sā etat kimartham icchati?* सा एतत् किमर्थम् इच्छति?

THE SEVENTH CLASS

rudhādiḥ gaṇaḥ रुधादिः गणः।

The seventh class of the verbs is रुधादि *(rudhādi)* class. The typical example of this class is verb root √रुध् (√*rudh* to hinder). There are 25 verbs in the रुधादि (seventh) class.

In the Present (लट्), Imperfect past (लङ्), Imperative (लोट्) and Potential (विधि) tenses of √रुध् the न विकरणम् comes in. In *parasmaipadī* Indefinite Past tense (लुङ्), two kinds of verbs are formed.

Scheme of Conjugations for the Seventh Class - Root √रुध् to hinder

(1) Present Tense : लट् (सामान्य-वर्तमाने) *Parasmaipadī :* **He hinders**

1p◦	रुणध्मि (मि)	रुन्ध्वः (वः)	रुन्ध्मः (मः)	*ruṇadhmi*	*rundhvaḥ*	*rundhmaḥ*
2p◦	रुणत्सि (सि)	रुन्द्धः (थः)	रुन्द्ध (थ)	*ruṇatsi*	*runddhaḥ*	*runddha*
3p◦	रुणद्धि (ति)	रुन्द्धः (तः)	रुन्धन्ति (अन्ति)	*ruṇaddhi*	*runddhaḥ*	*rundhanti*

(2) Past imperfect Tense : लङ् (अनद्य-भूते) *Parasmaipadī :* **He hindered**

1p◦	अरुणधम्	अरुन्ध्व	अरुन्ध्म	*aruṇadham*	*arundhva*	*arundhma*
2p◦	अरुणः	अरुन्द्धम्	अरुन्द्ध	*aruṇaḥ*	*arundhatam*	*arudha*
3p◦	अरुणत्	अरुन्धाम्	अरुन्धन्	*aruṇat*	*arundhām*	*arundhan*

(3) Perfect Past Tense : लिट् (परोक्ष-भूते) *Parasmaipadī :* **He had hindered**

1p◦	रुरोध	रुरुधिव	रुरुधिम	*rurodha*	*rurudhiva*	*rurudhima*
2p◦	रुरुधिथ	रुरुधिथुः	रुरुध	*rurudhitha*	*rurudhithuḥ*	*rurudha*
3p◦	रुरोध	रुरुधतुः	रुरुधुः	*rurodha*	*rurudhatuḥ*	*rurudhuḥ*

(4) Indefinite Past Tense : लुङ् (दूरवर्ति-भूते) *Parasmaipadī :* **He had hindered**

1p◦	अरुधम्	अरुधाव	अरुधाम	*arudham*	*arudhāva*	*arudhāma*
2p◦	अरुधः	अरुधतम्	अरुधत	*arudhaḥ*	*arudhatam*	*arudhata*
3p◦	अरुधत्	अरुधताम्	अरुधन्	*arudhat*	*arudhatām*	*arudhan*

(5) Definite Future : लुट् (सामान्य-भविष्यति) *Parasmaipadī :* He will hinder

1p◦	रोद्धास्मि	रोद्धास्वः	रोद्धास्मः	*roddhāsmi*	*roddhāsvaḥ*	*roddhāsmaḥ*
2p◦	रोद्धासि	रोद्धास्थः	रोद्धास्थ	*roddhāsi*	*roddhāsthaḥ*	*roddhāstha*
3p◦	रोद्धा	रोद्धारौ	रोद्धारः	*roddhā*	*roddhārau*	*roddhāraḥ*

(6) Indefinite Future : लृट् (अपूर्ण-भविष्यति) *Parasmaipadī :* **He shall hinder**

1p◦	रोत्स्यामि	रोत्स्यावः	रोत्स्यामः	*rotsyāmi*	*rotsyāvaḥ*	*rotsyāmaḥ*
2p◦	रोत्स्यसि	रोत्स्यथः	रोत्स्यथ	*rotsyasi*	*rotsyathaḥ*	*rotsyatha*
3p◦	रोत्स्यति	रोत्स्यतः	रोत्स्यन्ति	*rotsyati*	*rotsyataḥ*	*rotsyanti*

(7) Conditional Mood : लृङ् (भविष्यति क्रियातिपत्तौ) *Parasmaipadī :* **If he hinders**

1p◦	अरोत्स्यम्	अरोत्स्याव	अरोत्स्याम	*arotsyam*	*arotsyāva*	*arotsyāma*
2p◦	अरोत्स्यः	अरोत्स्यतम्	अरोत्स्यत	*arotsyaḥ*	*arotsyatam*	*arotsyata*

3p∘ अरोत्स्यत्	अरोत्स्यताम्	अरोत्स्यन्	*arotsyat*	*arotsyatām*	*arotsyan*

(8) Imperative Mood : लोट् (आज्ञार्थे; प्रश्नार्थे; विध्यादौ) *Parasmaipadī :* He Should hinder, Please hinder

1p∘ रुणधानि	रुणधाव	रुणधाम	*ruṇadhāni*	*ruṇadhāva*	*ruṇadhāma*
2p∘ रुन्द्धि	रुन्द्धम्	रुन्द्ध	*runddhi*	*runddham*	*runddha*
3p∘ रुणद्धु	रुन्द्धाम्	रुन्द्धन्तु	*ruṇaddhu*	*runddhām*	*runddhantu*

(9) Potential or Subjunctive Mood : विधिलिङ् (विध्यादौ) *Parasmaipadī :* He may hinder

1p∘ रुन्ध्याम्	रुन्ध्याव	रुन्ध्याम	*rundhyām*	*rundhyāva*	*rundhyāma*
2p∘ रुन्ध्याः	रुन्ध्यातम्	रुन्ध्यात	*rundhyāḥ*	*rundhyātam*	*rundhyāta*
3p∘ रुन्ध्यात्	रुन्ध्याताम्	रुन्ध्युः	*rundhyāt*	*rundhyātām*	*rundhyuḥ*

(10) Benedictive or Optative Mood : आशीर्लिङ् (आशिषि) *Parasmaipadī :* May he hinder!

1p∘ रुध्यासम्	रुध्यास्व	रुध्यास्म	*rudhyāsam*	*rudhyāsva*	*rudhyāsma*
2p∘ रुध्याः	रुध्यास्तम्	रुध्यास्त	*rudhyāḥ*	*rudhyāstam*	*rudhyāsta*
3p∘ रुध्यात्	रुध्यास्ताम्	रुध्यासुः	*rudhyāt*	*rudhyāstām*	*rudhyāsuḥ*

EXAMPLES :

(1) The Lord destroys the wicked. *devaḥ duṣṭān hinasti.* देवः दुष्टान् हिनस्ति (√हिंस्)।

(2) I shall enjoy peace. *ahaṁ śāntiṁ bhokṣāmi.* अहं शांतिं भोक्ष्यामि (√भुज्)।

(3) King enjoys the kingdom. *rājā rājyaṁ bhunakti.* राजा राज्यं भुनक्ति।

THE EIGHTTH CLASS

tanādiḥ gaṇaḥ तनादिः गणः।

The eightth class of the verbs is तनादि (*tanādi*) class. The typical example of this class is the verb √तन् (√*tan* to spread). There are only 10 verbs in this class. The most widely used verb is √kṛ (to do) √कृ।

In the Present (लट्), Imperfect past (लङ्), Imperative (लोट्) and Potential (विधि) tenses of तनादिः class उ विकरणम् comes in. This उ then becomes ओ with *guṇa,* as explained in the भ्वादिः (1st) class.

1. *Vikaraṇa* उ is added to the verbal base before adding the tense suffixes. तन् + उ = तनु
2. This *vikaraṇa* उ becomes ओ before the (अङित्) suffixes of मि, सि, ति। तनु → तनो + मि = तनोमि, तनोषि, तनोति।
3. This *vikaraṇa* उ is optionally dropped before the suffixes of वः, मः, वहि, महि etc. तनु – उ + वः = तन्वः (तनुवः), तन्मः (तनुमः) , तन्वहे (तनुवहे), तन्महे (तनुमहे) ...etc.

Scheme of Conjugations for the Eighth Class - Root √तन् to spread

(1) Present Tense : लट् (सामान्य-वर्तमाने) *Parasmaipadī :* He spreads

Singular	Dual	Plural	Singular	Dual	Plural

1p◦ तनोमि (ओमि)	तन्वः-तनुवः (वः)	तन्मः-तनुमः (मः)	*tanomi*	*tanvaḥ/tanuvaḥ*	*tanmaḥ/tanumaḥ*
2p◦ तनोषि (सि)	तनुथः (थः)	तनुथ (थ)	*tanoṣi*	*tanuthaḥ*	*tanutha*
3p◦ तनोति (ति)	तनुतः (तः)	तन्वन्ति (अन्ति)	*tanoti*	*tanutaḥ*	*tanvanti*

(2) Past imperfect Tense : लङ् (अनद्य-भूते) *Parasmaipadī :* **He spreaded**

1p◦ अतनवम्	अतनुव	अतनुम	*atanavam*	*atanuva*	*atanuma*
2p◦ अतनोः	अतनुतम्	अतनुत	*atanoḥ*	*atanutam*	*atanuta*
3p◦ अतनोत्	अतनुताम्	अतन्वन्	*atanot*	*atanutām*	*atanvan*

(3) Perfect Past Tense : लिट् (परोक्ष-भूते) *Parasmaipadī :* **He had spreaded**

1p◦ ततान	तेनिव	तेनिम	*tatāna*	*teniva*	*tenima*
2p◦ तेनिथ	तेनथुः	तेन	*tenitha*	*tenathuḥ*	*tena*
3p◦ ततान	तेनतुः	तेनुः	*tatāna*	*tenatuḥ*	*tenuḥ*

(4) Indefinite Past Tense : लुङ् (दूरवर्ति-भूते) *Parasmaipadī :* **he had spreaded**

1p◦ अतानिषम्	अतानिष्व	अतानिष्म	*atāniṣam*	*atāniṣva*	*atāniṣma*
2p◦ अतानीः	अतानिष्टम्	अतानिष्ट	*atānīḥ*	*atāniṣṭam*	*atāniṣṭa*
3p◦ अतानीत्	अतानिष्टाम्	अतानिषुः	*atānīt*	*atāniṣṭām*	*atāniṣuḥ*

(5) Definite Future : लुट् (सामान्य-भविष्यति) *Parasmaipadī :* **He will spread**

1p◦ तनितास्मि	तनितास्वः	तनितास्मः	*tanitāsmi*	*tanitāsvaḥ*	*tanitāsmaḥ*
2p◦ तनितासि	तनितास्थः	तनितास्थ	*tanitāsi*	*tanitāsthaḥ*	*tanitāstha*
3p◦ तनिता	तनितारौ	तनितारः	*tanitā*	*tanitārau*	*tanitāraḥ*

(6) Indefinite Future : लृट् (अपूर्ण-भविष्यति) *Parasmaipadī :* **He shall spread**

1p◦ तनिष्यामि	तनिष्यावः	तनिष्यामः	*taniṣyāmi*	*taniṣyāvaḥ*	*taniṣyāmaḥ*
2p◦ तनिष्यसि	तनिष्यथः	तनिष्यथ	*taniṣyasi*	*taniṣyathaḥ*	*taniṣyatha*
3p◦ तनिष्यति	तनिष्यतः	तनिष्यन्ति	*taniṣyati*	*taniṣyataḥ*	*taniṣyanti*

(7) Conditional Mood : लृङ् (भविष्यति क्रियातिपत्तौ) *Parasmaipadī :* **If he spreads**

1p◦ अतनिष्यम्	अतनिष्याव	अतनिष्याम	*ataniṣyam*	*ataniṣyāva*	*ataniṣyāma*
2p◦ अतनिष्यः	अतनिष्यतम्	अतनिष्यत	*ataniṣyaḥ*	*ataniṣyatam*	*ataniṣyata*
3p◦ अतनिष्यत्	अतनिष्यताम्	अतनिष्यन्	*ataniṣyat*	*ataniṣyatām*	*atanṣyan*

(8) Imperative Mood : लोट् (आज्ञार्थे; प्रश्नार्थे; विध्यादौ) *Parasmaipadī :* **He should spread. Please spread.**

1p◦ तनवानि	तनवाव	तनवाम	*tanavāni*	*tanavāva*	*tanavāma*
2p◦ तनु	तनुतम्	तनुत	*tanu*	*tanutam*	*tanuta*
3p◦ तनोतु	तनुताम्	तन्वन्तु	*tanotu*	*tanutām*	*tanvantu*

(9) Potential or Subjunctive Mood : विधिलिङ् (विध्यादौ) *Parasmaipadī :* **He may spread**

1p◦ तनुयाम्	तनुयाव	तनुयाम	*tanuyām*	*tanuyāva*	*tanuyāma*
2p◦ तनुयाः	तनुयातम्	तनुयात	*tanuyāḥ*	*tanuyātam*	*tanuyāta*
3p◦ तनुयात्	तनुयाताम्	तनुयुः	*tanuyāt*	*tanuyātām*	*tanuyuḥ*

(10) Benedictive or Optative Mood : आशीर्लिङ् (आशिषि) *Parasmaipadī :* **May he spread!**

1p◦ तन्यासम्	तन्यास्व	तन्यास्म	*tanyāsam*	*tanyāsva*	*tanyāsma*
2p◦ तन्याः	तन्यास्तम्	तन्यास्त	*tanyāḥ*	*tanyāstam*	*tanyāsta*
3p◦ तन्यात्	तन्यास्ताम्	तन्यासुः	*tanyāt*	*tanyāstām*	*tanyāsuḥ*

EXAMPLES :

The most important verb of this class is √kṛ (√कृ to do).

The complete chart for this verb is as follows : As said above, in the Present (लट्), Imperfect past (लङ्), Imperative (लोट्) and Potential (विधि) tenses, (i) the √कृ take उ विकरणम्। (ii) when उ comes after कृ, the कृ takes *guṇa* and becomes अर् (रपरत्वम्). (iii) then उ विकरणम् is added, as shown in भ्वादिः (1st) class. कृ = क् + ऋ → क् + ऋ + अ + उ = क् + अर् + उ = करु (iv). This *vikaraṇa* उ becomes ओ before the (अङ्ग्ति) suffixes of मि, सि, ति। कृ → क् + ऋ + अ + ओ + मि = करोमि, करोषि, करोति। ...etc.

To do √kṛ √कृ

1. **लट्** (Present tense, action began but not complete eg◦ I do, I am doing)

परस्मैपदी			आत्मनेपदी		
करोमि	कुर्वः	कुर्मः।	कुर्वे	कुर्वहे	कुर्महे।
करोषि	कुरुथः	कुरुथ।	कुरुषे	कुर्वाथे	कुरुध्वे।
करोति	कुरुतः	कुर्वन्ति।	कुरुते	कुर्वाते	कुर्वते।

2. **लङ्** (First Preterite, Imperfect Past tense, act of recent past eg◦ I was doing, I did)

परस्मैपदी			आत्मनेपदी		
अकरवम्	अकुर्व	अकुर्म।	अकुर्वि	अकुर्वहि	अकुर्महि
अकरोः	अकुरुतम्	अकुरुत।	अकुरुथाः	अकुर्वाथाम्	अकुरुध्वम्
अकरोत्,	अकुरुताम्,	अकुर्वन्।	अकुरुत,	अकुर्वाताम्,	अकुर्वत।

3. **लिट्** (Second Preterite, Perfect Past tense, action of absolute past and out of sight eg◦ he was, he had been)

परस्मैपदी			आत्मनेपदी		
चकार	चकृव	चकृम।	चक्रे	चकृवहे	चकृमहे।
चकर्थ	चक्रथुः	चक्र।	चकृषे	चक्राथे	चकृढ्वे।
चकार	चक्रतुः	चक्रुः।	चक्रे	चक्राते	चक्रिरे।

4. **लुङ्** (Third Preterite, Aorist or Indefinite Past tense, eg◦ I had been, there was a king)

परस्मैपदी			आत्मनेपदी		
अकार्षम्	अकार्ष्व	अकार्ष्म।	अकृषि	अकृष्वहि	अकृष्महि।
अकार्षीः	अकार्ष्टम्	अकार्ष्ट।	अकृथाः	अकृषाथाम्	अकृढ्वम्।
अकार्षीत्	अकार्ष्टाम्	अकार्षुः।	अकृत	अकृषाताम्	अकृषत।

5. **लुट्** (Definite Future or First Future tense, the action that will happen after a fixed period, but not remote, although not immidiate. eg॰ I will , I shall do it tommorrow)

परस्मैपदी			आत्मनेपदी		
कर्तास्मि	कर्तास्वः	कर्तास्मः।	कर्ताहे	कर्तास्वहे	कर्तास्महे।
कर्तासि	कर्तास्थः	कर्तास्थ।	कर्तासे	कर्तासाथे	कर्ताध्वे।
कर्ता	कर्तारौ	कर्तारः।	कर्ता	कर्तारौ	कर्तारः।

6. **लृट्** (Indefinite Future or Second Future tense, action is contingent up on some future event. eg॰ I shall be)

परस्मैपदी			आत्मनेपदी		
करिष्यामि	करिष्यावः	करिष्यामः।	करिष्ये	करिष्यावहे	करिष्यामहे।
करिष्यसि	करिष्यथः	करिष्यथ।	करिष्यसे	करिष्येथे	करिष्यध्वे।
करिष्यति	करिष्यतः	करिष्यन्ति।	करिष्यते	करिष्येते	करिष्यन्ते।

(Imperative mood)

7. **लोट्** (Order, command, injunction, request, advice. It generally denotes or addresses second or third person eg॰ you do, let me be, O God! help us)

परस्मैपदी			आत्मनेपदी		
करवाणि	करवाव	करवाम।	करवै	करवावहै	करवामहै।
कुरु	कुरुतम्	कुरुत।	कुरुष्व	कुर्वाथाम्	कुरुध्वम्।
करोतु	कुरुताम्	कुर्वन्तु।	कुरुताम्	कुर्वाताम्	कुर्वताम्।

(Subjunctive mood)

8. **विधिलिङ्** (Potential or possibility, eg॰ It may happen, I may, can, would, should, ought to do)

परस्मैपदी			आत्मनेपदी		
कुर्याम्	कुर्याव	कुर्याम।	कुर्वीय	कुर्वीवहि	कुर्वीमहि।
कुर्याः	कुर्यातम्	कुर्यात।	कुर्वीथाः	कुर्वीयाथाम्	कुर्वीध्वम्।
कुर्यात्	कुर्याताम्	कुर्युः।	कुर्वीत	कुर्वीयाताम्	कुर्वीरन्।

(Precative or Benedictive mood)

9. **आशीर्लिङ्** (Optative or Benedictive mood, eg॰ may you succeed)

परस्मैपदी			आत्मनेपदी		
क्रियासम्	क्रियास्व	क्रियास्म।	कृषीय	कृषीवहि	कृषीमहि।
क्रियाः	क्रियास्तम्	क्रियास्त।	कृषीष्ठाः	कृषीयास्थाम्	कृषीढ्वम्।
क्रियात्	क्रियास्ताम्	क्रियासु।	कृषीष्ठ	कृषीयास्ताम्	कृषीरन्।

10. **लृङ्** (Conditional Mood, depending upon, eg॰ I should .. if)

परस्मैपदी			आत्मनेपदी		
अकरिष्यम्	अकरिष्याव	अकरिष्याम	अकरिष्ये	अकरिष्यावहि	अकरिष्यामहि
अकरिष्य:	अकरिष्यतम्	अकरिष्यत	अकरिष्यथा:	अकरिष्येथाम्	अकरिष्यध्वम्
अकरिष्यत्	अकरिष्यताम्	अकरिष्यन्	अकरिष्यत	अकरिष्येताम्	अकरिष्यन्त।

THE NINETH CLASS

kryādiḥ gaṇaḥ क्र्यादि: गण:।

The nineth classe of the verbs is क्र्यादि *(kryādi)* class. The typical example of this class is the root √क्री (√*krī* to trade; buy or sell). There are 61 verbs in क्र्यादि (nineth) class.

In the Present (लट्), Imperfect past (लङ्), Imperative (लोट्) and Potential (विधि) tenses, this class takes ना विकरणम्।

Scheme of Conjugations for the Nineth Class - Root √क्री to trade

(1) Present Tense : लट् (सामान्य-वर्तमाने) *Parasmaipadī :* He trades

	Singular	Dual	Plural	Singular	Dual	Plural
1p◦	क्रीणामि (आमि)	क्रीणीव: (व:)	क्रीणीम: (म:)	*krīṇāmi*	*krīṇīvaḥ*	*krīṇīmaḥ*
2p◦	क्रीणासि (सि)	क्रीणीथ: (थ:)	क्रीणीथ (थ)	*krīṇāsi*	*krīṇīthaḥ*	*krīṇītha*
3p◦	क्रीणाति (ति)	क्रीणीत: (त:)	क्रीणन्ति (अन्ति)	*krīṇāti*	*krīṇītaḥ*	*krīṇanti*

(2) Past imperfect Tense : लङ् (अनद्य-भूते) *Parasmaipadī :* He traded

1p◦	अक्रीणाम्	अक्रीणीव	अक्रीणीम	*akrīṇām*	*akrīṇīva*	*akrīṇīma*
2p◦	अक्रीणा:	अक्रीणीतम्	अक्रीणीत	*akrīṇāḥ*	*akrīṇītam*	*akrīṇīta*
3p◦	अक्रीणात्	अक्रीणीताम्	अक्रीणन्	*akrīṇāt*	*akrīṇītām*	*akrīṇan*

(3) Perfect Past Tense : लिट् (परोक्ष-भूते) *Parasmaipadī :* He had traded

1p◦	चिक्राय	चिक्रियिव	चिक्रियिम	*ćikrāya*	*ćikriyiva*	*ćikriyima*
2p◦	चिक्रयिथ	चिक्रियथु:	चिक्रिथ	*ćikrayitha*	*ćikriyathuḥ*	*ćikritha*
3p◦	चिक्राय	चिक्रियतु:	चिक्रियु:	*ćikrāya*	*ćikriyatuḥ*	*ćikriyuḥ*

(4) Indefinite Past Tense : लुङ् (दूरवर्ति-भूते) *Parasmaipadī :* He had traded

1p◦	अक्रैषम्	अक्रैष्व	अक्रैष्म	*akraiṣam*	*akraiṣva*	*akraiṣma*
2p◦	अक्रैषी:	अक्रैष्टम्	अक्रैष्ट	*akraiṣīḥ*	*akraiṣṭam*	*akraiṣṭa*
3p◦	अक्रैषीत्	अक्रैष्टाम्	अक्रैषु:	*akraiṣīt*	*akraiṣṭām*	*akraiṣuḥ*

(5) Definite Future : लुट् (सामान्य-भविष्यति) *Parasmaipadī :* He will trade

1p◦	क्रेतास्मि	क्रेतास्व:	क्रेतास्म:	*kretāsmi*	*kretāsvaḥ*	*kretāsmaḥ*
2p◦	क्रेतासि	क्रेतास्थ:	क्रेतास्थ	*kretāsi*	*kretāsthaḥ*	*kretāstha*
3p◦	क्रेता	क्रेतारौ	क्रेतार:	*kretā*	*kretārau*	*kretāraḥ*

(6) Indefinite Future : लृट् (अपूर्ण-भविष्यति) *Parasmaipadī :* He shall trade

1p◦	क्रेष्यामि	क्रेष्याव:	क्रेष्याम:	*kreṣyāmi*	*kreṣyāvaḥ*	*kreṣyāmaḥ*
2p◦	क्रेष्यसि	क्रेष्यथ:	क्रेष्यथ	*kreṣyasi*	*kreṣyathaḥ*	*kreṣyatha*

3p∘ क्रेष्यति	क्रेष्यतः	क्रेष्यन्ति	*kreṣyati*	*kreṣyataḥ*	*kreṣyanti*

(7) Conditional Mood : लृङ् (भविष्यति क्रियातिपत्तौ) *Parasmaipadī* : Had he traded

1p∘ अक्रेष्यम्	अक्रेष्याव	अक्रेष्याम	*akreṣyam*	*akreṣyāva*	*akreṣyāma*
2p∘ अक्रेष्यः	अक्रेष्यतम्	अक्रेष्यत	*akreṣyaḥ*	*akreṣyatam*	*akreṣyata*
3p∘ अक्रेष्यत्	अक्रेष्यताम्	अक्रेष्यन्	*akreṣyat*	*akreṣyatām*	*akreṣyan*

(8) Imperative Mood : लोट् (आज्ञार्थे; प्रश्नार्थे; विध्यादौ) *Parasmaipadī* : He should trade. Please trade

1p∘ क्रीणानि	क्रीणाव	क्रीणाम	*krīṇāni*	*krīṇāva*	*krīṇāma*
2p∘ क्रीणीहि	क्रीणीतम्	क्रीणीत	*krīṇīhi*	*krīṇītam*	*krīṇīta*
3p∘ क्रीणातु	क्रीणीताम्	क्रीणन्तु	*krīṇātu*	*krīṇītām*	*krīṇantu*

(9) Potential or Subjunctive Mood : विधिलिङ् (विध्यादौ) *Parasmaipadī* : He may trade

1p∘ क्रीणीयाम्	क्रीणीयाव	क्रीणीयाम	*krīṇīyām*	*krīṇīyāva*	*krīṇīyāma*
2p∘ क्रीणीयाः	क्रीणीयातम्	क्रीणीयात	*krīṇīyāḥ*	*krīṇīyātam*	*krīṇīyāta*
3p∘ क्रीणीयात्	क्रीणीयाताम्	क्रणीयुः	*krīṇīyāt*	*krīṇīyātām*	*krīṇīyuḥ*

(10) Benedictive or Optative Mood : आशीर्लिङ् (आशिषि) *Parasmaipadī* : May he trade!

1p∘ क्रीयासम्	क्रीयास्व	क्रीयास्म	*krīyāsam*	*krīyāsva*	*krīyāsma*
2p∘ क्रीयाः	क्रीयास्तम्	क्रीयास्त	*krīyāḥ*	*krīyāstam*	*krīyāsta*
3p∘ क्रीयात्	क्रीयास्ताम्	क्रीयासुः	*krīyāt*	*krīyāstām*	*krīyāsuḥ*

EXAMPLES cum EXERCISE :

(1) He buys books.	*saḥ pustakāni krīṇāti.* सः पुस्तकानि क्रीणाति (√कृञ्)।
(2) I will by the fruits.	*aham̊ phalāni kreṣyāmi.* अहं फलानि क्रेष्यामि।
(3) She is cutting the plant.	*sā vṛkṣam̊ lunāti.* सा वृक्षं लुनाति (√लु)।
(4) He wares a blanket.	*saḥ kambalam̊ gṛhṇāti.* सः कम्बलं गृह्णाति (√ग्रह्)।
(5) I am eating food.	*aham annam aśnāmi.* अहम् अन्नम् अश्नामि (√अश्)।
(6) I know him.	*aham̊ tam̊ jānāmi.* अहं तं जानामि। √ज्ञा = to know.
(7) He knows you.	*saḥ bhavantam̊ jānāti.* सः भवन्तं जानाति।
(8) She knows him.	*sā tam̊ jānāti.* सा तं जानाति।
(9) He knew me.	*saḥ mām ajānāt.* सः माम् अजानात्।
(10) We ought to know him.	*vayam̊ tam̊ jānīyāma.* वयं तं जानीयाम।
(11) He will know you.	*saḥ bhavantam̊ jñāsyati.* सः भवन्तं ज्ञास्यति।
(12) You must know Sanskrit.	*bhavān samskṛtam̊ jānātu.* भवान् संस्कृतं जानातु।

THE TENTH CLASS

ćurādiḥ gaṇah चुरादिः गणः।

The tenth class is चुरादि *(ćurādi)* class. The typical example is root √चुर् (√*ćur* to steal). There are 411 verbs in the चुरादि (tenth) class.

(i) If the middle vowel in a चुरादि verb has a short vowel such as इ, उ or ऋ, it takes *guṇa* (= ए, ओ, अर्)
eg॰ (1) चुर् + गुण = च् + उ + अ + र् = चोर्।

(ii) If the root verb ends in इ, उ or ऋ vowel, this इ उ ऋ vowel receives *vṛddhi.* eg॰ (2) ली + वृद्धि = लै + इ = लाय्। (3) यु + वृद्धि = यौ + इ = याव्। (4) वृ + वृद्धि = वृ + इ = वार्।

(iii) Then all चुरादि verbs take णिच् suffix, of which ण् and च् get dropped and only इ gets added. eg॰ (1) चोर् + णिच् = चोर् + णिच् – ण् – च + इ = चोरि। (2) लाय् + णिच् = लायि। (3) याद् + णिच् = यादि। (4) वार् + णिच् = वारि।

(iv) This modified root verb then undergoes संज्ञा (modification) eg॰ (1) चोरि = चोरय्। (2) लायि = लायय्। (3) यादि = यादय्। (4) वारि = वारय्। It forms the **verbal base**.

(v) This verbal base receives अ विकरणम् in the Present (लट्), Imperfect past (लङ्), Imperative (लोट्) and Potential (विधि) tenses. eg॰ चोरय् + अ = चोरय।

(vi) But, in Past indefinite tense (लुङ्), the root undergoes duplication and modification.

(vii) *Vikaraṇa* अ is then added before adding the tense suffix. चोरय् + अ = चोरय

(viii) This *vikaraṇa* अ becomes आ before the tense suffixes that begin with म or व। चोरय → चोरया + मि = चोरयामि, चोरयावः चोरयामः।

(ix) This *vikaraṇa* अ is dropped before tense suffixes that begin with म् and व्। eg॰ अ। चोरय → चोरय + अन्ति = चोरयन्ति

Scheme of Conjugations for the Tenth Class - Root √चुर् to steal

(1) Present Tense : लट् (सामान्य-वर्तमाने) *Parasmaipadī :* **He steals**

	Singular	Dual	Plural	Singular	Dual	Plural
1p॰	चोरयामि (यामि)	चोरयावः (यावः)	चोरयामः (यामः)	*ćorayāmi*	*ćorayāvaḥ*	*ćorayāmaḥ*
2p॰	चोरयसि (यसि)	चोरयथः (यथः)	चोरयथ (यथ)	*ćorayasi*	*ćorayathaḥ*	*ćorayatha*
3p॰	चोरयति (यति)	चोरयतः (यतः)	चोरयन्ति (यन्ति)	*ćorayati*	*ćorayataḥ*	*ćorayanti*

(2) Past imperfect Tense : लङ् (अनद्य-भूते) *Parasmaipadī :* **He stole**

1p॰	अचोरयम्	अचोरयाव	अचोरयाम	*aćorayam*	*aćorayāva*	*aćorayāma*
2p॰	अचोरयः	अचोरयतम्	अचोरयत	*aćorayaḥ*	*aćorayatam*	*aćorayata*
3p॰	अचोरयत्	अचोरयताम्	अचोरयन्	*aćorayat*	*aćorayatām*	*aćorayan*

(3) Perfect Past Tense : लिट् (परोक्ष-भूते) *Parasmaipadī :* **He had stolen**

1p॰	चोरयामास	चोरयामासिव	चोरयामासिम	*ćorayāmāsa*	*ćorayāmāsiva*	*ćorayāmāsima*
2p॰	चोरयामासिथ	चोरयामासथुः	चोरयामास	*ćorayāmāsitha*	*ćorayāmāsathuḥ*	*ćorayāmāsa*

3p∘	चोरयामास	चोरयामासतुः	चोरयामासुः	*ćorayāmāsa*	*ćorayāmāsatuḥ*	*ćorayāmāsuḥ*

(4) Indefinite Past Tense : लुङ् (दूरवर्ति-भूते) *Parasmaipadī :* He had stolen

1p∘	अचूचुरम्	अचूचुराव	अचूचुराम	*aćūćuram*	*aćūćurāva*	*aćūćurāma*
2p∘	अचूचुरः	अचूचुरतम्	अचूचुरत	*aćūćuraḥ*	*aćūćuratam*	*aćūćurata*
3p∘	अचूचुरत्	अचूचुरताम्	अचूचुरन्	*aćūćurat*	*aćūćuratām*	*aćūćuran*

(5) Definite Future : लुट् (सामान्य-भविष्यति) *Parasmaipadī :* He will steal

1p∘	चोरयितास्मि	चोरतितास्वः	चोरयितास्मः	*ćorayitāsmi*	*ćorayitāsvaḥ*	*ćorayitāsmaḥ*
2p∘	चोरयितासि	चोरयितास्थः	चोरयितास्थ	*ćorayitāsi*	*ćorayitāsthaḥ*	*ćorayitāstha*
3p∘	चोरयिता	चोरयितारौ	चोरयितारः	*ćorayitā*	*ćorayitārau*	*ćorayitāraḥ*

(6) Indefinite Future : लृट् (अपूर्ण-भविष्यति) *Parasmaipadī :* He shall steal

1p∘	चोरयिष्यामि	चोरयिष्यावः	चोरयिष्यामः	*ćorayiṣyāmi*	*ćorayiṣyāvaḥ*	*ćorayiṣyāmaḥ*
2p∘	चोरयिष्यसि	चोरयिष्यथः	चोरयिष्यथ	*ćorayiṣyasi*	*ćorayiṣyathaḥ*	*ćorayiṣyatha*
3p∘	चोरयिष्यति	चोरयिष्यतः	चोरयिष्यन्ति	*ćorayiṣyati*	*ćorayiṣyataḥ*	*ćorayiṣyanti*

(7) Conditional Mood : लृङ् (भविष्यति क्रियातिपत्तौ) *Parasmaipadī :* If he steals

1p∘	अचोरयिष्यम्	अचोरयिष्याव	अचोरयिष्याम	*aćorayiṣyam*	*aćorayiṣyāva*	*aćorayiṣyāma*
2p∘	अचोरयिष्यः	अचोरयिष्यतम्	अचोरयिष्यत	*aćorayiṣyaḥ*	*aćorayiṣyatam*	*aćorayiṣyata*
3p∘	अचोरयिष्यत्	अचोरयिष्यताम्	अचोरयिष्यन्	*aćorayiṣyat*	*aćorayiṣyatām*	*aćorayiṣyan*

(8) Imperative Mood : लोट् (आज्ञार्थे; प्रश्नार्थे; विध्यादौ) *Parasmaipadī :* He should steal! Please steal!

1p∘	चोरयाणि	चोरयाव	चोरयाम	*ćorayāṇi*	*ćorayāva*	*ćorayāma*
2p∘	चोरय	चोरयतम्	चोरयत	*ćoraya*	*ćorayatam*	*ćorayata*
3p∘	चोरयतु	चोरयताम्	चोरयन्तु	*ćorayatu*	*ćorayatām*	*ćorayantu*

(9) Potential or Subjunctive Mood : विधिलिङ् (विध्यादौ) *Parasmaipadī :* He may steal

1p∘	चोरयेयम्	चोरयेव	चोरयेम	*ćorayeyam*	*ćorayeva*	*ćorayema*
2p∘	चोरयेः	चोरयेतम्	चोरयेत	*ćorayeḥ*	*ćorayetam*	*ćorayeta*
3p∘	चोरयेत्	चोरयेताम्	चोरयेयुः	*ćorayet*	*ćorayetām*	*ćorayeyuḥ*

(10) Benedictive or Optative Mood : आशीर्लिङ् (आशिषि) *Parasmaipadī :* May he steal!

1p∘	चौर्यासम्	चौर्यास्व	चौर्यास्म	*ćauryāsam*	*ćauryāsva*	*ćauryāsma*
2p∘	चौर्याः	चौर्यास्तम्	चौर्यास्त	*ćauryāḥ*	*ćauryāstam*	*ćauryāsta*
3p∘	चौर्यात्	चौर्यास्ताम्	चौर्यासुः	*ćauryāt*	*ćauryāstām*	*ćauryāsuḥ*

EXAMPLES cum EXERCISE : (cumulative learning)

1. He steals money. *saḥ dhanaṁ ćorayati.* सः धनं चोरयति। 2. He is stealing money. *saḥ dhanaṁ ćorayati.* सः धनं चोरयति। 3. I do not steal. *ahaṁ na ćorayāmi.* अहं न चोरयामि। Do you steal? *api bhavān ćorayati?* अपि भवान् चोरयति। 4. No one may steal. *ko'pi na ćorayet.* कोऽपि न चोरयेत्। 5. I am telling you. *ahaṁ bhavantaṁ kathayāmi.* अहं भवन्तं कथयामि। 6. He told me a story. *saḥ māṁ kathām akathayat.* सः मां कथाम् अकथयत् (√कथ्)। 7. They will tell him. *te taṁ kathayiṣyanti.* ते तं कथयिष्यन्ति।

2. CHARTS of CASES

(1) MASCULINE NOUN ENDING IN *(a)* **अ (राम)** Rāma (Gītā 10.31)

CASE–विभक्ति	Singular	Dual	Plural
(1st) Nominative -	रामः	रामौ	रामाः
(2nd) Accusative (to, what?)	रामम्	रामौ	रामान्
(3rd) Instrumental (with, by)	रामेण	रामाभ्याम्	रामैः
(4th) Dative (for, to)	रामाय	रामाभ्याम्	रामेभ्यः
(5th) Ablative (from. than)	रामात्	रामाभ्याम्	रामेभ्यः
(6th) Possessive (of)	रामस्य	रामयोः	रामाणाम्
(7th) Locative (in, on)	रामे	रामयोः	रामेषु
Vocative (address)	राम	रामौ	रामाः

(2) NEUTER NOUN ENDING IN *(a)* **अ (वन)** forest

(1st) Nominative -	वनम्	वने	वनानि
(2nd) Accusative (to, what?)	वनम्	वने	वनानि
(3rd) Instrumental (with, by)	वनेन	वनाभ्याम्	वनैः
(4th) Dative (for, to)	वनाय	वनाभ्याम्	वनेभ्यः
(5th) Ablative (from. than)	वनात्	वनाभ्याम्	वनेभ्यः
(6th) Possessive (of)	वनस्य	वनयोः	वनानाम्
(7th) Locative (in, on)	वने	वनयोः	वनेषु
Vocative (address)	वन	वने	वनानि

(3) FEMININE NOUN ENDING IN *(ā)* **आ (माला)** necklace

CASE–विभक्ति	Singular	Dual	Plural
(1st) Nominative -	माला	माले	मालाः
(2nd) Accusative (to, what?)	मालाम्	माले	मालाः
(3rd) Instrumental (with, by)	मालया	मालाभ्याम्	मालाभिः
(4th) Dative (for, to)	मालायै	मालाभ्याम्	मालाभ्यः
(5th) Ablative (from. than)	मालायाः	मालाभ्याम्	मालाभ्यः
(6th) Possessive (of)	मालायाः	मालयोः	मालानाम्
(7th) Locative (in, on)	मालायाम्	मालयोः	मालासु
Vocative (address)	माले	माले	मालाः

(4) MASCULINE NOUN ENDING IN *(i)* **इ (कवि)** poet (Gītā 10.39)

(1st) Nominative -	कविः	कवी	कवयः

(2nd) Accusative (to, what?)	कविम्	कवी	कवीन्
(3rd) Instrumental (with, by)	कविना	कविभ्याम्	कविभि:
(4th) Dative (for, to)	कवये	कविभ्याम्	कविभ्य:
(5th) Ablative (from. than)	कवे:	कविभ्याम्	कविभ्य:
(6th) Possessive (of)	कवे:	कव्यो:	कवीनाम्
(7th) Locative (in, on)	कवौ	कव्यो:	कविषु
Vocative (address)	कवे	कवी	कवय:

(5) NEUTER NOUN ENDING IN *(i)* **इ (वारि)** water

CASE–विभक्ति	Singular	Dual	Plural
(1st) Nominative -	वारि	वारिणी	वारीणि
(2nd) Accusative (to, what?)	वारि	वारिणी	वारीणि
(3rd) Instrumental (with, by)	वारिणा	वारिभ्याम्	वारिभि:
(4th) Dative (for, to)	वारिणे	वारिभ्याम्	वारिभ्य:
(5th) Ablative (from. than)	वारिण:	वारिभ्याम्	वारिभ्य:
(6th) Possessive (of)	वारिण:	वारिणो:	वारीणाम्
(7th) Locative (in, on)	वारिणि	वारिणो:	वारिषु
Vocative (address)	वारे, वारि	वारिणी	वारीणि

(6) FEMININE NOUN ENDING IN *(i)* **इ (मति)** mind (Gītā 6.36)

(1st) Nominative -	मति:	मती	मतय:
(2nd) Accusative (to, what?)	मतिम्	मती	मती:
(3rd) Instrumental (with, by)	मत्या	मतिभ्याम्	मतिभि:
(4th) Dative (for, to)	मत्यै, मतये	मतिभ्याम्	मतिभ्य:
(5th) Ablative (from, than)	मत्या:, मते:	मतिभ्याम्	मतिभ्य:
(6th) Possessive (of)	मत्या:, मते:	मत्यो:	मतीनाम्
(7th) Locative (in, on)	मत्याम्, मतौ	मत्यो:	मतिषु
Vocative (address)	मते	मती	मतय:

(7) FEMININE NOUN ENDING IN *(ī)* **ई (नदी)** river (Gītā 11.28)

CASE–विभक्ति	Singular	Dual	Plural
(1st) Nominative -	नदी	नद्यौ	नद्य:
(2nd) Accusative (to, what?)	नदीम्	नद्यौ	नदी:
(3rd) Instrumental (with, by)	नद्या	नदीभ्याम्	नदीभि:
(4th) Dative (for, to)	नद्यै	नदीभ्याम्	नदीभ्य:
(5th) Ablative (from. than)	नद्या:	नदीभ्याम्	नदीभ्य:

(6th) Possessive (of)	नद्याः	नद्योः	नदीनाम्
(7th) Locative (in, on)	नद्याम्	नद्योः	नदीषु
Vocative (address)	नदि	नद्यौ	नद्यः

(8) MASCULINE NOUN ENDING IN *(u)* **उ (गुरु)** teacher (Gītā 2.5)

(1st) Nominative -	गुरुः	गुरू	गुरवः
(2nd) Accusative (to, what?)	गुरुम्	गुरू	गुरून्
(3rd) Instrumental (with, by)	गुरुणा	गुरुभ्याम्	गुरुभिः
(4th) Dative (for, to)	गुरवे	गुरुभ्याम्	गुरुभ्यः
(5th) Ablative (from. than)	गुरोः	गुरुभ्याम्	गुरुभ्यः
(6th) Possessive (of)	गुरोः	गुर्वोः	गुरुणाम्
(7th) Locative (in, on)	गुरौ	गुर्वोः	गुरुषु
Vocative (address)	गुरो	गुरू	गुरवः

(9) FEMININE NOUN ENDING IN *(u)* **उ (धेनु)** cow (Gītā 10.28)

(1st) Nominative -	धेनुः	धेनू	धेनवः
(2nd) Accusative (to, what?)	धेनुम्	धेनू	धेनूः
(3rd) Instrumental (with, by)	धेन्वा	धेनुभ्याम्	धेनुभिः
(4th) Dative (for, to)	धेन्वै	धेनुभ्याम्	धेनुभ्यः
(5th) Ablative (from. than)	धेनोः	धेनुभ्याम्	धेनुभ्यः
(6th) Possessive (of)	धेनोः	धेन्वोः	धेनूनाम्
(7th) Locative (in, on)	धेन्वाम्	धेन्वोः	धेनुषु
Vocative (address)	धेनो	धेनू	धनवः

(10) FEMININE NOUN ENDING IN *(ū)* **ऊ (वधू)** bride

CASE-विभक्ति	Singular	Dual	Plural
(1st) Nominative -	वधूः	वध्वौ	वध्वः
(2nd) Accusative (to, what?)	वधूम्	वध्वौ	वधूः
(3rd) Instrumental (with, by)	वध्वा	वधूभ्याम्	वधूभिः
(4th) Dative (for, to)	वध्वै	वधूभ्याम्	वधूभ्यः
(5th) Ablative (from. than)	वध्वाः	वधूभ्याम्	वधूभ्यः
(6th) Possessive (of)	वध्वाः	वध्वोः	वधूनाम्
(7th) Locative (in, on)	वध्वाम्	वध्वोः	वधूषु
Vocative (address)	वधु	वध्वौ	वध्वः

(11) MASCULINE NOUN ENDING IN *(ṛ)* **ऋ (पितृ)** father (Gītā 1.26)

(1st) Nominative -	पिता	पितरौ	पितरः

(2nd) Accusative (to, what?)	पितरम्	पितरौ	पितॄन्
(3rd) Instrumental (with, by)	पित्रा	पितृभ्याम्	पितृभिः
(4th) Dative (for, to)	पित्रे	पितृभ्याम्	पितृभ्यः
(5th) Ablative (from. than)	पितुः	पितृभ्याम्	पितृभ्यः
(6th) Possessive (of)	पितुः	पित्रोः	पितॄणाम्
(7th) Locative (in, on)	पितरि	पित्रोः	पितृषु
Vocative (address)	पितः	पितरौ	पितरः

(12) FEMININE NOUN ENDING IN *(ṛ)* **ऋ (मातृ)** mother (Gītā 9.17)

(1st) Nominative -	माता	मातरौ	मातरः
(2nd) Accusative (to, what?)	मातरम्	मातरौ	मातॄः
(3rd) Instrumental (with, by)	मात्रा	मातृभ्याम्	मातृभिः
(4th) Dative (for, to)	मात्रे	मातृभ्याम्	मातृभ्यः
(5th) Ablative (from. than)	मातुः	मातृभ्याम्	मातृभ्यः
(6th) Possessive (of)	मातुः	मात्रोः	मातॄणाम्
(7th) Locative (in, on)	मातरि	मात्रोः	मातृषु
Vocative (address)	मातः	मातरौ	मातरः

(13) FEMININE NOUN ENDING IN *(ć)* **च् (वाच्)** speech (Gītā 2.42)

(1st) Nominative -	वाक्	वाचौ	वाचः
(2nd) Accusative (to, what?)	वाचम्	वाचौ	वाचः
(3rd) Instrumental (with, by)	वाचा	वाग्भ्याम्	वाग्भिः
(4th) Dative (for, to)	वाचे	वाग्भ्याम्	वाग्भ्यः
(5th) Ablative (from. than)	वाचः	वाग्भ्याम्	वाग्भ्यः
(6th) Possessive (of)	वाचः	वाचोः	वाचाम्
(7th) Locative (in, on)	वाचि	वाचोः	वाक्षु
Vocative (address)	वाक्-वाग्	वाचौ	वाचः

(14) MASCULINE NOUN ENDING IN *(t)* **त् (मरुत्)** wind (Gītā 10.21)

(1st) Nominative -	मरुत्	मरुतौ	मरुतः
(2nd) Accusative (to, what?)	मरुतम्	मरुतौ	मरुतः
(3rd) Instrumental (with, by)	मरुता	मरुद्भ्याम्	मरुद्भिः
(4th) Dative (for, to)	मरुते	मरुद्भ्याम्	मरुद्भ्यः
(5th) Ablative (from. than)	मरुतः	मरुद्भ्याम्	मरुद्भ्यः
(6th) Possessive (of)	मरुतः	मरुतोः	मरुताम्
(7th) Locative (in, on)	मरुति	मरुतोः	मरुत्सु

Vocative (address)	मरुत्	मरुतौ	मरुत:

(15) MASCULINE PRONOUN ENDING IN *t* त् (भवत्) you (Gītā 1.8)

(1st) Nominative -	भवान्	भवन्तौ	भवन्त:
(2nd) Accusative (to, what?)	भवन्तम्	भवन्तौ	भवत:
(3rd) Instrumental (with, by)	भवता	भवद्भ्याम्	भवद्भि:
(4th) Dative (for, to)	भवते	भवद्भ्याम्	भवद्भ्य:
(5th) Ablative (from. than)	भवत:	भवद्भ्याम्	भवद्भ्य:
(6th) Possessive (of)	भवत:	भवतो:	भवताम्
(7th) Locative (in, on)	भवति	भवतो:	भवत्सु
Vocative (address)	भवन्	भवन्तौ	भवन्त:

(16) NEUTER NOUN ENDING IN *(t)* त् (जगत्) world (Gītā 7.6)

(1st) Nominative -	जगत्	जगती	जगन्ति
(2nd) Accusative (to, what?)	जगत्	जगती	जगन्ति
(3rd) Instrumental (with, by)	जगता	जगद्भ्याम्	जगद्भि:
(4th) Dative (for, to)	जगते	जगद्भ्याम्	जगद्भ्य:
(5th) Ablative (from. than)	जगत:	जगद्भ्याम्	जगद्भ्य:
(6th) Possessive (of)	जगत:	जगतो:	जगताम्
(7th) Locative (in, on)	जगति	जगतो:	जगत्सु
Vocative (address)	जगत्	जगती	जगन्ति

(17) MASCULINE NOUN ENDING IN *(d)* द् (सुहृद्) friend (Gītā 1.26)

CASE–विभक्ति	Singular	Dual	Plural
(1st) Nominative -	सुहृद्	सुहृदौ	सुहृद:
(2nd) Accusative (to, what?)	सुहृदम्	सुहृदौ	सुहृद:
(3rd) Instrumental (with, by)	सुहृदा	सुहृद्भ्याम्	सुहृद्भि:
(4th) Dative (for, to)	सुहृदे	सुहृद्भ्याम्	सुहृद्भ्य:
(5th) Ablative (from. than)	सुहृद:	सुहृद्भ्याम्	सुहृद्भ्य:
(6th) Possessive (of)	सुहृद:	सुहृदो:	सुहृदाम्
(7th) Locative (in, on)	सुहृदि	सुहृदो:	सुहृत्सु
Vocative (address)	सुहृद्	सुहृदौ	सुहृद:

(18) MASCULINE NOUN ENDING IN *in* इन् (शशिन्) moon (Gītā 10.21)

CASE–विभक्ति	Singular	Dual	Plural
(1st) Nominative -	शशी	शशिनौ	शशिन:
(2nd) Accusative (to, what?)	शशिनम्	शशिनौ	शशिन:

(3rd) Instrumental (with, by)	शशिना	शशिभ्याम्	शशिभिः
(4th) Dative (for, to)	शशिने	शशिभ्याम्	शशिभ्यः
(5th) Ablative (from. than)	शशिनः	शशिभ्याम्	शशिभ्यः
(6th) Possessive (of)	शशिनः	शशिनोः	शशिनाम्
(7th) Locative (in, on)	शशिनि	शशिनोः	शशिषु
Vocative (address)	शशिन्	शशिनौ	शशिनः

(19) MASCULINE NOUN ENDING IN *(n)* न् (आत्मन्) soul (Gītā 6.5)

(1st) Nominative -	आत्मा	आत्मानौ	आत्मानः
(2nd) Accusative (to, what?)	आत्मानम्	आत्मानौ	आत्मनः
(3rd) Instrumental (with, by)	आत्मना	आत्मभ्याम्	आत्मभिः
(4th) Dative (for, to)	आत्मने	आत्मभ्याम्	आत्मभ्यः
(5th) Ablative (from. than)	आत्मनः	आत्मभ्याम्	आत्मभ्यः
(6th) Possessive (of)	आत्मनः	आत्मनोः	आत्मनाम्
(7th) Locative (in, on)	आत्मनि	आत्मनोः	आत्मसु
Vocative (address)	आत्मन्	आत्मानौ	आत्मनः

(20) NEUTER NOUN ENDING IN *(n)* न् (कर्मन्) deed (Gītā 2.49)

(1st) Nominative -	कर्म	कर्मणी	कर्माणि
(2nd) Accusative (to, what?)	कर्म	कर्मणी	कर्माणि
(3rd) Instrumental (with, by)	कर्मणा	कर्मभ्याम्	कर्मभिः
(4th) Dative (for, to)	कर्मणे	कर्मभ्याम्	कर्मभ्यः
(5th) Ablative (from. than)	कर्मणः	कर्मभ्याम्	कर्मभ्यः
(6th) Possessive (of)	कर्मणः	कर्मणोः	कर्मणाम्
(7th) Locative (in, on)	कर्मणि	कर्मणोः	कर्मसु
Vocative (address)	कर्म	कर्मणी	कर्माणि

(21) MASCULINE NOUN ENDING IN *(s)* स् (चन्द्रमस्) moon (Gītā 15.12)

(1st) Nominative -	चन्द्रमाः	चन्द्रमसौ	चन्द्रमसः
(2nd) Accusative (to, what?)	चन्द्रमसम्	चन्द्रमसौ	चन्द्रमसः
(3rd) Instrumental (with, by)	चन्द्रमसा	चन्द्रमोभ्याम्	चन्द्रमोभिः
(4th) Dative (for, to)	चन्द्रमसे	चन्द्रमोभ्याम्	चन्द्रमोभ्यः
(5th) Ablative (from. than)	चन्द्रमसः	चन्द्रमोभ्याम्	चन्द्रमोभ्यः
(6th) Possessive (of)	चन्द्रमसः	चन्द्रमसोः	चन्द्रमसाम्
(7th) Locative (in, on)	चन्द्रमसि	चन्द्रमसोः	चन्द्रमःसु
Vocative (address)	चन्द्रमः	चन्द्रमसौ	चन्द्रमसः

(22) NEUTER NOUN ENDING IN *(s)* स् (पयस्) water, milk

(1st) Nominative -	पय:	पयसी	पयांसि
(2nd) Accusative (to, what?)	पय:	पयसी	पयांसि
(3rd) Instrumental (with, by)	पयसा	पयोभ्याम्	पयोभि:
(4th) Dative (for, to)	पयसे	पयोभ्याम्	पयोभ्य:
(5th) Ablative (from. than)	पयस:	पयोभ्याम्	पयोभ्य:
(6th) Possessive (of)	पयस:	पयसो:	पयसाम्
(7th) Locative (in, on)	पयसि	पयसो:	पय:सु
Vocative (address)	पय:	पयसी	पयांसि

(23) MASCULINE ADJECTIVE ENDING IN *(s)* स् (गरीयस्) superior (Gītā 11.43)

CASE–विभक्ति	Singular	Dual	Plural
(1st) Nominative -	गरीयान्	गरीयांसौ	गरीयांस:
(2nd) Accusative (to, what?)	गरीयांसम्	गरीयांसौ	गरीयस:
(3rd) Instrumental (with, by)	गरीयसा	गरीयोभ्याम्	गरीयोभि:
(4th) Dative (for, to)	गरीयसे	गरीयोभ्याम्	गरीयोभ्य:
(5th) Ablative (from. than)	गरीय:	गरीयोभ्याम्	गरीयोभ्य:
(6th) Possessive (of)	गरीय:	गरीयसो:	गरीयसाम्
(7th) Locative (in, on)	गरीयसि	गरीयसो:	गरीयसु

DECLENSIONS OF THE PRONOUNS

(24) FIRST PERSON, I (अस्मद्) — 2nd PERSON, You (युष्मद्)

(1st)	अहम्	आवाम्	वयम्	त्वम्	युवाम्	यूयं
(2nd)	माम्,मा	आवाम् , नौ	अस्मान्, न:	त्वाम्, त्वा	युवाम्, वाम्	युष्मान्,व:
(3rd)	मया	आवाभ्याम्	अस्माभि:	त्वया	युवाभ्यां	युष्माभि:
(4th)	मह्यम्, मे	आवाभ्याम्, नौ	अस्मभ्य:,न:	तुभ्यम्, ते	युवाभ्या, वाम्	युष्मभ्य:,व:
(5th)	मत्	आवाभ्याम्	अस्मत्	त्वत्	युवाभ्यां	युष्मत्
(6th)	मम,मे	आवयो:, नौ	अस्माकम्, न:	तव, ते	युवयो:, वाम्	युष्माकं,व:
(7th)	मयि	आवयो:	अस्मासु	त्वयि	युवयो:	युष्मासु

(25) THIRD PERSON, He she,it - away (तद्)

	MASCULINE, he			FEMININE, she		
(1st)	स:	तौ	ते	सा	ते	ता:
(2nd)	तम्	तौ	तान्	ताम्	ते	ता:
(3rd)	तेन	ताभ्याम्	तै:	तया	ताभ्याम्	ताभि:

(4th)	तस्मै	ताभ्याम्	तेभ्य:	तस्यै	ताभ्याम्	ताभ्य:
(5th)	तस्मात्	ताभ्याम्	तेभ्य:	तस्या:	ताभ्याम्	ताभ्य:
(6th)	तस्य	तयो:	तेषाम्	तस्या:	तयो:	तासाम्
(7th)	तस्मिन्	तयो:	तेषु	तस्याम्	तयो:	तासु

NEUTER GENDER, it

(1st)	तत्–तद्	ते	तानि
(2nd)	तत्–तद्	ते	तानि The rest is same as MASCULINE↑

(26) WHO, WHICH (यद्)

	MASCULINE			FEMININE		
(1st)	य:	यौ	ये	या	ये	या:
(2nd)	यम्	यौ	यान्	याम्	ये	या:
(3rd)	येन	याभ्याम्	यै:	यया	याभ्याम्	याभि:
(4th)	यस्मै	याभ्याम्	येभ्य:	यस्यै	याभ्याम्	याभ्य:
(5th)	यस्मात्	याभ्याम्	येभ्य:	यस्या:	याभ्याम्	याभ्य:
(6th)	यस्य	ययो:	येषाम्	यस्या:	ययो:	यासाम्
(7th)	यस्मिन्	ययो:	येषु	यस्याम्	ययो:	यासु

NEUTER GENDER

(1st)	यत्–यद्	ये	यानि
(2nd)	यत्–यद्	ये	यानि The rest is same as MASCULINE↑

(27) THIS - near **(इदम्)**

	MASCULINE			FEMININE		
(1st)	अयम्	इमौ	इमे	इयम्	इमे	इमा:
(2nd)	इमम्	इमौ	इमान्	इमाम्	इमे	इमा:
(3rd)	अनेन	आभ्याम्	एभि:	अनया	आभ्याम्	आभि:
(4th)	अस्मै	आभ्याम्	एभ्य:	अस्यै	आभ्याम्	आभ्य:
(5th)	अस्मात्	आभ्याम्	एभ्य:	अस्या:	आभ्याम्	आभ्य:
(6th)	अस्य	अनयो:	एषाम्	अस्या:	अनयो:	आसाम्
(7th)	अस्मिन्	अनयो:	एषु	अस्याम्	अनयो:	आसु

NEUTER GENDER

(1st)	इदम्	इमे	इमानि
(2nd)	इदम्	इमे	इमानि The rest is same as MASCULINE↑

(28) THIS - close **(एतद्)**

	MASCULINE			FEMININE		
(1st)	एष:	एतौ	एते	एषा	एते	एता:
(2nd)	एतम्	एतौ	एतान्	एताम्	एते	एता:
(3rd)	एतेन	एताभ्याम्	एतै:	एतया	एताभ्याम्	एताभि:

(4th)	एतस्मै	एताभ्याम्	एतेभ्य:	एतस्यै	एताभ्याम्	एताभ्य:
(5th)	एतस्मात्	एताभ्याम्	एतेभ्य:	एतस्या:	एताभ्याम्	एताभ्य:
(6th)	एतस्य	एतयो:	एतेषाम्	एतस्या:	एतयो:	एतासां
(7th)	एतस्मिन्	एतयो:	एतेषु	एतस्याम्	एतयो:	एतासु

NEUTER GENDER

(1st) एतत् एते एतानि

(2nd) एतत् एते एतानि The rest is same as MASCULINE↑

(29) MASCULINE PRONOUN सर्व (all)

CASE-विभक्ति	Singular	Dual	Plural
(1st) Nominative -	सर्व:	सर्वौ	सर्वे
(2nd) Accusative (to, what?)	सर्वम्	सर्वौ	सर्वान्
(3rd) Instrumental (with, by)	सर्वेण	सर्वाभ्याम्	सर्वै:
(4th) Dative (for, to)	सर्वस्मै	सर्वाभ्याम्	सर्वेभ्य:
(5th) Ablative (from. than)	सर्वस्मात्	सर्वाभ्याम्	सर्वेभ्य:
(6th) Possessive (of)	सर्वस्य	सर्वयो:	सर्वेषाम्
(7th) Locative (in, on)	सर्वस्मिन्	सर्वयो:	सर्वेषु
Vocative	सर्व	सर्वौ	सर्वे

NEUTER PRONOUN सर्व

(1st) सर्वम् सर्वे सर्वाणि

(2nd) सर्वम् सर्वे सर्वाणि The rest is same as MASCULINE↑

FEMININE PRONOUN सर्व

(1st) Nominative -	सर्वा	सर्वे	सर्वा:
(2nd) Accusative (to, what?)	सर्वाम्	सर्वे	सर्वा:
(3rd) Instrumental (with, by)	सर्वया	सर्वाभ्याम्	सर्वाभि:
(4th) Dative (for, to)	सर्वस्यै	सर्वाभ्याम्	सर्वाभ्य:
(5th) Ablative (from. than)	सर्वस्या:	सर्वाभ्याम्	सर्वाभ्य:
(6th) Possessive (of)	सर्वस्या:	सर्वयो:	सर्वासाम्
(7th) Locative (in, on)	सर्वस्याम्	सर्वयो:	सर्वासु
Vocative	सर्वे	सर्वे	सर्वा:

(30) MASCULINE PRONOUN किम् (what, who?)

CASE-विभक्ति	Singular	Dual	Plural
(1st) Nominative -	क:	कौ	के
(2nd) Accusative (to, what?)	कम्	कौ	कान्

(3rd) Instrumental (with, by)	केन	काभ्याम्	कै:
(4th) Dative (for, to)	कस्मै	काभ्याम्	केभ्य:
(5th) Ablative (from. than)	कस्मात्	काभ्याम्	केभ्य:
(6th) Possessive (of)	कस्य	कयो:	केषाम्
(7th) Locative (in, on)	कस्मिन्	कयो:	केषु

NEUTER PRONOUN किम्

(1st) किम् के कानि

(2nd) किम् के कानि The rest is same as MASCULINE↑

FEMININE PRONOUN किम्

(1st) Nominative -	का	के	का:
(2nd) Accusative (to, what?)	काम्	के	का:
(3rd) Instrumental (with, by)	कया	काभ्याम्	काभि:
(4th) Dative (for, to)	कस्यै	काभ्याम्	काभ्य:
(5th) Ablative (from. than)	कस्या:	काभ्याम्	काभ्य:
(6th) Possessive (of)	कस्या:	कयो:	कासाम्
(7th) Locative (in, on)	कस्याम्	कयो:	कासु

4. DECLENSIONS OF THE NUMERICAL ADJECTIVES

(31) ONE (एक)

Always Singular

CASE	Masculine	Neuter	Feminine
(1st)	एक:	एकम्	एका
(2nd)	एकम्	एकम्	एकाम्
(3rd)	एकेन	एकेन	एकया
(4th)	एकस्मै	एकस्मै	एकस्यै
(5th)	एकस्मात्	एकस्मात्	एकस्या:
(6th)	एकस्य	एकस्य	एकस्या:
(7th)	एकस्मिन्	एकस्मिन्	एकस्याम्
(Voc)	एक	एके	एक

(32) TWO (द्वि)

Always Dual

Masculine	Neuter	Feminine
द्वौ	द्वे	द्वे
द्वौ	द्वे	द्वे
द्वाभ्याम्	द्वाभ्याम्	द्वाभ्याम्
द्वाभ्याम्	द्वाभ्याम्	द्वाभ्याम्
द्वाभ्याम्	द्वाभ्याम्	द्वाभ्याम्
द्वयो:	द्वयो:	द्वयो:
द्वयो:	द्वयो:	द्वयो:
द्वौ	द्वे	द्वे

(33) THREE (त्रि)

Always Plural

CASE	Masculine	Neuter	Feminine

(34) FOUR (चतुर्)

Always Plural

Masculine	Neuter	Feminine

(1st)	त्रयः	त्रीणि	तिस्रः	(1st)	चत्वारः	चत्वारि	चतस्रः
(2nd)	त्रीन्	त्रीणि	तिस्रः	(2nd)	चतुरः	चत्वारि	चतस्रः
(3rd)	त्रिभिः	त्रिभिः	तिसृभिः	(3rd)	चतुर्भिः	चतुर्भिः	चतसृभिः
(4th)	त्रिभ्यः	त्रिभ्यः	तिसृभ्यः	(4th)	चतुर्भ्यः	चतुर्भ्यः	चतसृभ्यः
(5th)	त्रिभ्यः	त्रिभ्यः	तिसृभ्यः	(5th)	चतुर्भ्यः	चतुर्भ्यः	चतसृभ्यः
(6th)	त्रयाणाम्	त्रयाणाम्	तिसृणाम्	(6th)	चतुर्णाम्	चतुर्णाम्	चतसृणाम्
(7th)	त्रिषु	त्रिषु	तिसृषु	(7th)	चतुर्षु	चतुर्षु	चतसृषु
(Voc)	त्रयः	तिस्रः	त्रीणि	(Voc)	चत्वारः	चत्वारि	चतस्रः

(35) FIVE   **SIX**   **SEVEN**   **EIGHT**   **NINE**

पञ्चन्   षष्   सप्तन्   अष्टन्   नवन्

Same in all three genders; always plural.

5.	6.	7.	8.	9.
पञ्च	षट्-षड्	सप्त	अष्ट-अष्टौ	नव
पञ्च	षट्-षड्	सप्त	अष्ट-अष्टौ	नव
पञ्चभिः	षड्भिः	सप्तभिः	अष्टभिः	नवभिः
पञ्चभ्यः	षड्भ्यः	सप्तभ्यः	अष्टभ्यः	नवभ्यः
पञ्चभ्यः	षड्भ्यः	सप्तभ्यः	अष्टभ्यः	नवभ्यः
पञ्चानाम्	षण्णाम्	सप्तानाम्	अष्टानाम्	नवानाम्
पञ्चसु	षट्सु	सप्तसु	अष्टसु	नवसु
पञ्च	षट्-षड्	सप्त	अष्ट-अष्टौ	नव

NOTES:

(i) Numerals from दशन् to नवदशन् decline same as नवन्।

(ii) एकोनविंशति, ऊनविंशति and विंशति are feminine words and they decline like the word मति given above.

EXAMPLES :

ईश्वरः एकः अस्ति हस्तौ पादौ च द्वौ भवतः।

महादेवाः त्रयः कथ्यन्ते वेदाः चत्वारः सन्ति।

पाण्डवाः पञ्च आसन् ऋतवः षट् भवन्ति।

सप्ताहे सप्त वासराःलूतायाः अष्ट पादाः वै।

ग्रहाः तु नव ज्ञाताः रावणस्य मुखानि दश।।

5. RATNAKAR'S CHART OF PARTICIPLES

ADJECTIVES AND INDECLINABLES

(1) ADJECTIVE PARTICIPLES

Participle	Suffix		Example - root verbs √कृ √लभ्	
1. Past Passive Participle	त	(क्त)	कृत	(done, has been done)
2. Past Active Participle	तवत्	(क्तवतु)	कृतवत्	(has done)
3. Present Active Participle	अत्	(शतृ)	कुर्वत्	(doing, while doing, doer)
4. Present Active Participle	आन	(शानच्)	कुर्वाण	(doing)
5. Present Active Participle	मान	(शानच्)	लभमान	(getting)
6. Present Passive Participle	यमान	(शानच्)	क्रियमाण	(being done)
7. Potential Passive Participle	तव्य	(तव्यत्)	कर्तव्य	(ought, fit to be done)
	अनीय	(अनीयर्)	करणीय	(ought, fit to be done)
	य	(यत्)	कार्य	(ought, fit to be done)

(2) INDECLINABLE PARTICIPLES

Participle	Suffix		Example - root verbs √कृ √लभ्	
8. Indeclinable Past Participle (without a prefix, Gerund)	त्वा	(क्त्वा)	कृत्वा	(having done)
9. Indeclinable Past Participle (with a prefix)	य	(ल्यप्)	अनुकृत्य	(having done accordingly)
10. Infinitive of Purpose	तुम्	(तुमुन्)	कर्तुम्	(for doing)

6. TENSES AND MOODS OF COMMON VERBS

तिङन्तप्रकरणम्।

2p √as (√अस्) to be

Present Tense (लट्)

अस्मि	स्वः	स्मः
असि	स्थः	स्थ
अस्ति	स्तः	सन्ति

Past Tense (लङ्)

आसम्	आस्व	आस्म
आसीः	आस्तम्	आस्त
आसीत्	आस्ताम्	आसन्

Future Tense (लृट्)

भविष्यामि	भविष्यावः	भविष्यामः
भविष्यसि	भविष्यथः	भविष्यथ
भविष्यति	भविष्यतः	भविष्यन्ति

Imperative mood (लोट्)

असानि	असाव	असाम
एधि	स्तम्	स्त
अस्तु	स्ताम्	सन्तु

Potential mood (विधिलिङ्)

स्याम्	स्याव	स्याम
स्याः	स्यातम्	स्यात
स्यात्	स्याताम्	स्युः

6p√iṣ (√इष्) to desire

Present Tense (लट्)

इच्छामि	इच्छावः	इच्छामः
इच्छसि	इच्छथः	इच्छथ
इच्छति	इच्छतः	इच्छन्ति

Past Tense (लङ्)

ऐच्छम्	ऐच्छाव	ऐच्छाम
ऐच्छः	ऐच्छतम्	ऐच्छत
ऐच्छत्	ऐच्छताम्	ऐच्छन्

Future Tense (लृट्)

एषिष्यामि	एषिष्यावः	एषिष्यामः
एषिष्यसि	एषिष्यथः	एषिष्यथ
एषिष्यति	एषिष्यतः	एषिष्यन्ति

Imperative mood (लोट्)

इच्छानि	इच्छाव	इच्छाम
इच्छ	इच्छतम्	इच्छत
इच्छतु	इच्छताम्	इच्छन्तु

Potential mood (विधिलिङ्)

इच्छेयम्	इच्छेव	इच्छेम
इच्छेः	इच्छेतम्	इच्छेत
इच्छेत्	इच्छेताम्	इच्छेयुः

10p √kath (√कथ्) to tell

Present Tense (लट्)

कथयामि	कथयावः	कथयामः
कथयसि	कथयथः	कथयथ
कथयति	कथयतः	कथयन्ति

Past Tense (लङ्)

अकथयम्	अकथयाव	अकथयाम
अकथयः	अकथयतम्	अकथयत
अकथयत्	अकथयताम्	अकथयन्

Future Tense (लृट्)

कथयिष्यामि	कथयिष्यावः	कथयिष्यामः
कथयिष्यसि	कथयिष्यथः	कथयिष्यथ
कथयिष्यति	कथयिष्यतः	कथयिष्यन्ति

Imperative mood (लोट्)

कथयानि	कथयाव	कथयाम
कथय	कथयतम्	कथयत
कथयतु	कथयताम्	कथयन्तु

Potential mood (विधिलिङ्)

कथयेयम्	कथयेव	कथयेम
कथयेः	कथयेतम्	कथयेत
कथयेत्	कथयेताम्	कथयेयुः

1p √krīḍ (√क्रीड्) to play

Present Tense (लट्)

क्रीडामि	क्रीडाव:	क्रीडाम:
क्रीडसि	क्रीडथ:	क्रीडथ
क्रीडति	क्रीडत:	क्रीडन्ति

Past Tense (लङ्)

अक्रीडम्	अक्रीडाव	अक्रीडाम
अक्रीड:	अक्रीडतम्	अक्रीडत
अक्रीडत्	अक्रीडताम्	अक्रीडन्

Future Tense (लृट्)

क्रीडिष्यामि	क्रीडिष्याव:	क्रीडिष्याम:
क्रीडिष्यसि	क्रीडिष्यथ:	क्रीडिष्यथ
क्रीडिष्यति	क्रीडिष्यत:	क्रीडिष्यन्ति

Imperative mood (लोट्)

क्रीडानि	क्रीडाव	क्रीडाम
क्रीड	क्रीडतम्	क्रीडत
क्रीडतु	क्रीडताम्	क्रीडन्तु

Potential mood (विधिलिङ्)

क्रीडेयम्	क्रीडेव	क्रीडेम
क्रीडे:	क्रीडेतम्	क्रीडेत
क्रीडेत्	क्रीडेताम्	क्रीडेयु:

1p √gam (√गम्) to go

Present Tense (लट्)

गच्छामि	गच्छाव:	गच्छाम:
गच्छसि	गच्छथ:	गच्छथ
गच्छति	गच्छत:	गच्छन्ति

Past Tense (लङ्)

अगच्छम्	अगच्छाव	अगच्छाम
अगच्छ:	अगच्छतम्	अगच्छत
अगच्छत्	अगच्छताम्	अगच्छन्

Future Tense (लृट्)

गमिष्यामि	गमिष्याव:	गमिष्याम:
गमिष्यसि	गमिष्यथ:	गमिष्यथ
गमिष्यति	गमिष्यत:	गमिष्यन्ति

Imperative mood (लोट्)

गच्छानि	गच्छाव	गच्छाम
गच्छ	गच्छतम्	गच्छत
गच्छतु	गच्छताम्	गच्छन्तु

Potential mood (विधिलिङ्)

गच्छेयम्	गच्छेव	गच्छेम
गच्छे:	गच्छेतम्	गच्छेत
गच्छेत्	गच्छेताम्	गच्छेयु:

9p√grah (√ग्रह्) to accept

Present Tense (लट्)

गृह्णामि	गृह्णीव:	गृह्णीम:
गृह्णासि	गृह्णीथ:	गृह्णीथ
गृह्णाति	गृह्णीत:	गृह्णन्ति

Past Tense (लङ्)

अगृह्णाम्	अगृह्णीव	अगृह्णीम
अगृह्णा:	अगृह्णीतम्	अगृह्णीत
अगृह्णात्	अगृह्णीताम्	अगृह्णन्

Future Tense (लृट्)

ग्रहिष्यामि	ग्रहिष्याव:	ग्रहिष्याम:
ग्रहिष्यसि	ग्रहिष्यथ:	ग्रहिष्यथ
ग्रहिष्यति	ग्रहिष्यत:	ग्रहिष्यन्ति

Imperative mood (लोट्)

गृह्णानि	गृह्णाव	गृह्णाम
गृह्ण	गृह्णीतम्	गृह्णीत
गृह्णातु	गृह्णीताम्	गृह्णन्तु

Potential mood (विधिलिङ्)

गृह्णीयाम्	गृह्णीयाव	गृह्णीयाम
गृह्णीया:	गृह्णीयाताम्	गृह्णीयात
गृह्णीयात्	गृह्णीयाताम्	गृह्णीयु:

1p √ćal (√चल्) to move

Present Tense (लट्)

चलामि	चलाव:	चलाम:
चलसि	चलथ:	चलथ
चलति	चलत:	चलन्ति

Past Tense (लङ्)

अचलम्	अचलव	अचलाम
अचल:	अचलतम्	अचलत
अचलत्	अचलताम्	अचलन्

Future Tense (लृट्)

चलिष्यामि	चलिष्याव:	चलिष्याम:
चलिष्यसि	चलिष्यथ:	चलिष्यथ

चलिष्यति	चलिष्यत:	चलिष्यन्ति

Imperative mood (लोट्)

चलानि	चलाव	चलाम
चल	चलतम्	चलत
चलतु	चलताम्	चलन्तु

Potential mood (विधिलिङ्)

चलेयम्	चलेव	चलेम
चले:	चलेतम्	चलेत
चलेत्	चलेताम्	चलेयु:

10p √ćint (√चिन्त्) to think

Present Tense (लट्)

चिन्तयामि	चिन्तयाव:	चिन्तयाम:
चिन्तयसि	चिन्तयथ:	चिन्तयथ
चिन्तयति	चिन्तयत:	चिन्तयन्ति

Past Tense (लङ्)

अचिन्तयम्	अचिन्तयाव	अचिन्तयाम
अचिन्तय:	अचिन्तयतम्	अचिन्तयत
अचिन्तयत्	अचिन्तयताम्	अचिन्तयन्

Future Tense (लृट्)

चिन्तयिष्यामि	चिन्तयिष्याव:	चिन्तयिष्याम:
चिन्तयिष्यसि	चिन्तयिष्यथ:	चिन्तयिष्यथ
चिन्तयिष्यति	चिन्तयिष्यत:	चिन्तयिष्यन्ति

Imperative mood (लोट्)

चिन्तयानि	चिन्तयाव	चिन्तयाम
चिन्तय	चिन्तयतम्	चिन्तयत
चिन्तयतु	चिन्तयताम्	चिन्तयन्तु

Potential mood (विधिलिङ्)

चिन्तयेयम्	चिन्तयेव	चिन्तयेम
चिन्तये:	चिन्तयेतम्	चिन्तयेत
चिन्तयेत्	चिन्तयेताम्	चिन्तयेयु:

1p √ji (√जि) to win

Present Tense (लट्)

जयामि	जयाव:	जयाम:
जयसि	जयथ:	जयथ
जयति	जयत:	जयन्ति

Past Tense (लङ्)

अजयम्	अजयाव	अजयाम
अजय:	अजयतम्	अजयत
अजयत्	अजयताम्	अजयन्

Future Tense (लृट्)

जयिष्यामि	जयिष्याव:	जयिष्याम:
जयिष्यसि	जयिष्यथ:	जयिष्यथ
जयिष्यति	जयिष्यत:	जयिष्यन्ति

Imperative mood (लोट्)

जयानि	जयाव	जयाम
जय	जयतम्	जयत
जयतु	जयताम्	जयन्तु

Potential mood (विधिलिङ्)

जयेयम्	जयेव	जयेम
जये:	जयेतम्	जयेत
जयेत्	जयेताम्	जयेयु:

9p √jñā (√ज्ञा) to know

Present Tense (लट्)

जानामि	जानीव:	जानीम:
जानासि	जानीथ:	जानीथ
जानाति	जानीत:	जानन्ति

Past Tense (लङ्)

अजानाम्	अजानीव	अजानीम
अजाना:	अजानीतम्	अजानीत
अजानात्	अजानीताम्	अजानन्

Future Tense (लृट्)

ज्ञास्यामि	ज्ञास्याव:	ज्ञास्याम:
ज्ञास्यसि	ज्ञास्यथ:	ज्ञास्यथ
ज्ञास्यति	ज्ञास्यत:	ज्ञास्यन्ति

Imperative mood (लोट्)

जानानि	जानाव	जानाम
जानीहि	जानीतम्	जानीत
जानातु	जानीताम्	जानन्तु

Potential mood (विधिलिङ्)

जानीयाम्	जानीयाव	जानीयाम
जानीया:	जानीयातम्	जानीयात
जानीयात्	जानीयाताम्	जानीयु:

1p √tyaj (√त्यज्) to renounce)

Present Tense (लट्)

त्यजामि	त्यजावः	त्यजामः
त्यजसि	त्यजथः	त्यजथ
त्यजति	त्यजतः	त्यजन्ति

Past Tense (लङ्)

अत्यजम्	अत्यजाव	अत्यजाम
अत्यजः	अत्यजतम्	अत्यजत
अत्यजत्	अत्यजताम्	अत्यजन्

Future Tense (लृट्)

त्यक्ष्यामि	त्यक्ष्यावः	त्यक्ष्यामः
त्यक्ष्यसि	त्यक्ष्यथः	त्यक्ष्यथ
त्यक्ष्यति	त्यक्ष्यतः	त्यक्ष्यन्ति

Imperative mood (लोट्)

त्यजानि	त्यजाव	त्यजाम
त्यज	त्यजतम्	त्यजत
त्यजतु	त्यजताम्	त्यजन्तु

Potential mood (विधिलिङ्)

त्यजेयम्	त्यजेव	त्यजेम
त्यजेः	त्यजेतम्	त्यजेत
त्यजेत्	त्यजेताम्	त्यजेयुः

3p √dā (√दा) to give)

Present Tense (लट्)

ददामि	दद्वः	दद्मः
ददासि	दत्थः	दत्थ
ददाति	दत्तः	ददति

Past Tense (लङ्)

अददाम्	अदद्व	अदद्म
अददाः	अदत्तम्	अदत्त
अददात्	अदत्ताम्	अददुः

Future Tense (लृट्)

दास्यामि	दास्यावः	दास्यामः
दास्यसि	दास्यथः	दास्यथ
दास्यति	दास्यतः	दास्यन्ति

Imperative mood (लोट्)

ददानि	ददाव	ददाम
देहि	दत्तम्	दत्त
ददातु	दत्ताम्	ददतु

Potential mood (विधिलिङ्)

दद्याम्	दद्याव	दद्याम
दद्याः	दद्यातम्	दद्यात
दद्यात्	दद्याताम्	दद्युः

3a√dā (√दा) to give

Present Tense (लट्)

ददे	दद्वहे	दद्महे
दत्से	ददाथे	दद्ध्वे
दत्ते	ददाते	ददते

Past Tense (लङ्)

अददि	अदद्वहि	अदद्महि
अदत्थाः	अददाथाम्	अदद्ध्वम्
अदत्त	अददाताम्	अददत

Future Tense (लृट्)

दास्ये	दास्यावहे	दास्यामहे
दास्यसे	दास्येथे	दास्यध्वे
दास्यते	दास्येते	दास्यन्ते

Imperative mood (लोट्)

ददै	ददावहै	ददामहै
दत्स्व	ददाथाम्	दद्ध्वम्
दत्ताम्	ददाताम्	ददताम्

Potential mood (विधिलिङ्)

ददीय	ददीवहि	ददीमहि
ददीथाः	ददीयाथाम्	ददीध्वम्
ददीत	ददीयाताम्	ददीरन्

1p√dṛś (√दृश्) to see)

Present Tense (लट्)

पश्यामि	पश्यावः	पश्यामः
पश्यासि	पश्यथः	पश्यथ
पश्यति	पश्यतः	पश्यन्ति

Past Tense (लङ्)

अपश्यम्	अपश्याव	अपश्याम
अपश्यः	अपश्यतम्	अपश्यत
अपश्यत्	अपश्यताम्	अपश्यन्

Future Tense (लृट्)

द्रक्ष्यामि	द्रक्ष्यावः	द्रक्ष्यामः

द्रक्ष्यसि	द्रक्ष्यथ:	द्रक्ष्यथ
द्रक्ष्यति	द्रक्ष्यत:	द्रक्ष्यन्ति

Imperative mood (लोट्)

पश्यानि	पश्याव	पश्याम
पश्य	पश्यतम्	पश्यत
पश्यतु	पश्यताम्	पश्यन्तु

Potential mood (विधिलिङ्)

पश्येयम्	पश्येव	पश्येम
पश्ये:	पश्येतम्	पश्येत
पश्येत्	पश्येताम्	पश्येयु:

3p √dhā (√धा) to bear)

Present Tense (लट्)

दधामि	दध्व:	दध्म:
दधासि	धत्थ:	धत्थ
दधाति	धत्त:	दधति

Past Tense (लङ्)

अदधाम्	अदध्व	अदध्म
अदधा:	अधत्तम्	अधत्त
अदधात्	अधत्ताम्	अदधु:

Future Tense (लृट्)

धास्यामि	धास्याव:	धास्याम:
धास्यसि	धास्यथ:	धास्यथ
धास्यति	धास्यत:	धास्यन्ति

Imperative mood (लोट्)

दधानि	दधाव	दधाम
धेहि	धत्तम्	धत्त
दधातु	धत्ताम्	दधतु

Potential mood (विधिलिङ्)

दध्याम्	दध्याव	दध्याम
दध्या:	दध्यातम्	दध्यात
दध्यात्	दध्याताम्	दध्यु:

1p √dhāv (√धाव्) to run

Present Tense (लट्)

धावामि	धावाव:	धावाम:
धावसि	धावथ:	धावथ
धावति	धावत:	धावन्ति

Past Tense (लङ्)

अधावम्	अधावाव	अधावाम
अधाव:	अधावतम्	अधावत
अधावत्	अधावताम्	अधावन्

Future Tense (लृट्)

धाविष्यामि	धाविष्याव:	धाविष्याम:
धाविष्यसि	धाविष्यथ:	धाविष्यथ
धाविष्यति	धाविष्यत:	धाविष्यन्ति

Imperative mood (लोट्)

धावानि	धावाव	धावाम
धाव	धावतम्	धावत
धावतु	धावताम्	धावन्तु

Potential mood (विधिलिङ्)

धावेयम्	धावेव	धावेम
धावे:	धावेतम्	धावेत
धावेत्	धावेताम्	धावेयु:

1p √nand (√नन्द्) to enjoy)

Present Tense (लट्)

नन्दामि	नन्दाव:	नन्दाम:
नन्दसि	नन्दथ:	नन्दथ
नन्दति	नन्दत:	नन्दन्ति

Past Tense (लङ्)

अनन्दम्	अनन्दाव	अनन्दाम
अनन्द:	अनन्दतम्	अनन्दत
अनन्दत्	अनन्दताम्	अनन्दन्

Future Tense (लृट्)

नन्दिष्यामि	नन्दिष्याव:	नन्दिष्याम:
नन्दिष्यसि	नन्दिष्यथ:	नन्दिष्यथ
नन्दिष्यति	नन्दिष्यत:	नन्दिष्यन्ति

Imperative mood (लोट्)

नन्दानि	नन्दाव	नन्दाम
नन्द	नन्दतम्	नन्दत
नन्दतु	नन्दताम्	नन्दन्तु

Potential mood (विधिलिङ्)

नन्देयम्	नन्देव	नन्देम
नन्दे:	नन्देतम्	नन्देत
नन्देत्	नन्देताम्	नन्देयु:

4p √naś (√नश्) to vanish)

Present Tense (लट्)

नश्यामि	नश्याव:	नश्याम:
नश्यसि	नश्यथ:	नश्यथ
नश्यति	नश्यत:	नश्यन्ति

Past Tense (लङ्)

अनश्यम्	अनश्याव	अनश्याम
अनश्य:	अनश्यतम्	अनश्यत
अनश्यत्	अनश्यताम्	अनश्यन्

Future Tense (लृट्)

नंक्ष्यामि	नंक्ष्याव:	नंक्ष्याम:
नंक्ष्यसि	नंक्ष्यथ:	नंक्ष्यथ
नंक्ष्यति	नंक्ष्यत:	नंक्ष्यन्ति

Imperative mood (लोट्)

नश्यानि	नश्याव	नश्याम
नश्य	नश्यतम्	नश्यत
नश्यतु	नश्यताम्	नश्यन्तु

Potential mood (विधिलिङ्)

नश्येयम्	नश्येव	नश्येम
नश्ये:	नश्येतम्	नश्येत
नश्येत्	नश्येताम्	नश्येयु:

1p√nī (√नी) to carry

Present Tense (लट्)

नयामि	नयाव:	नयाम:
नयसि	नयथ:	नयथ
नयति	नयत:	नयन्ति

Past Tense (लङ्)

अनयम्	अनयाव	अनयाम
अनय:	अनयतम्	अनयत
अनयत्	अनयताम्	अनयन्

Future Tense (लृट्)

नेष्यामि	नेष्याव:	नेष्याम:
नेष्यसि	नेष्यथ:	नेष्यथ
नेष्यति	नेष्यत:	नेष्यन्ति

Imperative mood (लोट्)

नयानि	नयाव	नयाम
नय	नयतम्	नयत
नयतु	नयताम्	नयन्तु

Potential mood (विधिलिङ्)

नयेयम्	नयेव	नयेम
नये:	नयेतम्	नयेत
नयेत्	नयेताम्	नयेयु:

1p √paċ (√पच्) to cook)

Present Tense (लट्)

पचामि	पचाव:	पचाम:
पचसि	पचथ:	पचथ
पचति	पचत:	पचन्ति

Past Tense (लङ्)

अपचम्	अपचाव	अपचाम
अपच:	अपचतम्	अपचत
अपचत्	अपचताम्	अपचन्

Future Tense (लृट्)

पक्ष्यामि	पक्ष्याव:	पक्ष्याम:
पक्ष्यसि	पक्ष्यथ:	पक्ष्यथ
पक्ष्यति	पक्ष्यत:	पक्ष्यन्ति

Imperative mood (लोट्)

पचानि	पचाव	पचाम
पच	पचतम्	पचत
पचतु	पचताम्	पचन्तु

Potential mood (विधिलिङ्)

पचेयम्	पचेव	पचेम
पचे:	पचेतम्	पचेत
पचेत्	पचेताम्	पचेयु:

2p √pā (√पा) to protect)

Present Tense (लट्)

पामि	पाव:	पाम:
पासि	पाथ:	पाथ
पाति	पात:	पान्ति

Past Tense (लङ्)

अपाम्	अपाव	अपाम
अपा:	अपातम्	अपात
अपात्	अपाताम्	अपु:

Future Tense (लृट्)

पास्यामि	पास्याव:	पास्याम:
पास्यसि	पास्यथ:	पास्यथ
पास्यति	पास्यत:	पास्यन्ति

Imperative mood (लोट्)

पानि	पाव	पाम
पाहि	पातम्	पात
पातु	पाताम्	पान्तु

Potential mood (विधिलिङ्)

पायाम्	पायाव	पायाम
पाया:	पायातम्	पायात
पायात्	पायाताम्	पायु:

10 p√pūj (√पूज्) to worship)

Present Tense (लट्)

पूजयामि	पूजयाव:	पूजयाम:
पूजयसि	पूजयथ:	पूजयथ
पूजयति	पूजयत:	पूजयन्ति

Past Tense (लङ्)

अपूजयम्	अपूजयाव	अपूजयाम
अपूजय:	अपूजयतम्	अपूजयत
अपूजयत्	अपूजयताम्	अपूजयन्

Future Tense (लृट्)

पूजयिष्यामि	पूजयिष्याव:	पूजयिष्याम:
पूजयिष्यसि	पूजयिष्यथ:	पूजयिष्यथ
पूजयिष्यति	पूजयिष्यत:	पूजयिष्यन्ति

Imperative mood (लोट्)

पूजयानि	पूजयाव	पूजयाम
पूजय	पूजयतम्	पूजयत
पूजयतु	पूजयताम्	पूजयन्तु

Potential mood (विधिलिङ्)

पूजयेयम्	पूजयेव	पूजयेम
पूजये:	पूजयेतम्	पूजयेत
पूजयेत्	पूजयेताम्	पूजयेयु:

4a √budh (√बुध्) to know)

Present Tense (लट्)

बुध्ये	बुध्यावहे	बुध्यामहे
बुध्यसे	बुध्येथे	बुध्यध्वे
बुध्यते	बुध्येते	बुध्यन्ते

Past Tense (लङ्)

अबुध्ये	अबुध्यावहि	अबुध्यामहि
अबुध्यथा:	अबुध्येथाम्	अबुध्यध्वम्
अबुध्यत	अबुध्येताम्	अबुध्यन्त

Future Tense (लृट्)

भोत्स्ये	भोत्स्यावहे	भोत्स्यामहे
भोत्स्यसे	भोत्स्येथे	भोत्स्यध्वे
भोत्स्यते	भोत्स्येते	भोत्स्यन्ते

Imperative mood (लोट्)

बुध्यै	बुध्यावहै	बुध्यामहै
बुध्यस्व	बुध्येथाम्	बुध्यध्वम्
बुध्यताम्	बुध्येताम्	बुध्यन्ताम्

Potential mood (विधिलिङ्)

बुध्येय	बुध्येवहि	बुध्येमहि
बुध्येथा:	बुध्येयाथाम्	बुध्येध्वम्
बुध्येत	बुध्येयाताम्	बुध्येरन्

6p √pracćh (√प्रच्छ्) to ask)

Present Tense (लट्)

पृच्छामि	पृच्छाव:	पृच्छाम:
पृच्छसि	पृच्छथ:	पृच्छथ
पृच्छति	पृच्छत:	पृच्छन्ति

Past Tense (लङ्)

अपृच्छम्	अपृच्छाव	अपृच्छाम
अपृच्छ:	अपृच्छतम्	अपृच्छत
अपृच्छत्	अपृच्छताम्	अपृच्छन्

Future Tense (लृट्)

प्रक्ष्यामि	प्रक्ष्याव:	प्रक्ष्याम:
प्रक्ष्यसि	प्रक्ष्यथ:	प्रक्ष्यथ
प्रक्ष्यति	प्रक्ष्यत:	प्रक्ष्यन्ति

Imperative mood (लोट्)

पृच्छानि	पृच्छाव	पृच्छाम
पृच्छ	पृच्छतम्	पृच्छत
पृच्छतु	पृच्छताम्	पृच्छन्तु

Potential mood (विधिलिङ्)

पृच्छेयम्	पृच्छेव	पृच्छेम

पृच्छे:	पृच्छेतम्	पृच्छेत
पृच्छेत्	पृच्छेताम्	पृच्छेयु:

2p √brū (√ब्रू) to speak)

Present Tense (लट्)

ब्रवीमि	ब्रूव:	ब्रूम:।			
ब्रवीषि	ब्रूथ:	ब्रूथ।	आत्थ	आहथु:	ब्रूथ
ब्रवीति	ब्रूत:	ब्रुवन्ति।	आह	आहतु:	आहु:

Past Tense (लङ्)

अब्रवम्	अब्रूव	अब्रूम
अब्रवी:	अब्रूतम्	अब्रूत
अब्रवीत्	अब्रूताम्	अब्रुवन्

Future Tense (लृट्)

वक्ष्यामि	वक्ष्याव:	वक्ष्याम:
वक्ष्यसि	वक्ष्यथ:	वक्ष्यथ
वक्ष्यति	वक्ष्यत:	वक्ष्यन्ति

Imperative mood (लोट्)

ब्रवाणि	ब्रवाव	ब्रवाम
ब्रूहि	ब्रूताम्	ब्रूत
ब्रवीतु	ब्रूताम्	ब्रुवन्तु

Potential mood (विधिलिङ्)

ब्रूयाम्	ब्रूयाव	ब्रूयाम
ब्रूया:	ब्रूयातम्	ब्रूयात
ब्रूयात्	ब्रूयाताम्	ब्रूयु:

2a√brū (√ब्रू) to speak

Present Tense (लट्)

ब्रुवे	ब्रूवहे	ब्रूमहे
बूषे	ब्रुवाथे	ब्रूध्वे
ब्रूते	ब्रुवाते	ब्रुवते

Past Tense (लङ्)

अब्रुवि	अब्रूवहि	अब्रूमहि
अब्रूथा:	अब्रुवाथाम्	अब्रूध्वम्
अब्रूत	अब्रुवाताम्	अब्रुवत्

Future Tense (लृट्)

वक्ष्ये	वक्ष्यावहे	वक्ष्यामहे
वक्ष्यसे	वक्ष्येथे	वक्ष्यध्वे
वक्ष्यते	वक्ष्येते	वक्ष्यन्ते

Imperative mood (लोट्)

ब्रवम्	ब्रवावहै	ब्रवामहै
ब्रूष्व	ब्रुवाथाम्	ब्रूध्वम्
ब्रूताम्	ब्रूवाताम्	ब्रुवताम्

Potential mood (विधिलिङ्)

ब्रूवीय	ब्रूवीवहि	ब्रूवीमहि
ब्रुवीथा:	ब्रवीयाथाम्	ब्रवीध्वम्
ब्रुवीत	ब्रुवीयाताम्	ब्रुवीरन्

10p √bhakṣ (√भक्ष्) to eat)

Present Tense (लट्)

भक्षयामि	भक्षयाव:	भक्षयाम:
भक्षयसि	भक्षयथ:	भक्षयथ
भक्षयति	भक्षयत:	भक्षयन्ति

Past Tense (लङ्)

अभक्षयम्	अभक्षयाव	अभक्षयाम
अभक्षय:	अभक्षयतम्	अभक्षयत
अभक्षयत्	अभक्षयताम्	अभक्षयन्

Future Tense (लृट्)

भक्षयिष्यामि	भक्षयिष्याव:	भक्षयिष्याम:
भक्षयिष्यसि	भक्षयिष्यथ:	भक्षयिष्यथ
भक्षयिष्यति	भक्षयिष्यत:	भक्षयिष्यन्ति

Imperative mood (लोट्)

भक्षयाणि	भक्षयाव	भक्षयाम
भक्षय	भक्षयतम्	भक्षयत
भक्षयतु	भक्षयताम्	भक्षयन्तु

Potential mood (विधिलिङ्)

भक्षयेयम्	भक्षयेव	भक्षयेम
भक्षये:	भक्षयेतम्	भक्षयेत
भक्षयेत्	भक्षयेताम्	भक्षयेयु:

1p √bhaj (√भज्) to serve)

Present Tense (लट्)

भजामि	भजाव:	भजाम:
भजसि	भजथ:	भजथ
भजति	भजत:	भजन्ति

Past Tense (लङ्)

अभजम्	अभजाव	अभजाम

अभज:	अभजतम्	अभजत
अभजत्	अभजताम्	अभजन्

Future Tense (लृट्)

भक्ष्यामि	भक्ष्याव:	भक्ष्याम:
भक्ष्यसि	भक्ष्यथ:	भक्ष्यथ
भक्ष्यति	भक्ष्यत:	भक्ष्यन्ति

Imperative mood (लोट्)

भजानि	भजाव	भजाम
भज	भजतम्	भजत
भजतु	भजताम्	भजन्तु

Potential mood (विधिलिङ्)

भजेयम्	भजेव	भजेम
भजे:	भजेतम्	भजेत
भजेत्	भजेताम्	भजेयु:

1a √bhaj (√भज्) to serve)

Present Tense (लट्)

भजे	भजावहे	भजामहे
भजसे	भजेथे	भजध्वे
भजते	भजेते	भजन्ते

Past Tense (लङ्)

अभजे	अभजावहि	अभजामहि
अभजथा:	अभजेथाम्	अभजध्वम्
अभजत	अभजेताम्	अभजन्त

Future Tense (लृट्)

भक्ष्ये	भक्ष्यावहे	भक्ष्यामहे
भक्ष्यसे	भक्ष्येथे	भक्ष्यध्वे
भक्ष्यते	भक्ष्येते	भक्ष्यन्ते

Imperative mood (लोट्)

भजै	भजावहै	भजामहै
भजस्व	भजेथाम्	भजध्वम्
भजताम्	भजेताम्	भजन्ताम्

Potential mood (विधिलिङ्)

भजेय	भजेवहि	भजेमहि
भजेथा:	भजेयाथाम्	भजेध्वम्
भजेत	भजेयाताम्	भजेरन्

3p √bhī (√भी) to fear)

Present Tense (लट्)

बिभेमि	बिभीव:	बिभीम:
बिभेषि	बिभीथ:	बिभीथ
बिभेति	बिभीत:	बिभ्यति

Past Tense (लङ्)

अबिभयम्	अबिभीव	अबिभीम
अबिभे:	अबिभीतम्	अबिभीत
अबिभेत्	अबिभीताम्	अबिभयु:

Future Tense (लृट्)

भेष्यामि	भेष्याव:	भेष्याम:
भेष्यसि	भेष्यथ:	भेष्यथ
भेष्यति	भेष्यत:	भेष्यन्ति

Imperative mood (लोट्)

बिभयानि	बिभयाव	बिभयाम
बिभिहि	बिभीतम्	बिभीत
बिभेतु	बिभिताम्	बिभ्यतु

Potential mood (विधिलिङ्)

बिभियाम्	बिभियाव	बिभियाम
बिभिया:	बिभियातम्	बिभियात
बिभियात्	बिभियाताम्	बिभियु:

1p √bhram (√भ्रम्) to roam)

Present Tense (लट्)

भ्रमामि	भ्रमाव:	भ्रमाम:
भ्रमसि	भ्रमथ:	भ्रमथ
भ्रमति	भ्रमत:	भ्रमन्ति

Present Tense (लट्)

भ्रम्यामि	भ्रम्याव:	भ्रम्याम:
भ्रम्यसि	भ्रम्यथ:	भ्रम्यथ
भ्रम्यति	भ्रम्यत:	भ्रम्यन्ति

Past Tense (लङ्)

अभ्रमम्	अभ्रमाव	अभ्रमाम
अभ्रम:	अभ्रमतम्	अभ्रमत
अभ्रमत्	अभ्रमताम्	अभ्रमन्

Past Tense (लङ्)

अभ्रम्यम्	अभ्रम्याव	अभ्रम्याम
अभ्रम्य:	अभ्रम्यतम्	अभ्रम्यत
अभ्रम्यत्	अभ्रम्यताम्	अभ्रम्यन्

Future Tense (लृट्)

भ्रमिष्यामि	भ्रमिष्याव:	भ्रमिष्याम:
भ्रमिष्यसि	भ्रमिष्यथ:	भ्रमिष्यथ
भ्रमिष्यति	भ्रमिष्यत:	भ्रमिष्यन्ति

Imperative mood (लोट्)

भ्रमाणि	भ्रमाव	भ्रमाम
भ्रम	भ्रमतम्	भ्रमत
भ्रमतु	भ्रमताम्	भ्रमन्तु

Imperative mood (लोट्)

भ्रम्याणि	भ्रम्याव	भ्रम्याम
भ्रम्य	भ्रम्यतम्	भ्रम्यत
भ्रम्यतु	भ्रम्यताम्	भ्रम्यन्तु

Potential mood (विधिलिङ्)

भ्रमेयम्	भ्रमेव	भ्रमेम
भ्रमे:	भ्रमेतम्	भ्रमेत
भ्रमेत्	भ्रमेताम्	भ्रमेयु:

Potential mood (विधिलिङ्)

भ्रम्येयम्	भ्रम्येव	भ्रम्येम
भ्रम्ये:	भ्रम्येतम्	भ्रम्येत
भ्रम्येत्	भ्रम्येताम्	भ्रम्येयु:

1p √yaj (√यज्) to worship)

Present Tense (लट्)

यजामि	यजाव:	यजाम:
यजसि	यजथ:	यजथ
यजति	यजत:	यजन्ति

Past Tense (लङ्)

अयजम्	अयजाव	अयजाम
अयज:	अयजतम्	अयजत
अयजत्	अयजताम्	अयजन्

Future Tense (लृट्)

यक्ष्यामि	यक्ष्याव:	यक्ष्याम:
यक्ष्यसि	यक्ष्यथ:	यक्ष्यथ
यक्ष्यति	यक्ष्यत:	यक्ष्यन्ति

Imperative mood (लोट्)

यजानि	यजाव	यजाम
यज	यजतम्	यजत
यजतु	यजताम्	यजन्तु

Potential mood (विधिलिङ्)

यजेयम्	यजेव	यजेम
यजे:	यजेतम्	यजेत
यजेत्	यजेताम्	यजेयु:

1a√yaj (√यज्) to worship

Present Tense (लट्)

यजे	यजावहे	यजामहे
यजसे	यजेथे	यजध्वे
यजते	यजेते	यजन्ते

Past Tense (लङ्)

अयजे	अयजावहि	अयजामहि
अयजथा:	अयजेथाम्	वम्
अयजत	अयजेताम्	अयजन्त

Future Tense (लृट्)

यक्ष्ये	यक्ष्यावहे	यक्ष्यामहे
यक्ष्यसे	यक्ष्येथे	यक्ष्यध्वे
यक्ष्यते	यक्ष्येते	यक्ष्यन्ते

Imperative mood (लोट्)

यजै	यजावहै	यजामहै
यजस्व	यजेथाम्	यजध्वम्
यजताम्	यजेताम्	यजन्ताम्

Potential mood (विधिलिङ्)

यजेय	यजेवहि	यजेमहि
यजेथा:	यजेयाथाम्	यजेध्वम्
यजेत	यजेयाताम्	यजेरन्

1p √rakṣ (√रक्ष्) to protect)

Present Tense (लट्)

रक्षामि	रक्षाव:	रक्षाम:
रक्षसि	रक्षथ:	रक्षथ
रक्षति	रक्षत:	रक्षन्ति

Past Tense (लङ्)

अरक्षम्	अरक्षाव	अरक्षाम
अरक्ष:	अरक्षतम्	अरक्षत
अरक्षत्	अरक्षताम्	अरक्षन्

Future Tense (लृट्)

रक्षिष्यामि	रक्षिष्याव:	रक्षिष्याम:

रक्षिष्यसि	रक्षिष्यथः	रक्षिष्यथ
रक्षिष्यति	रक्षिष्यतः	रक्षिष्यन्ति

Imperative mood (लोट्)

रक्षाणि	रक्षाव	रक्षाम
रक्ष	रक्षतम्	रक्षत
रक्षतु	रक्षताम्	रक्षन्तु

Potential mood (विधिलिङ्)

रक्षेयम्	रक्षेव	रक्षेम
रक्षेः	रक्षेतम्	रक्षेत
रक्षेत्	रक्षेताम्	रक्षेयुः

1a√ram (√रम्) to entertain

Present Tense (लट्)

रमे	रमावहे	रमामहे
रमसे	रमेथे	रमध्वे
रमते	रमेते	रमन्ते

Past Tense (लङ्)

अरमे	अरमावहि	अरमामहि
अरमथाः	अरमेथाम्	अरमध्वम्
अरमत	अरमेताम्	अरमन्त

Future Tense (लृट्)

रमिष्ये	रमिष्यावहे	रमिष्यामहे
रमिष्यसे	रमिष्येथे	रमिष्यध्वे
रमिष्यते	रमिष्येते	रमिष्यन्ते

Imperative mood (लोट्)

रमै	रमावहै	रमामहै
रमस्व	रमेथाम्	रमध्वम्
रमताम्	रमेताम्	रमन्ताम्

Potential mood (विधिलिङ्)

रमेय	रमेवहि	रमेमहि
रमेथाः	रमेयाथाम्	रमेध्वम्
रमेत	रमेयाताम्	रमेरन्

2p √rud (√रुद्) to cry)

Present Tense (लट्)

रोदिमि	रुदिवः	रुदिमः
रोदिषि	रुदिथः	रुदिथ
रोदिति	रुदितः	रुदन्ति

Past Tense (लङ्)

अरोदिम्	अरुदिव	अरुदिम
अरोदिः	अरुदितम्	अरुदित
अरोदीत्	अरुदिताम्	अरुदन्

Future Tense (लृट्)

रोदिष्यामि	रोदिष्यावः	रोदिष्यामः
रोदिष्यसि	रोदिष्यथः	रोदिष्यथ
रोदिष्यति	रोदिष्यतः	रोदिष्यन्ति

Imperative mood (लोट्)

रोदानि	रोदाव	रोदाम
रुदिहि	रुदितम्	रुदित
रोदितु	रुदिताम्	रुदन्तु

Potential mood (विधिलिङ्)

रुद्याम्	रुद्याव	रुद्याम
रुद्याः	रुद्याम्	रुद्यात
रुद्यात्	रुद्याताम्	रुद्युः

1a √labh (√लभ्) to get)

Present Tense (लट्)

लभे	लभावहे	लभामहे
लभसे	लभेथे	लभध्वे
लभते	लभेते	लभन्ते

Past Tense (लङ्)

अलभे	अलभावहि	अलभामहि
अलभथाः	अलभेथाम्	अलभध्वम्
अलभत	अलभेताम्	अलभन्त

Future Tense (लृट्)

लप्स्ये	लप्स्यावहे	लप्स्यामहे
लप्स्यसे	लप्स्येथे	लप्स्यध्वे
लप्स्यते	लप्स्येते	लप्स्यन्ते

Imperative mood (लोट्)

लभै	लभावहै	लभामहै
लभस्व	लभेथाम्	लभध्वम्
लभताम्	लभेताम्	लभन्ताम्

Potential mood (विधिलिङ्)

लभेय	लभेवहि	लभेमहि
लभेथाः	लभेयाथाम्	लभेध्वम्
लभेत	लभेयाताम्	लभेरन्

6p √likh (√लिख्) to write)

Present Tense (लट्)

लिखामि	लिखावः	लिखामः
लिखसि	लिखथः	लिखथ
लिखति	लिखतः	लिखन्ति

Past Tense (लङ्)

अलिखम्	अलिखाव	अलिखाम
अलिखः	अलिखतम्	अलिखत
अलिखत्	अलिखताम्	अलिखन्

Future Tense (लृट्)

लेखिष्यामि	लेखिष्यावः	लेखिष्यामः
लेखिष्यसि	लेखिष्यथः	लेखिष्यथ
लेखिष्यति	लेखिष्यतः	लेखिष्यन्ति

Imperative mood (लोट्)

लिखानि	लिखाव	लिखाम
लिख	लिखतम्	लिखत
लिखतु	लिखताम्	लिखन्तु

Potential mood (विधिलिङ्)

लिखेयम्	लिखेव	लिखेम
लिखेः	लिखेतम्	लिखेत
लिखेत्	लिखेताम्	लिखेयुः

1p √vad (√वद्) to speak)

Present Tense (लट्)

वदामि	वदावः	वदामः
वदसि	वदथः	वदथ
वदति	वदतः	वदन्ति

Past Tense (लङ्)

अवदम्	अवदाव	अवदाम
अवदः	अवदतम्	अवदत
अवदत्	अवदताम्	अवदन्

Future Tense (लृट्)

वदिष्यामि	वदिष्यावः	वदिष्यामः
वदिष्यसि	वदिष्यथः	वदिष्यथ
वदिष्यति	वदिष्यतः	वदिष्यन्ति

Imperative mood (लोट्)

वदानि	वदाव	वदाम
वद	वदतम्	वदत
वदतु	वदताम्	वदन्तु

Potential mood (विधिलिङ्)

वदेयम्	वदेव	वदेम
वदेः	वदेतम्	वदेत
वदेत्	वदेताम्	वदेयुः

2p √vid (√विद्) to know)

Present Tense (लट्)

वेद	विद्व	विद्म।	वेद्मि	विद्वः	विद्मः
वेत्थ	विदथुः	विद।	वेत्सि	वित्थः	वित्थ
वेद	विदतुः	विदुः।	वेत्ति	वित्तः	विदन्ति

Past Tense (लङ्)

अवेदम्	अविद्व	अविद्म
अवेः	अवित्तम्	अवित्त
अवेत्	अवित्ताम्	अविदुः

Future Tense (लृट्)

वेदिष्यामि	वेदिष्यावः	वेदिष्यामः
वेदिष्यसि	वेदिष्यथः	वेदिष्यथ
वेदिष्यति	वेदिष्यत	वेदिष्यन्ति

Imperative mood (लोट्)

विदाङ्करवाणि	विदाङ्करवाव	विदाङ्करवाम
विदाङ्कुरु	विदाङ्कुरुतम्	विदाङ्कुरुत
विदाङ्करोतु	विदाङ्कुरुताम्	विदाङ्कुर्वन्तु

Potential mood (विधिलिङ्)

विद्याम्	विद्याव	विद्याम
विद्याः	विद्यातम्	विद्यात
विद्यात्	विद्याताम्	विद्युः

4a √vid (√विद्) to stay)

Present Tense (लट्)

विद्ये	विद्यवहे	विद्यमहे
विद्यसे	विद्येथे	विद्यध्वे
विद्यते	विद्येते	विद्यन्ते

Past Tense (लङ्)

अविद्ये	अविद्यावहि	अविद्यामहि
अविद्यथाः	अविद्येथाम्	अविद्यध्वम्

अविद्यत	अविद्येताम्	अविद्यन्त

Future Tense (लृट्)

वेत्स्ये	वेत्स्यावहे	वेत्स्यामहे
वेत्स्यसे	वेत्स्येथे	वेत्स्यध्वे
वेत्स्यते	वेत्स्येते	वेत्स्यन्ते

Imperative mood (लोट्)

विद्यै	विद्यावहै	विद्यामहै
विद्यस्व	विद्येथाम्	विद्यध्वम्
विद्यताम्	विद्येताम्	विद्यन्ताम्

Potential mood (विधिलिङ्)

विद्येय	विद्येवहि	विद्येमहि
विद्येथाः	विद्येयाथाम्	विद्येध्वम्
विद्येत	विद्येयाताम्	विद्येरन्

6p √vid (√विद्) to attain

Present Tense (लट्)

विन्दामि	विन्दावः	विन्दामः
विन्दसि	विन्दथः	विन्दथ
विन्दति	विन्दतः	विन्दन्ति

Past Tense (लङ्)

अविन्दम्	अविन्दाव	अविन्दाम
अविन्दः	अविन्दतम्	अविन्दत
अविन्दत्	अविन्दताम्	अविन्दन्

Future Tense (लृट्)

वेत्स्यामि	वेत्स्यावः	वेत्स्यामः
वेत्स्यसि	वेत्स्यथः	वेत्स्यथ
वेत्स्यति	वेत्स्यतः	वेत्स्यन्ति

Imperative mood (लोट्)

विन्दानि	विन्दाव	विन्दाम
विन्द	विन्दतम्	विन्दत
विन्दतु	विन्दताम्	विन्दन्तु

Potential mood (विधिलिङ्)

विन्देयम्	विन्देव	विन्देम
विन्देः	विन्देतम्	विन्देत
विन्देत्	विन्देताम्	विन्देयुः

6a √vid (√विद्) to attain)

Present Tense (लट्)

विन्दे	विन्दावहे	विन्दामहे
विन्दसे	विन्देथे	विन्दध्वे
विन्दते	विन्देते	विन्दन्ते

Past Tense (लङ्)

अविन्दे	अविन्दावहि	अविन्दामहि
अविन्दथाः	अविन्देथाम्	अविन्दध्वम्
अविन्दत	अविन्देताम्	अविन्दन्त

Future Tense (लृट्)

वेत्स्ये	वेत्स्यावहे	वेत्स्यामहे
वेत्स्यसे	वेत्स्येथे	वेत्स्यध्वे
वेत्स्यते	वेत्स्येते	वेत्स्यन्ते

Imperative mood (लोट्)

विन्दै	विन्दावहै	विन्दामहै
विन्दस्व	विन्देथाम्	विन्दध्वम्
विन्दताम्	विन्देताम्	विन्दन्ताम्

Potential mood (विधिलिङ्)

विन्देय	विन्देवहि	विन्देमहि
विन्देथाः	विन्देयाथाम्	विन्देध्वम्
विन्देत	विन्देयाताम्	विन्देरन्

7a √vid (√विद्) to think)

Present Tense (लट्)

विन्दे	विन्द्वहे	विन्द्महे
विन्त्से	विन्दाथे	विन्दध्वे
विन्ते	विन्दाते	विन्दते

Past Tense (लङ्)

अविन्दि	अविन्द्वहि	अविन्द्महि
अविन्त्थाः	अविन्दाथाम्	अविन्द्ध्वम्
अविन्त	अविन्दाताम्	अविन्दत

Future Tense (लृट्)

वेत्स्ये	वेत्स्यावहे	वेत्स्यामहे
वेत्स्यसे	वेत्स्येथे	वेत्स्यध्वे
वेत्स्यते	वेत्स्येते	वेत्स्यन्ते

Imperative mood (लोट्)

विनदै	विनदावहै	विनदामहै
विन्त्स्व	विन्दाथाम्	विन्द्ध्वम्
विन्ताम्	विन्दाताम्	विन्दताम्

Potential mood (विधिलिङ्)

विन्दीय	विन्दीवहि	विन्दीमहि
विन्दीथाः	विन्दीयाथाम्	विन्दीध्वम्
विन्दीत	विन्दीयाताम्	विन्दीरन्

10a √vid (√विद्) to say)

Present Tense (लट्)

वेदये	वेदयावहे	वेदयामहे
वेदयसे	वेदयेथे	वेदयध्वे
वेदयते	वेदयेते	वेदयन्ते

Past Tense (लङ्)

अवेदये	अवेदयावहि	अवेदयामहि
अवेदयथाः	अवेदयेथाम्	अवेदयध्वम्
अवेदयत	अवेदयेताम्	अवेदयन्त

Future Tense (लृट्)

वेदयिष्ये	वेदयिष्यावहे	वेदयिष्यामहे
वेदयिष्यसे	वेदयिष्येथे	वेदयिष्यध्वे
वेदयिष्यते	वेदयिष्येते	वेदयिष्यन्ते

Imperative mood (लोट्)

वेदयै	वेदयावहै	वेदयामहै
वेदयस्व	वेदयेथाम्	वेदयध्वम्
वेदयताम्	वेदयताम्	वेदयन्ताम्

Potential mood (विधिलिङ्)

वेदयेय	वेदयेवहि	वेदयेमहि
वेदयेथाः	वेदयेयाथाम्	वेदयेध्वम्
वेदयेत	वेदयेयाताम्	वेदयेरन्

1p √śru (√श्रु) to hear)

Present Tense (लट्)

शृणोमि	शृणुवः	शृणुमः
शृणोसि	शृणुथः	शृणुथ
शृणोति	शृणुतः	शृण्वन्ति

Past Tense (लङ्)

अशृणवम्	अशृणुव	अशृणुम
अशृणोः	अशृणुतम्	अशृणुत
अशृणोत्	अशृणुताम्	अशृण्वन्

Future Tense (लृट्)

श्रोष्यामि	श्रोष्यावः	श्रोष्यामः
श्रोष्यसि	श्रोष्यथः	श्रोष्यथ
श्रोष्यति	श्रोष्यतः	श्रोष्यन्ति

Imperative mood (लोट्)

शृणवानि	शृणवाव	शृणवाम
शृणु	शृणुतम्	शृणुत
शृणोतु	शृणुताम्	शृण्वन्तु

Potential mood (विधिलिङ्)

शृणुयाम्	शृणुयाव	शृणुयाम
शृणुयाः	शृणुयातम्	शृणुयात
शृणुयात्	शृणयाताम्	शृणुयुः

1p √sthā (√स्था) to stay)

Present Tense (लट्)

तिष्ठामि	तिष्ठावः	तिष्ठामः
तिष्ठसि	तिष्ठथः	तिष्ठथ
तिष्ठति	तिष्ठतः	तिष्ठन्ति

Past Tense (लङ्)

अतिष्ठम्	अतिष्ठाव	अतिष्ठाम
अतिष्ठः	अतिष्ठतम्	अतिष्ठत
अतिष्ठत्	अतिष्ठताम्	अतिष्ठन्

Future Tense (लृट्)

स्थास्यामि	स्थास्यावः	स्थास्यामः
स्थास्यसि	स्थास्यथः	स्थास्यथ
स्थास्यति	स्थास्यतः	स्थास्यन्ति

Imperative mood (लोट्)

तिष्ठानि	तिष्ठाव	तिष्ठाम
तिष्ठ	तिष्ठतम्	तिष्ठत
तिष्ठतु	तिष्ठताम्	तिष्ठन्तु

Potential mood (विधिलिङ्)

तिष्ठेयम्	तिष्ठेव	तिष्ठेम
तिष्ठेः	तिष्ठेतम्	तिष्ठेत
तिष्ठेत्	तिष्ठेताम्	तिष्ठेयुः

1a √sthā (√स्था) to stay)

Present Tense (लट्)

तिष्ठे	तिष्ठावहे	तिष्ठामहे
तिष्ठसे	तिष्ठेथे	तिष्ठध्वे
तिष्ठते	तिष्ठेते	तिष्ठन्ते

Past Tense (लङ्)

अतिष्ठे	अतिष्ठावहि	अतिष्ठामहि
अतिष्ठथाः	अतिष्ठेथाम्	अतिष्ठध्वम्
अतिष्ठत	अतिष्ठेताम्	अतिष्ठन्त

Future Tense (लृट्)

स्थास्ये	स्थास्यावहे	स्थास्यामहे
स्थास्यसे	स्थास्येथे	स्थास्यध्वे
स्थास्यते	स्थास्येते	स्थास्यन्ते

Imperative mood (लोट्)

तिष्ठै	तिष्ठावहै	तिष्ठामहै
तिष्ठस्व	तिष्ठेथाम्	तिष्ठध्वम्
तिष्ठताम्	तिष्ठेताम्	तिष्ठन्ताम्

Potential mood (विधिलिङ्)

तिष्ठेय	तिष्ठेवहि	तिष्ठेमहि
तिष्ठेथाः	तिष्ठेयाथाम्	तिष्ठेध्वम्
तिष्ठेत	तिष्ठेयाताम्	तिष्ठेरन्

2p √han (√हन्) to kill)

Present Tense (लट्)

हन्मि	हन्वः	हन्मः
हंसि	हथः	हथ
हन्ति	हतः	घ्नन्ति

Past Tense (लङ्)

अहनम्	अहन्व	अहन्म
अहन्	अहतम्	अहत
अहन्	अहताम्	अघ्नन्

Future Tense (लृट्)

हनिष्यामि	हनिष्यावः	हनिष्यामः
हनिष्यसि	हनिष्यथः	हनिष्यथ
हनिष्यति	हनिष्यतः	हनिष्यन्ति

Imperative mood (लोट्)

हनानि	हनाव	हनाम
जहि	हतम्	हत
हन्तु	हताम्	घ्नन्तु

Potential mood (विधिलिङ्)

हन्याम्	हन्याव	हन्याम
हन्याः	हन्यातम्	हन्यात
हन्यात्	हन्याताम्	हन्युः

1p√has (√हस्) to laugh

Present Tense (लट्)

हसामि	हसावः	हसामः
हससि	हसथः	हसथ
हसति	हसतः	हसन्ति

Past Tense (लङ्)

अहसम्	अहसाव	अहसाम
अहसः	अहसतम्	अहसत
अहसत्	अहसताम्	अहसन्

Future Tense (लृट्)

हसिष्यामि	हसिष्यावः	हसिष्यामः
हसिष्यसि	हसिष्यथः	हसिष्यथ
हसिष्यति	हसिष्यतः	हसिष्यन्ति

Imperative mood (लोट्)

हसानि	हसाव	हसाम
हस	हसतम्	हसत
हसतु	हसताम्	हसन्तु

Potential mood (विधिलिङ्)

हसेयम्	हसेव	हसेम
हसेः	हसेतम्	हसेत
हसेत्	हसेताम्	हसेयुः

BOOKS by Prof. RATNAKAR NARALE

www.ratnakar-books.com

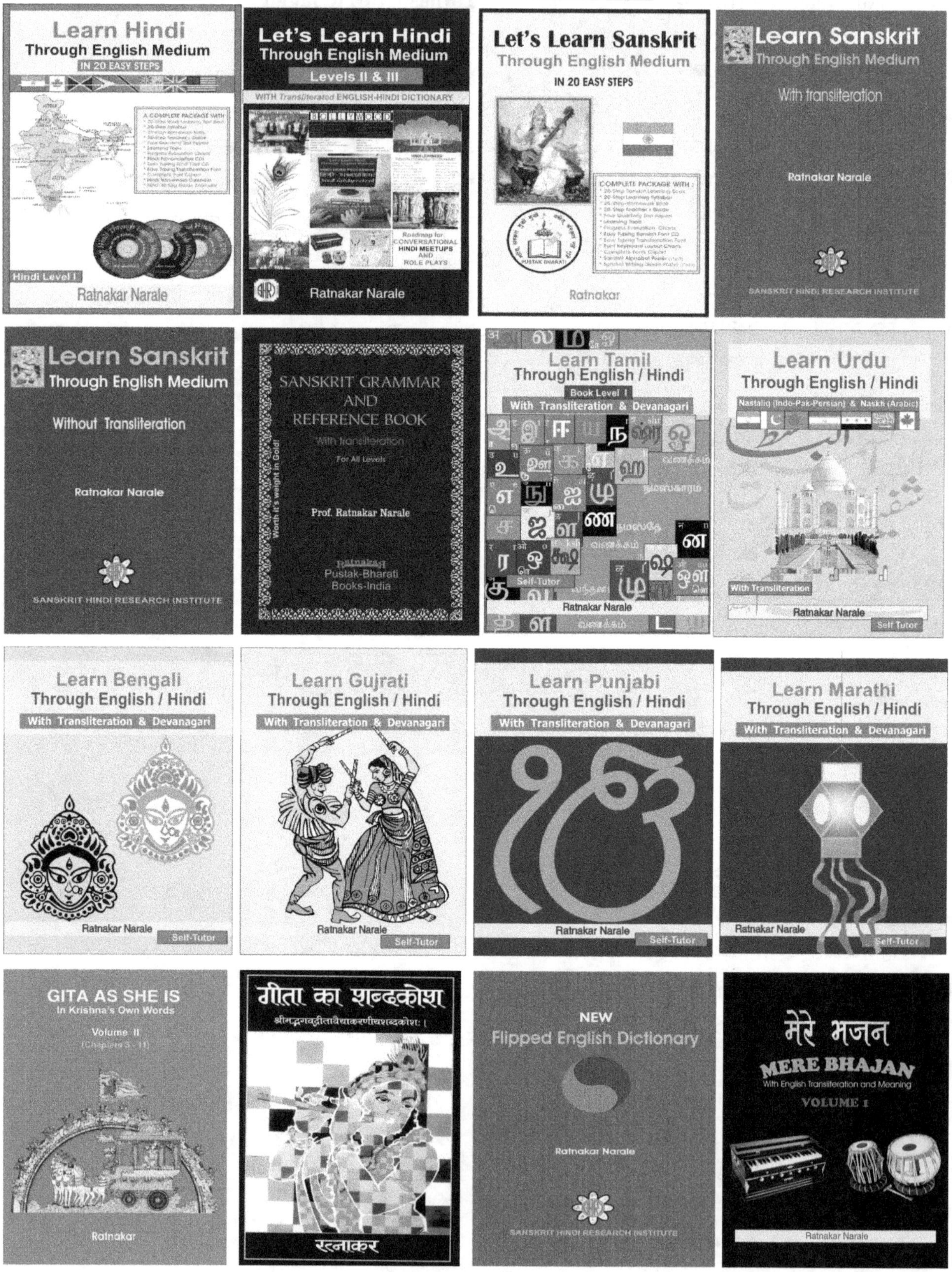

www.ingramcontent.com/pod-product-compliance
Lightning Source LLC
Chambersburg PA
CBHW081109080526
44587CB00021B/3507
9781897416556